Rundbrief Nr. 94 für alle Freunde von Albert Schweitzer.
Herausgegeben vom Deutschen Hilfsverein für das Albert-Schweitzer-Spital in Lambarene e.V.,
Juni 2002.



# Ehrfurcht vor dem Leben!
## Was können wir wirklich tun?

kultur und ethik

Weitere Texte und Informationen zu Albert Schweitzer und Fragen der Ethik finden Sie im Internet:
**www.albert-schweitzer-zentrum.de** und **www.kultur-ethik.de**

Die Rundbriefe erscheinen seit 1930. Begründet wurden sie von Richard Kik. Nach dessen Tode führte seine Frau Mine Kik diese Arbeit bis zu ihrem Tod im Jahr 1977 fort. Seitdem werden die Rundbriefe im Auftrag des Deutschen Hilfsvereins für das Albert-Schweitzer-Spital in Lambarene e.V. herausgegeben. Bis 1992 lag die Redaktion in den Händen von Manfred Hänisch. Von 1992 bis 2001 war für die Redaktion Hans-Peter Anders verantwortlich.
Seit Herbst 2001 ist die Redaktion direkt dem Vorstand des Deutschen Hilfsvereins für das Albert-Schweitzer-Spital in Lambarene e.V. unterstellt. Geleitet wird die Redaktion von Tomaso Carnetto.

**Anmerkungen zur grafischen Gestaltung**

Wir leben in einer durch die Medien bestimmten Gesellschaft. Vielfach heißt es, die Medien trügen die Schuld an dem Verlust der Werte, an der zunehmenden Gewalt auf der einen und dem Absolutsetzen des Materiellen auf der anderen Seite.

Aber nicht die Medien als solche sind das Problem, sondern dass wir sie ohne Verantwortung und Rücksicht gebrauchen. Längst gilt das eherne Gesetz: Nur die Quote zählt. Der Bildungsauftrag, der den Medien ursprünglich zukam, ist kaum mehr als ein kümmerlicher Rest.

Die grafische Gestaltung dieser Ausgabe ist ein assoziativ formuliertes Plädoyer dafür, mit den Medien verantwortungsvoll umzugehen, und sie wieder als eines der wichtigsten Werkzeuge einer humanitär orientierten Bildung zu begreifen und einzusetzen.

## Liebe Leserinnen, liebe Leser!

26. April 2002. Während ich an der Textredaktion dieses Rundbriefes arbeite, erreicht mich die Meldung von dem furchtbaren Geschehen in Erfurt. Angesichts dieses Ereignisses erscheint mir die Frage: Was können wir wirklich tun? nur noch wie der hilflose, verzweifelte Versuch, die eigene Sprachlosigkeit zu überwinden.

21. Mai 2002. Die Redaktionsarbeit für den Rundbrief ist abgeschlossen. Gerade ist das Pfingstfest – die Aussendung des Geistes Gottes – vorüber. Gestern abend wurde in den Nachrichten von einem Selbstmordattentat in Israel berichtet – wieder einmal. Und Erfurt? Kaum vier Wochen liegt das zurück, und doch scheint dieses Ereignis angesichts der furchtbaren Nachrichten über Mord, Selbstmord und Kriege, die uns tagtäglich erreichen, schon einer weit zurückliegenden Vergangenheit anzugehören. Was können wir wirklich tun?

Albert Schweitzer antwortet uns: Mitwirken am Reich Gottes! Mitwirken an der Verbreitung einer erneuerten Humanitätsgesinnung!

Das fordert uns! Denn leicht ist es, dies nachzusprechen aber unendlich mühsam, dies Wirklichkeit werden zu lassen! Wir können zunächst nur eines tun: Es wagen, im Geiste Albert Schweitzers danach zu fragen, wer wir sind, welchen Platz und welche Aufgabe wir in dieser Welt haben. Indem wir es wagen, wie Schweitzer es formuliert, „denkende Menschen werden“, gehen wir Schritt für Schritt auf die Wirklichkeit einer erneuerten Humanitätsgesinnung zu. Und dazu möchte auch der Albert Schweitzer Rundbrief beitragen. Das ist seine Aufgabe!

Und es stimmt: Mit der Konzentration auf diese Aufgabe ist der Rundbrief „schwerer“ und „schwieriger“ geworden. Er fordert uns. Uns, die wir ihn erstellen und Sie, liebe Leserinnen und Leser, die Sie bereit sind, sich dem Wagnis und der Freiheit des Fragens und Denkens zu stellen.

Über die vielen positiven Reaktionen zur Neugestaltung des Albert Schweitzer Rundbriefs haben wir uns sehr gefreut. Die konstruktive Kritik haben wir dankbar aufgegriffen und Ihre Anregungen in die vorliegende Ausgabe einfließen lassen.

Ich wünsche Ihnen eine anregende Lektüre und verbleibe mit herzlichen Grüßen

Tomaso Carnetto

Kultur und Ethik
Empfinden, Erkennen &

## Editorial



## Albert Schweitzer



## Denken und Handeln



## Im Dialog



## Berichte aus Lambarene



## Tätigkeitsbericht

Ethik heute!
Handeln

## Albert-Schweitzer-Netzwerk



## Bücher, Material & Medien



## Veranstaltungen

## Ethik heute!
# Was können wir wirklich tun?

Tomaso Carnetto

25.04.2002 Die Frage ist eindeutig: Was muss von Seiten der Albert Schweitzer-Organisationen, insbesondere des Deutschen Albert Schweitzer-Zentrums getan werden, um den aktuellen Erfordernissen gerecht zu werden?

Ebenso eindeutig ist die Antwort: Vor allem müssen wir neue Wege in der Verbreitung des geistigen Werkes Albert Schweitzers gehen! Wenn wir uns fragen, woran wir uns dabei zu halten haben, gibt es nur eine Antwort: Daran, was Albert Schweitzer selbst formuliert hat! Immer wieder beschwört er, dass nur ein neuer Geist, der Geist der erneuerten Humanitätsgesinnung uns aus dem "Elend", in dem wir verstrickt sind, befreien kann. Als zentrale Werte der Humanitätsgesinnung formuliert Schweitzer das Mitempfinden und Miterleben.

Wir müssen Räume schaffen, in denen sich diese Gesinnung entfalten kann, geistige und materielle. Schweitzer sagt uns weiter: Die Verbreitung des neuen Geistes ist nur von Mensch zu Mensch möglich, nur im Dialog, niemals in der Propaganda. Im Gegenteil – dort, wo Propaganda das Handeln der Menschen bestimmt, wird die Humanitätsgesinnung erdrückt. Propaganda, ganz gleich, ob sie vorgibt, für eine gute Sache einzutreten oder nicht, ist immer darauf aus, dass der Einzelne handelt, ohne über sein Handeln nachzudenken. Es ist Kennzeichen der Propaganda, dass sie uns glauben machen will, absolutes Wissen und absolute Wahrheit zu besitzen, da erübrigt sich alle Reflexion. Ja, das Nachdenken, das Hinterfragen wird zu einem Verstoß gegen Wissen und Wahrheit.

Wenn wir aber der Gesinnung der Humanität Raum und Geltung verschaffen wollen, so können wir das nur als denkende Menschen tun. Nur der denkende Mensch versucht, sich darüber Klarheit zu verschaffen, wer er ist, warum er ist und wonach er sein Handeln auszurichten hat. Das ist es, was Schweitzer elementares Denken nennt. Dass wir im Ringen um Weltanschauung und Lebensanschauung, in den Fragen nach Gott, nach den Menschen und nach unserem Tun letztlich erkennen, dass einzig im Mitempfinden und Miterleben unsere Bestimmung liegt. Diesen Weg zur Humanitätsgesinnung muss jeder Einzelne für sich alleine gehen. Und auf diesem Weg hat er viel zu ertragen: Die Tatsache, dass kein System, keine Ideologie, kein Dogmatismus sein Leben zu halten und ihm Sinn zu verleihen vermag. Wir fallen aus dem Nichts durch das materielle Sein hindurch in das Nichts zurück. Wenn etwas in unserer Existenz und über unsere Existenz und alles materielle Sein hinaus Bestand haben mag, dann einzig jene Augenblicke in unserem Leben, in denen wir die Humanitätsgesinnung Wirklichkeit haben werden lassen: Jene Augenblicke, in denen in wahrer Begegnung unser Leben sich anderem Leben geöffnet hat, ganz gleich, wie hoch oder niedrig nach irdischen Maßstäben es stehen mag, indem in dieser Berührung Gottes Gegenwart Wirklichkeit geworden ist. Um dieser Wirklichkeit Willen ermahnt uns Schweitzer immer wieder, mitzuwirken am Reich Gottes.

Darum haben wir die schwere, ja fast unmögliche Aufgabe zu leisten, jeden Menschen in sein eigenes Denken, in sein eigenes Empfinden hineinzuleiten. Damit der Einzelne aber zu sich finden kann, müssen wir ihm einen Raum geben, in dem dies möglich wird. Ein Raum, der ihn hält, in dem er spürt, nicht alleine zu sein. Denn jedem, dem wir sagen, er müsse zu seinem eigenen Lebensglück die Humanitätsgesinnung erwerben, muten wir Ungeheuerliches zu: Wir sagen ihm: Du musst ein freier Mensch werden! Du musst loslassen! Das einzige, worauf du vertrauen kannst, ist der Augenblick der Begegnung, das Mitempfinden und Miterleben. Wir sagen dem Menschen: Du musst zu dir finden, ganz Du sein, erkennen, dass du alles bist, was du hast, und gleichwohl musst du dir deiner materiellen Vergänglichkeit bewusst sein. Denn nur so wird dein Leben sich erfüllen; indem du das, was du an Mitempfinden und Miterleben in dir gefunden hast, hingibst an anderes Leben. Indem du dein Sein entfaltest, es für das Leben öffnest, wirst du die Einsamkeit überwinden, die Angst besiegen, wirst du erfahren, was tiefes Glück und tiefe Lebenslust tatsächlich sind.

Wenn wir unseren Alltag betrachten, das, was wir im täglichen Miteinander erleben, was wir aus der Politik, den Arbeits- und Freizeitstätten und auch aus den Kirchen erfahren müssen – wie unendlich weit scheint es uns entfernt, das Leben, zu dem wir berufen sind! Wie kann es uns in dieser Wirklichkeit gelingen, Räume zu schaffen, in denen Begegnung möglich wird? Und Albert Schweitzer? Er ist nach Afrika gegangen, weil er – wie sein Freund Albert Einstein es formuliert – die Wirklichkeit hier nicht mehr aushielt. Dort in Lambarene hat er sein Spital errichtet, seine eigene Wirklichkeit zu schaffen gesucht. Immer wieder hat er sein Handeln im Geiste überprüft und hinterfragt, um Lebens- und Weltanschauung gerungen und damit eines der tiefsten geistigen Zeugnisse des 20. Jahrhunderts geschaffen. Und nicht zu vergessen die Musik! Albert Schweitzer war einer der bedeutendsten Organisten seiner Zeit! In der Musik ist ihm das Unsagbare, die unaussprechliche Sehnsucht nach Gottes Wirklichkeit, in der das Leben in der Begegnung mit dem Leben sich erfüllt, fassbare Gegenwart geworden. Was er in seinen Texten, die in rationalistischer Tradition an den menschlichen Verstand appellieren, nie vermochte, in seiner Musik findet es tiefen Ausdruck: Die Mystik des Lebens in Gott.

Lambarene, das geistige Werk, die Musik: Das sind die materiellen und geistigen Räume, die Albert Schweitzer geschaffen hat. Diese Räume denken wir uns als Teil eines großen Bauwerks der Humanität, von dem Schweitzer sagt, dass die ganze Menschheit aufgerufen sei, es zu errichten. Auch wenn in den Jahrtausenden der Menschheitsgeschichte viele große Denker all ihre Energie und ihr Leben dafür eingesetzt haben, an der Errichtung mitzuwirken, wenn auch im 20. Jahrhundert neben Albert Schweitzer überragende Geister wie Martin Buber, Karl Jaspers, Erich Fromm, Ernst Bloch, Hans Jonas und viele, viele andere es waren, die dem Gebäude einen festen Grund zu geben versuchten, so müssen wir es doch wagen, um es mit Schweitzer zu sagen: Die Dinge zu sehen, wie sie sind: Das Gebäude ist zerfallen, die wenigen Mauerreste, die noch stehen, drohen unter dem Treibsand der Gedankenlosigkeit und Mitleidlosigkeit zu versinken. Von dem zur Zeit der Aufklärung so stolz und mächtig gedachten Bauwerks ist kaum mehr als eine Ruine geblieben, ein paar Bretterbuden vielleicht, in denen die letzten Streiter für den mächtigen, die Welt regierenden Geist des Humanismus, ihrem Traum nachsinnen. Und die Zelte sind da, die flüchtigen Behausungen jenes uralten Nomadenvolkes, das auszog aus aller behausten, gesicherten Heimstätte, den lebendigen Gott zu suchen.

Der Geist der Welt, in der wir heute leben, ist zweifelsfrei nicht der des Humanismus. Es ist der Geist des politischen, religiösen und materiellen Dogmatismus, und er regiert von gesicherten Festungen, von prächtigen Palästen aus. Dort suchen die Menschen Zuflucht vor ihrer Einsamkeit und vor ihrer Angst. Um das Nichts, dem sie entstammen, und in das sie zurückfallen werden, endgültig zu vergessen, nehmen sie es in Kauf, ihre Freiheit zu opfern und auf eigenes Denken zu verzichten. Wer will es ihnen angesichts dessen, was wir ihnen zu bieten haben an Heimatlosigkeit und kargem materiellen Sein denn verdenken?

Samstag, 27. April 2002: Die Schlagzeile der Frankfurter Rundschau:

**18 Tote bei Amoklauf in der Schule**

Und weiter: „Junger Mann schießt in Erfurter Gymnasium auf Lehrer und Schüler".

**Was können wir wirklich tun?**

Die Politiker fallen in beredtes Schweigen. Dir Kirche ist sprachlos. Die Wirtschaft hat damit nichts zu schaffen.

**Was können wir wirklich tun?**

Die alten Autoritäten, Vaterland und Kirche, wieder in Würden bringen? Härtere Gesetze? Todesstrafe?

**Was können wir wirklich tun?**

Die Maschinerie funktioniert. Wir wissen nichts, niemand weiß etwas, aber noch am gleichen Abend wird das Nichtwissen in Sondersendungen in kollektives „Wie furchtbar – aber es musste ja so kommen!" umgemünzt. Das wird so weitergehen in den kommenden Tagen und Wochen. In Talkshows, Magazinen und bunten Wochenblättern. Und nach einer Karenzzeit wird uns, produziert von den privaten Sendeanstalten dieser Republik, der passende Reality-Spielfilm präsentiert.

Wir wissen nichts. Aber noch nie sind wir derart vollgequatscht worden, wie in dieser post postmodernen Zeit. Keine Gelegenheit wird ausgelassen, uns auf brutalst mögliche Weise zu verdeutlichen, welchen Warenwert unser Leben darstellt. In der Wahl der Waffen sind sich ausnahmslos alle gesellschaftlichen Kräfte einig: Nur die Quote zählt! Denn die Quote bringt Geld und ohne Geld keine Entwicklung. Sobald einer aber die grellbunt brodelnde Oberfläche und das allgegenwärtige Geschwätz durchdringt, vordringt bis zur inneren Wirklichkeit des Einzelnen, offenbart sich eine entsetzliche Leere: Eine gnadenlose Einsamkeit und Sprachlosigkeit hat von Mensch zu Mensch übergegriffen. Immer lauter, bunter und geiler müssen wir unser Äußeres gestalten, ein wahrhaft übermächtiges Schutzschild um uns herum errichten, um die in jeder ruhigen Minute an uns zerrende Angst vor der eigenen als sinnlos erkannten Existenz abzuwehren. Es scheint, als habe die zum Selbstzweck erhobene Propaganda endgültig gesiegt. Der neue Geist, von dem Albert Schweitzer spricht, ist etwas unerhört Einfaches und gerade darum für alle nach Quote gierenden Erlösungsangebote, seien sie politischer, religiöser oder materialistischer Natur, etwas unerhört Gefährliches. Der neue Geist ist jener einer tieferen und wahrhaftigeren Revolution als alle Revolutionen der Geschichte zuvor: Der Geist eines unaussprechlichen, unkenntlichen Gottes, der uns leitet: Zur Identifikation des Lebens mit dem Leben, jenseits aller Funktion. In diesem Geist fallen Ziel und Weg ineinander. Kein Zweck heiligt die Mittel mehr. Wo durch einen wirklichen Dialog wirkliche Begegnung stattfinden kann, ist das Ziel erreicht. Martin Buber schreibt dazu: Wo wahre Begegnung statt findet, da wird nichts mehr sein wie zuvor.

**Was können wir wirklich tun?**

Dort unsere Zelte errichten, wo wir Menschen finden, die bereit sind, mit uns nach Gott zu fragen und nach den Menschen, die bereit sind, sich der Frage zu stellen, wer sie sind, und warum sie sind. Wir müssen begreifen, dass unsere Aufgabe nicht darin besteht, prächtige Paläste humanitärer Gesinnung zu errichten, sondern dass es unsere Aufgabe ist, Mauern einzureißen und Gräben zuzuschütten. Unsere Räume sind flüchtig, den Widrigkeiten der Zeit ausgesetzt, so wie die Hütten in Lambarene es waren, wie die Musik, ein zärtliches Wort, eine scheue Berührung. Unsere Räume sind nicht für die Ewigkeit errichtet, sondern für eine kurze Zeit des Dienens. Sie dienen der Begegnung – sonst nichts. Und wir werden sie da errichten, wo wir Menschen finden, die mit uns an das Wunder der Begegnung glauben. – “Wo zwei in meinem Namen versammelt sind, da bin ich mitten unter euch.”

Selbst in den kleinen und großen Palästen jedweder Dogmatik werden wir unsere Zelte errichten, in den Palästen der Wirtschaft, den Kathedralen der Religion, den Regierungs- und Verwaltungsgebäuden der Politik. Wir werden wachsam sein und uns nicht vereinnahmen lassen, wachsam und mit offenem Herzen. “Der Geist weht, wo er will.”

Wie sieht das praktisch aus? Wir arbeiten daran, ein Netzwerk aufzubauen. Dort, wo Menschen im Geist der Humanitätsgesinnung aktiv sind, knüpfen wir neue Verbindungen. Unser Ziel ist, den Dialog zu fördern, die Begegnung Wirklichkeit werden zu lassen. Wir tragen Sorge dafür, dass unser Ziel nicht zur blinden Dogmatik, unser Handeln nicht zum fruchtlosen Ritual verkommt. Wir sind einzig der Gegenwart Gottes verpflichtet, die einzig in der wahrhaften Begegnung Wirklichkeit wird. Wir wissen, dass wir diese Wirklichkeit niemals werden fassen können. Wir wissen, unsere Aufgabe ist es, Räume zu schaffen, in welchen diese Wirklichkeit sich entfalten kann. Wir hoffen, dass wir diese Aufgabe erfüllen werden. Wir tragen unsere Hoffnung zu den Menschen vor Ort. Nach Weimar, nach Niederbronn im Elsass, nach Belgrad, nach Lambarene und an alle anderen Orte, an denen Jugendgruppen damit beginnen, die Kunst des Dialogs, des Gesprächs und Zuhörens einzustudieren. Wir begleiten diese Jugendgruppen und ihre Leiter, stehen ihnen mit Rat und Tat und wenn es möglich ist, auch mit finanzieller Hilfe zur Seite. Wir engagieren uns dafür, dass die einzelnen Jugendgruppen nicht nur untereinander und mit den Menschen, den älteren und alten, die an ihrem Heimatort leben, ins Gespräch kommen, sondern auch dafür, dass Jugendgruppen aus unterschiedlichen Regionen, Ländern sich treffen und die Möglichkeit bekommen, einander kennenzulernen. In den Albert-Schweitzer-Begegnungsstätten in Niederbronn und Weimar sind sie herzlich willkommen, und die Mitarbeiter dort werden alles tun, die Begegnung über alle Kultur- und Sprachgrenzen hinweg Wirklichkeit werden zu lassen.

**Was können wir wirklich tun?**

Den Fragen danach, wer wir sind und warum wir sind, den Fragen nach Gott und nach dem Menschen, den Fragen nach Welt- und Lebensanschauung wieder Raum geben.

Unser Handeln danach ausrichten, dass als Antwort auf diese Fragen einzig das einzelne Leben steht, einzigartig und vergänglich zugleich.

Nach diesem Wissen handeln, immer wieder aufs neue, in jeder Situation, an jedem Tag.

Mehr zu unserer Arbeit im Dialog-Projekt erfahren Sie auf Seite 140.

## Albert Schweitzer
# Menschlichkeit und Friede

Ansprache zur Verleihung des Friedenspreises des deutschen Buchhandels 1951 in Auszügen

... In irgendeinem Maße sind wir Übermenschen geworden durch die Macht, die wir besitzen, indem wir über Naturkräfte gebieten, von denen wir glaubten, daß sie niemals den Menschen unterworfen sein könnten. Aber dieser Übermensch leidet an einer Unvollkommenheit; denn seine Vernünftigkeit ist nicht übermenschlich geworden, wie es der Macht, die er sich errungen hat, entsprechen würde, sondern er ist kleiner geblieben als er sein sollte. Er besitzt nicht jene Stufe der höchsten Vernünftigkeit, die ihm nun erlauben würde, nicht daran zu denken, die Macht über die Naturkräfte zum Vernichten zu benutzen, sondern nur darauf bedacht zu sein, sie zum Erbauen und sinngemäßem Gestalten zu gebrauchen. Diese Macht ist seine Größe und sein Elend zugleich. ...

**Die große Frage ist: wie kommen wir heraus aus diesem Elend, das unser Schicksal bestimmt?**

... Auf keine andere Art, als daß wir uns der Humanitätsgesinnung wieder zu ergeben wagen. Denn die Humanitätsgesinnung ist das einzige, was einem Volke dem anderen gegenüber die Gewißheit geben kann, daß es die Macht nicht zum Vernichten des Gegners gebrauchen wird.

Humanitätsgesinnung ist der höchste Erwerb der Erkenntnis, die jedem Denken zuteil geworden ist und ihm je zuteil werden kann. ... Humanitätsgesinnung ist diejenige, die dem Wesen des Menschen, seinem höheren Wesen, das ihn über alle Kreatur erhebt, entspricht. Denn in seiner Entwicklung hat er das Vermögen des Mitempfindens und des Miterlebens erlangt, und dieses Vermögen muß nun sein Verhalten in allem bestimmen. ...

**Der Geist der Humanität ist nicht tot.**

Er lebt in der Verborgenheit, und er hat es überwunden, daß er ohne Welterkenntnis sein muß. Es ist ihm klar geworden, daß er sich aus nichts anderem zu begründen hat, als aus dem Wesen des Menschen, und damit hat er eine Selbständigkeit gewonnen, die eine Stärke ist. Und weiter ist er zur Erkenntnis fortgeschritten, daß dieses Mitempfinden erst seine wahre Weite und Tiefe hat, und damit erst die wahre Lebenskraft, wenn es sich nicht nur auf den Mitmenschen, sondern auf alles Lebendige, das in unseren Bereich tritt, bezieht. Er braucht keine andere Lebens- und Welterkenntnis mehr als die, daß alles, was ist, Leben ist, und daß wir allem, was ist als Leben, als einem höchsten unersetzlichen Wert, Ehrfurcht entgegenbringen müssen. ...

Und so bereitet sich in den Stürmen dieser Zeit vor, daß die Humanitätsgesinnung, die das Wesen unserer Kultur ausmachte, wieder erstehen wird, und daß diese Humanitätsgesinnung uns aus der Not, in der wir uns befinden, herausführen kann. ... Denn der Geist der Humanitätsgesinnung ist schöpferischer Geist. Und darum vertrauen wir ihm, nicht nur, weil er unsere einzige Hoffnung in dieser Zeit bleibt, sondern weil er die Eignung hat, das ausführen zu können, was ihm als geschichtliche Aufgabe zufällt. Als schöpferischer Geist wirkt er von innen heraus.

Alle diese Probleme, die wir von außen betrachten, und die als solche unlösbar sind, macht er lösbar, denn er löst die Gegensätze von innen heraus. ... Dieser Geist der Humanität kann in uns entstehen, denn alle tragen wir das Material, aus dem er sich entwickeln will, das Bewußtsein unserer höchsten menschlichen Fähigkeit und Bestimmung, in uns. Das Brennmaterial ist da, es handelt sich nur darum, ob wir den Willen und den Mut haben, miteinander es in Brand setzen zu wollen. Wir weisen dem Geiste nicht nur als höchste Aufgabe zu, uns aus der Friedlosigkeit zum Frieden zwischen den Nationen zu führen, sondern wir suchen ihn zu verwirklichen schon für uns selber, denn Humanitätsgesinnung in der Welt kann nicht aufkommen, wenn sie nicht in dem Einzelnen aufkommt und wenn wir nicht wagen, ihr Raum zu geben in uns und unser Leben nach ihr zu gestalten. ...

Der Geist aber, der in der Geschichte waltet, ist nicht in den Dingen vorhanden - das war der große Irrtum Hegels -, sondern er muß durch uns geschaffen und durch uns in der Geschichte wirksam werden. ...

In der Zeit, in der wir leben, hat jede Manifestation des Geistes, so schwach sie auch sein möge, ihre Bedeutung; denn das Feuer, wenn es einmal da ist, ist fähig, den Brennstoff, der sich von sich selber nicht entzünden würde, zu entzünden, und Brennstoff zum Geiste der Humanität ist in der ganzen Welt in allen Menschenherzen enthalten, und daß er sich entzünde, dieses wagen wir zu hoffen.

## Albert Schweitzer
# Das Problem des Friedens in der heutigen Welt

Auszug aus der Rede bei der Entgegennahme des Friedens-Nobelpreises in Oslo am 4. November 1954

... Die Staatsmänner, die in den auf die beiden Kriege folgenden Verhandlungen die heutige Welt gestalteten, hatten keine glückliche Hand. Sie gingen nicht darauf aus, Zustände zu schaffen, die die Möglichkeit einer einigermaßen gedeihlichen Zukunft in sich trügen, sondern waren vor allem damit beschäftigt, die Konsequenzen aus der Tatsache des Sieges zu ziehen und festzulegen. ...

Das geschichtliche Problem Europas ist in der Tatsache gegeben, daß in früheren Jahrhunderten, vor allem von der sogenannten Völkerwanderung an, Völker aus dem Osten fort und fort nach dem Westen und dem Südwesten vordrangen und mit wechselndem Erfolg Land in Besitz nahmen. So kommt es zu einem Zusammenwohnen später Zugezogener mit früher eingewanderten Völkern. Im Laufe der Jahrhunderte findet dann teilweise ein Verschmelzung dieser Völker statt. Es grenzen sich neue, einigermaßen einheitliche Staatengebilde gegeneinander ab. Durch diese Entwicklung wird für den westlichen und mittleren Teil Europas ein in der Hauptsache definitiver Zustand erreicht.

Dieser Prozeß findet im 19. Jahrhundert seinen Abschluß.

Im Osten und Südosten ist diese Entwicklung nicht so weit gediehen. Hier blieb es bei einem Zusammenwohnen von nicht miteinander verschmelzenden Völkerschaften. Jede kann ein relatives Recht auf den Boden für sich in Anspruch nehmen. ...

Stoff zu künftigen Kriegen bleibt da erhalten, wo bei einer Neugestaltung der Verhältnisse nach einem Kriege nicht das geschichtlich Gegebene in Betracht gezogen und eine im Sinne desselben sachliche und gerechte Lösung erstrebt wird. Denn nur diese kann die Gewähr des Dauerhaften in sich tragen.

Über das geschichtlich Gegebene setzt man sich hinweg, wenn man in dem Falle, wo zwei Völker miteinander geschichtliches Recht auf ein Land haben, nur das des einen anerkennt. Die Rechtstitel, die solche Völker in strittigen Gebieten in Europa für den Besitz des Landes geltend machen können, sind immer nur relativ. Beide sind sie ja erst zu geschichtlicher Zeit eingewandert.

Einer Außerachtlassung des geschichtlich Gegebenen macht man sich auch schuldig, wenn man bei der Abgrenzung von neugeschaffenen Staatsgebilden den wirtschaftlichen Tatsachen nicht ihr Recht läßt. ... In schlimmster Weise vergeht man sich gegen das Recht des geschichtlich Gegebenen, und überhaupt gegen jedes menschliche Recht, wenn man Völkerschaften das Recht auf das Land, das sie bewohnen, in der Art nimmt, daß man sie zwingt, sich anderswo anzusiedeln. ...

Überaus bezeichnend für die Lage, in der wir uns nach dem zweiten Weltkrieg befinden, ist, daß auf ihn kein Friedensschluß folgte. Nur in Abkommen, die den Charakter von Waffenstillständen hatten, kam er zu Ende. Weil wir einer auch nur einigermaßen befriedigenden Neuregelung der Dinge nicht fähig sind, müssen wir uns mit solchen von Fall zu Fall geschlossenen Waffenstillständen, von denen niemand weiß, was aus ihnen wird, zufrieden geben.

**Weil offenbar ist, ein wie furchtbares Übel ein Krieg in unserer Zeit ist, darf nichts unversucht bleiben, ihn zu verhindern.**

Insbesondere muß dies noch aus einem ethischen Grunde geschehen. Wir haben uns in den beiden letzten Kriegen grausiger Unmenschlichkeit schuldig gemacht und würden es in einem kommenden noch weiter tun. Dies darf nicht sein.

**Wagen wir die Dinge zu sehen, wie sie sind. Es hat sich ereignet, daß der Mensch ein Übermensch geworden ist.**

Sein Übermenschentum besteht darin, daß er auf Grund seiner Errungenschaften des Wissens und Könnens nicht nur über die in seinem Körper gegebenen physischen Kräfte verfügt, sondern auch solchen, die in der Natur vorhanden sind, gebietet und sie in Dienst nehmen kann. Als Mensch konnte er zum Töten auf Entfernung nur die körperliche Kraft verwenden, mit der er den Bogen spannte, um mit ihm den Pfeil zu verschicken. Als Übermensch kommt er dazu, sich der Energie, die bei der raschen Verbrennung eines gewissen Gemisches von chemischen Stoffen frei wird, durch eine dazu erfundene Vorrichtung zunutze zu machen. Dies erlaubt ihm, von einem viel wirksameren Geschoß Gebrauch zu machen und es auf eine noch viel größere Entfernung zu versenden.

**Der Übermensch leidet aber an einer verhängnisvollen geistigen Unvollkommenheit.**

Er bringt die übermenschliche Vernünftigkeit, die dem Besitz übermenschlicher Macht entsprechen sollte, nicht auf. ...

Damit wird nun vollends offenbar, was man sich vorher nicht recht eingestehen wollte, daß der Übermensch mit dem Zunehmen seiner Macht zugleich immer mehr zum armseligen Menschen wird. ...

Was uns aber eigentlich zu Bewußtsein kommen sollte und schon lange zuvor hätte kommen sollen, ist dies, daß wir als Übermenschen Unmenschen geworden sind. Wir haben es geschehen lassen, daß in den Kriegen Menschen in Menge - im zweiten Weltkrieg an die 20 Millionen - vernichtet wurden, daß durch Atombomben ganze Städte mit ihren Bewohnern zu nichts wurden, daß durch Brandbomben Menschen zu lodernden Fackeln wurden. ... Wenn wir uns eingestanden, daß dieses Geschehen aus einem unmenschlichen Tun bestehe, taten wir es mit dem Gedanken, daß wir durch die gegebene Tatsache des Krieges dazu verurteilt seien, es geschehen zu lassen, indem wir uns so ohne weiteres in dieses Schicksal ergeben, machen wir uns der Unmenschlichkeit schuldig.

Die Erkenntnis, die uns heute not tut, ist die, daß wir miteinander der Unmenschlichkeit schuldig sind. Das furchtbare gemeinsame Erlebnis muß uns dazu aufrütteln, alles zu wollen und zu erhoffen, was eine Zeit heraufführen kann, in der Kriege nicht mehr sein werden. Dieses Wollen und Hoffen kann nur noch darauf gehen, daß wir durch einen neuen Geist die höhere Vernünftigkeit erreichen, die uns von dem unseligen Gebrauch der uns zu Gebote stehenden Macht abhält. ...

Heute sind wir in der Lage, aus Erfahrung über den Völkerbund in Genf und über die Organisation der Vereinten Nationen (UNO) reden zu können. Institutionen dieser Art können Bedeutendes leisten, indem sie in entstehenden Streitigkeiten zu vermitteln suchen, die Initiative zu Beschlüssen und zu gemeinsamen Unternehmungen der Nationen ergreifen und was dergleichen wertvolle, zeitgemäße Dienstleistungen mehr sind. ...

Aber den Zustand des Friedens herbeizuführen, haben diese beiden Institutionen nicht vermocht. ... Als juristische Institutionen konnten sie diese Gesinnung nicht schaffen. Dies vermag nur der ethische Geist. ... Kann aber der Geist wirklich ausrichten, was wir ihm in unserer Not zutrauen müssen?

Man darf von seiner Kraft nicht gering denken. Er ist es ja, der sich in der Geschichte der Menschheit betätigt. Er wirkt die Humanitätsgesinnung, aus der aller Fortschritt zur höheren Daseinsweise des Menschen kommt.

**In der Humanitätsgesinnung sind wir uns selber treu;
in ihr sind wir fähig, schöpferisch zu sein.**

In der Gesinnung der Inhumanität sind wir uns selber untreu und damit allem Irren ausgeliefert. ... Was wir an wahrer, innerlicher Kultur je besessen haben und noch davon besitzen, geht auf jenes Auftreten des Geistes zurück. In der Folgezeit hat er dann an Kraft eingebüßt. ... Ein anderer Geist ... hat ihn abgelöst. ...

Wir wagen wieder, uns an den ganzen Menschen, das heißt an sein Denken und sein Empfinden, zu wenden und ihn anzuhalten, Kenntnis von sich selber zu nehmen und sich selber treu zu sein.

## 10 JAHRE NACH RIO

# DER UMWELTGIPFEL IN JOHANNESBURG UND DIE EHRFURCHT VOR DEM LEBEN

Paul Mertens

Es steht nicht gut um unsere Welt.

Obwohl sich seit dem ersten Umweltgipfel 1972 in Stockholm ein Umweltbewusstsein bei vielen Menschen, Organisationen und auch in der Politik vieler Länder entwickelt hat und zum Beispiel mit einer partiellen Ökologisierung der Landwirtschaft sowie einer Einigung von immerhin 180 Staaten auf Regeln zur Minderung der Treibhausgase (Koyoto-Protokoll, vgl. FR 29.10.01) einige wichtige Schritte zum nachhaltigen Umgang mit der Natur unternommen wurden, arbeitet eine an Profit und Ausbeutung (euphemistisch spricht man von „Erschließung“ oder „Nutzung“) von Arbeitskraft und Ressourcen orientierte *Globalisierung* gegen die Ziele, die vom 26. August bis 4. September 2002 beim Weltgipfel für Nachhaltige Entwicklung in Johannesburg auf der Tagesordnung stehen.

Fast aussichtlos scheint der Kampf gegen Mächte (Konzerne, Regierungen, illegaler Handel), die eine Wirtschaft als „alternativlos“ (= Tina-Prinzip: There Is No Alternative) und „vernünftig“ weltweit agieren lässt *auf Kosten* der jetzigen und zukünftigen Lebensgrundlagen.

„Nachhaltig“ wird dagegen eine Lebensform genannt, die sich erneuerbarer Energiequellen bedient und sich derart gestaltet, dass die Erde auch „nach“ unserer Generation „hält“. Darauf nimmt der derzeitige Kapitalismus (Welthandel und Finanzwesen), der nun die Kritik anderer Wirtschaftsformen nach dem Scheitern des „Sozialismus“ nicht mehr zu fürchten hat, keine Rücksicht. Nachhaltig gibt man sich einer zerstörerischen kollektiven „Egomanie“ (Horst-Eberhard Richter) hin und nennt dies dann „Neoliberalismus“.

Ein verschwenderischer Lebensstil im Norden und einiger Eliten in Süd und Ost bedingt Armut, Zerstörung, Ausbeutung, Unfreiheit und in Folge dessen Kriege und Terrorismus vor allem in den „Dritte-Welt-Ländern“.

Die Bilanz lautet dann:

**- Der Klimawandel beschleunigt sich.**
**- Die Wälder werden in einem rasanten Tempo abgeholzt.**
**- Bodenerosion und Wüstenbildung schreiten ungebremst voran.**
**- 1,2 Milliarden Menschen haben keinen Zugang zu Trinkwasser.**
**- Die Entwicklungshilfe ist auf historischem Tiefstand**
(Deutschland:
statt der vor Jahrzehnten versprochenen 0,7% derzeit nur 0,26% des Bruttoinlandsprodukts).
**- Das Artensterben geht dramatisch weiter.**
usw. (vgl. BUND-Magazin 1/2002, S.13ff.)

Auf Grund dieser Lage muss Albert Schweitzers „Idee der geistigen Verbundenheit mit der Welt durch die Ehrfurcht vor dem Leben“ (Brief 15.10.1958, Briefe, S.271) **zum radikalen politischen Konzept** einer Welt werden, in der heute 85% der Menschheit in Armut oder absolutem Elend leben, damit 12% in guten Verhältnissen leben und 2 bis 3% ihren Reichtum genießen können (vgl. *Eine andere Welt ist möglich*, S. 72).

Dass diese Idee die „elementare Wahrheit, deren die Menschheit bedarf“ (1963, Grundtexte, S.30) tatsächlich ist, bezeugt ein ganz im Geiste Albert Schweitzers verfasstes Dokument, das dem Weltgipfel in Johannesburg vorgelegt und zur Annahme und Bestätigung anempfohlen werden soll.

Gemeint ist die **Erd-Charta**, die 1987 von der Weltkommission der Vereinten Nationen für Umwelt und Entwicklung angeregt wurde und an der im Laufe der Zeit Hunderte von Organisationen und Gruppen und Tausende von Einzelpersonen mit gearbeitet haben. Die *Ökumenische Initiative Eine Welt* und der *BUND* sind für die deutsche Federführung zuständig; Zentrale ist das *Earth Charter International Secretariat* in Costa Rica.

## Was ist die Erd-Charta?

„Die Erd-Charta versteht sich als eine inspirierende Vision grundlegender ethischer Prinzipien für eine nachhaltige Entwicklung und sie soll ein verbindlicher Vertrag der Völker auf der ganzen Welt werden. Grundlegend sind die Achtung (engl. „respect"; kann auch die Bedeutung „Respekt" oder „Ehrfurcht" haben) vor der Natur, die allgemeinen Menschenrechte, soziale und wirtschaftliche Gerechtigkeit und eine Kultur des Friedens" (*Die Erd-Charta*, S.4). Es geht um eine „globale Ethik" (ebd.), die in sich schließt, „dass wir, die Völker der Erde, Verantwortung übernehmen füreinander, für die größere Gemeinschaft allen Lebens und für zukünftige Generationen" (a.a.O., S.7).

Albert Schweitzers hat bereits 1934 ausführlich von der „Grenzenlosigkeit der Ethik" geschrieben und den Menschen dazu angehalten, „hinter dem Vorgebirge der Idee der Menschheit das Hochgebirge der Idee der Zusammengehörigkeit aller Wesen zu erschauen" (Kulturphil. III, Band 1, S. 245ff.).

Im Text der Erd-Charta heißt es dem entsprechend:

„Wir sind zugleich Bürgerinnen und Bürger verschiedener Nationen und der Einen Welt, in der Lokales und Globales miteinander verknüpft ist. Jeder Mensch ist mitverantwortlich für das gegenwärtige und zukünftige Wohlergehen der Menschheitsfamilie und für das Leben auf der Erde. Der Geist menschlicher Solidarität und die Einsicht in die Verwandtschaft alles Lebendigen werden gestärkt, wenn wir in Ehrfurcht vor dem Geheimnis des Seins, in Dankbarkeit für das Geschenk des Lebens und in Bescheidenheit hinsichtlich des Platzes der Menschen in der Natur leben" (a.a.O., S.8).

## Jeder Mensch ist mitverantwortlich!

Die Herausgeber der Erd-Charta sind sich dabei durchaus bewusst, dass es mit einer einhelligen Verabschiedung dieses Textes in Johannesburg nicht getan ist. Die Erfahrung zeigt uns zu oft den tiefen Graben zwischen Theorie und Praxis, zwischen der Formulierung guter Ein- und Absichten und der faktischen Umsetzung. Albert Schweitzer war aus diesem Grunde bekanntermaßen von einem tiefen Misstrauen gegenüber Organisationen jeglicher Art erfüllt, da diese primär an der „Erreichung einer höchstmöglichen Einheitlichkeit und Geschlossenheit“ interessiert sind, weniger an der „geistigen Wertigkeit der Ideen“ (*Leben und Denken*, S. 212, vgl. auch *Kultur und Ethik,* S. 30ff).

Da auch in Johannesburg eine starke „Geschlossenheit“ der Reihen der Gleichgesinnten zu erwarten ist, ist es um so wichtiger, einen Appell an die Verantwortung jedes Einzelnen zu formulieren. Mirian Vilela, Executive Director der Erd-Charta (Costa Rica) sagte unlängst dies bezüglich: „Das Paradox ist, dass unsere Probleme global geworden sind, unlösbar unterhalb eines globalen Maßstabes; und dennoch müssen sie zur Lösung auf eine individuelle Ebene zurück gebracht werden, durch jeden von uns, in den ganz vertrauten und unmittelbaren Aufgaben unseres täglichen Lebens“ (Rundbrief *Ökum. Initiat. Eine Welt*, Sept. 2001, S1).

Die Verantwortung für das Leben auf unserer Erde und den Weltfrieden muss, mit Albert Schweitzer gedacht, aus der Gesinnung der Einzelnen kommen. Was sich dem Einzelnen nicht im eigenen Denken erschließt, fügt sich nicht dauerhaft zu einem neuen Lebenskonzept. Wenn es dem Einzelnen in den reichen Ländern nicht gelingt, anders (= bewusster, sparsamer, ökologischer) zu leben als bisher, bleiben auch die besten Absichtserklärungen und Appelle ohne Effekt.

So heißt es im Schlusswort der Erd-Charta u.a.:

Die Grundsätze der Erd-Charta:

1. Achtung vor dem Leben und Sorge für die Gemeinschaft des Lebens
2. Ökologische Ganzheit (ecological integrity)
3. Soziale und wirtschaftliche Gerechtigkeit
4. Demokratie, Gewaltfreiheit und Frieden

versprechen die notwendige Erneuerung. Um dieses Versprechen zu erfüllen, müssen wir uns selbst verpflichten, uns die Werte und Ziele der Charta zu eigen zu machen und diese zu finden. Das erfordert einen Wandel unseres Bewusstseins wie in unserem Herzen ...

Um eine nachhaltige globale Gemeinschaft aufzubauen, müssen die Nationen der Welt ihre Bindung an die UNO erneuern, ihre Verpflichtungen aufgrund bestehender internationaler Übereinkommen erfüllen, und die Umsetzung der Erd-Charta-Grundsätze zu einem internationalen, rechtlich verbindlichen Instrument für Umwelt und Entwicklung annehmen.

Lasst uns unsere Zeit so gestalten, dass man sich an sie erinnern wird

**als eine Zeit, in der eine neue Ehrfurcht vor dem Leben erstarkte,**
**als eine Zeit, in der nachhaltige Entwicklung entschlossen auf den Weg gebracht wurde,**
**als eine Zeit, in der das Streben nach Gerechtigkeit und Frieden neuen Auftrieb bekam und**
**als eine Zeit, der freudigen Feier des Lebens.**

(*Erd-Charta*, S. 16)

Literatur:
*Die Erd-Charta*, erhältlich bei: *Ökumenische Initiative Eine Welt.*
Mittelstr. 4, D-34474 Diemelstadt-Wethen, Tel.: 05694-1417, Fax: 05694-1532, erdcharta oeiew.de
Attac Deutschland (Hrsg.): *Eine andere Welt ist möglich!*, Dokumentation. VSA-Verlag Hamburg
Leonardo Boff: *Unser Haus die Erde*, Patmos, Düsseldorf 1996
Horst-Eberhard Richter: *Das Ende der Egomanie, Die Krise des westlichen Bewusstseins*, Kiepenheuer&Witsch 2002
Albert Schweitzer:
- *Kultur und Ethik*, Beck, München 1960
- *Aus meinem Leben und Denken*, Koehler, Leipzig 1960
- *Die Ehrfurcht vor dem Leben*, Grundtexte aus fünf Jahrh., Beck, München 1991
- *Die Weltanschauung der Ehrfurcht vor dem Leben, Kulturphilosophie III*, 1. und 2. Teil, Werke aus dem Nachlass, Beck, München 1999

## Albert Schweitzer – im Kontext 1:
# Albert Schweitzer und Martin Buber

Lothar Stiehm

Tonband-Nachschrift eines frei gehaltenen Vortrags bei den Veranstaltungen zum 125. Geburtstag Albert Schweitzers in Frankfurt am Main am 8. Juli 2000. Die Spontaneität von Sprachrhythmus, Wortwahl und Syntax wurden nicht verändert. Eine genaue Ausarbeitung desselben Themas gibt es in: Lothar Stiehm, **Martin Buber und Albert Schweitzer.** Geben, Nehmen, Miteinander 1901 – 1965. (In: Den Menschen zugewandt leben. Festschrift für Werner Licharz. Osnabrück: secolo Verlag 1999, S. 97-116)

Martin Buber und Albert Schweitzer, was haben die eigentlich miteinander zu tun? Das bin ich schon manches Mal gefragt worden. Dabei haben sie eine Menge miteinander zu tun gehabt, auch in geistiger Beziehung, von Anfang an. Aber auch in persönlicher Beziehung bis zu ihrer beider Tod. Sie sind 1965 in nur kurzem Abstand hintereinander gestorben. Zwei Jahre, bevor Schweitzer geboren wurde, 1873, ist der Rabbi Jizchak Eisik gestorben, und von ihm hat Martin Buber in seinen „Erzählungen der Chassidim" eine Geschichte überliefert, die genau hierher gehört. „Gib und nimm!" heißt sie. Die Losung des Lebens ist: Gib und nimm! Jeder Mensch soll ein Spender und ein Empfänger sein. Wer nicht beides in einem ist, der ist ein unfruchtbarer Baum. Mit dem unfruchtbaren Baum spielt Rabbi Eisik natürlich auf den Lebensbaum an. Da sehe ich den Lebensbaum der Bibel, den gab es ja schon von Anfang an. Es ist übrigens eines der ältesten Menschheitssymbole überhaupt. Ja, dieses Gib und Nimm!

war zwischen Buber und Schweitzer von Anfang an da. Es ist überhaupt seltsam, welche Koinzidenzen diese beiden Lebensläufe haben. Buber 1878 geboren, Schweitzer 1875. Im selben Jahr, 1923, veröffentlichte jeder von ihnen das Werk, womit sie weithin bis heute identifiziert werden: Buber sein Buch „Ich und Du“ und Albert Schweitzer „Kultur und Ethik“. Im selben Jahr, 1965, starben sie kurz hintereinander. Auch das war symbolisch.

Ich werde meinen Vortrag in vier Teile gliedern. Zunächst einmal möchte ich biografische Koordinaten geben. Sodann, im zweiten Teil, etwas sagen über die Atmosphäre, in der jeder wirkte. Daraus ergibt sich auch ein Stück Lebenscharakteristik. Dann kommt im dritten Teil die Geschichte des konkreten Kontakts mit den zentralen Themen, die sie hatte und schließlich ein zusammenfassender Schluss.

**Schweitzer und Buber waren zwei völlig verschiedene Menschen.**

Buber, der Osteuropäer, sagte von sich: „Ich bin ein polnischer Jude“. Das möge uns immer vor Augen stehen, was viele dieser Buber-Enthusiasten ganz beiseite schieben. Er hatte selber von sich bekannt: „Ich bin ein polnischer Jude!“ Er ist zwar zufällig in Wien geboren, zufällig sage ich, weil sein Vater ein reicher Mann war und es sich leisten konnte, in Wien zu leben. Aber schon als Dreijähriger”– nach der Trennung der Eltern – wurde der kleine Martin zu seinen Großeltern gegeben, Salomon und Adele Buber, die in Lemberg lebten. Sie haben ihn aufgezogen, und das ist seine Heimat gewesen. Das war auch die Heimat der ganzen Buberfamilie. Die Buberfamilie kam aus Zólkiew; das war ein kleines Städtchen wenig von Lemberg entfernt, ungefähr 7000 Juden lebten dort, und die Bubersche Familie war nachweisbar bis ins 16. Jahrhundert da beheimatet. Lemberg - das müssen wir uns mal ganz kurz vorstellen, das ist ja im Kontrast zu Schweitzer auch wichtig.

Lemberg war damals die Hauptstadt des österreichischen Kronlandes Galizien. Galizien war seit langer Zeit der Zufluchtsort der Juden, die vor den Kosaken-Pogromen westwärts flohen und in Galizien neu Wurzel fassten. Wir müssen uns aber klar machen, in Galizien lebten, als die deutschen Truppen Galizien besetzten, 530 000 Juden, das war 1941. 1944 waren über 525 000 von ihnen ermordet, erschossen, verbrannt, vergast, umgebracht auf die viehischste Weise. Ich kann das hier jetzt nicht erzählen, weil es uns ablenkt. Aber das ist das Erschütterndste in einem Bericht über das Ende dieser Kultur, dieser jüdischen Kultur, von der Salomon Buber ein Hauptrepräsentant war. Er war der Vorsteher in der jüdischen Gemeinde von Lemberg. In Lemberg lebten über 80.000 Juden. Von diesen 80.000 Juden lebten 1944 noch knapp 1 Prozent. Alle anderen waren ausgelöscht. In einem Bericht heißt es: „...ich bin jetzt nach Lwow gekommen." (Lwow ist der polnische Name für Lemberg, das haben wir Deutschen ja erst eingeführt.) „Man sagt immer, die Hölle wäre irgendwo. Hier, hier auf Erden ist die Hölle. Was ich hier erlebe, das ist unvorstellbar." Ich habe das absichtlich wenigstens kurz angerissen, und darüber wäre einen ganzen Abend zu reden. Die Deutschen haben sich dafür herzlich wenig interessiert: Ein Dr. Thomas Sandkühler an der Bielefelder Universität hat 1994 eine Dissertation vorgelegt, wo er den bestialischsten Judenmord, der überhaupt in Osteuropa geschehen ist, das ist nämlich der in Galizien, weil ja Galizien ‚eingedeutscht' werden sollte, thematisiert hat. („Endlösung" in Galizien, 592 S., Bonn 1996) Er hat Hunderte und Hunderte von Quellen durchgearbeitet, die bis heute, also rund 50 Jahre danach, kein Mensch überhaupt zur Kenntnis genommen hat. Das ist aber das Geschehen, das Buber aus der Ferne, und zwar sehr bewusst, miterlebt hat. Wenn wir nachher von dem Hauptbegegnungspunkt zwischen ihm und Schweitzer sprechen werden, dann müssen wir uns das vor Augen halten. Er lebte in dieser Erschütterung, dass das in seiner Heimat mit seiner Familie, seinen Menschen geschah. Schließlich wurde auch ein Dr. Buber, der in den Judenrat von Lemberg gewählt war, ermordet. Es war unmittelbares Betroffensein. Buber also, der Osteuropäer, der Pole. Polen ist ein Vielvölkerstaat gewesen. Da waren die Polen, da waren die Ukrainer, da waren die Weißrussen, da waren die Juden. Und das war auch eine Vielfalt von Sprachen, in der Buber aufgewachsen ist.

Ich wurde einmal, als ich in Aschaffenburg einen Bubervortrag hielt, von einer jungen Hörerin gefragt: Worum beneiden Sie eigentlich Buber? Zuerst war ich ein bisschen verblüfft, dann sagte ich: Um eines beneide ich ihn: Was dieser Mensch schon als Kind für eine Sprachenvielfalt erleben, kennen, beherrschen gelernt hat. Die Unterrichtssprache im Franz-Josefs-Gymnasium war polnisch, zu Hause beim Großvater wurde Hebräisch gesprochen, die Juden untereinander sprachen Jiddisch. Er lernte Deutsch sowieso; Adele, die Großmutter, war eine große Verehrerin der deutschen Dichtung. Schiller! Und der Großvater, der kann auch etwas Wichtiges uns klar machen, im Unterschied zu Schweitzer: Buber kam aus einer großbürgerlichen Familie. Reiche Leute, sein Großvater war Direktor zweier Banken, war der Vorsteher der jüdischen Gemeinde, ich erwähnte es schon, er hatte große Besitzungen, Güter, Phosphatgruben, genauso wie der Vater Bubers, der große Ländereien in Ostgalizien hatte. Sie waren wirklich sehr reiche Leute. Der 17-jährige Buber ging, als er zur Wiener Universität ging, mit einem Diener zur Universität. So was konnte sich die Familie leisten.

Wenn Sie den Kontrast dagegen haben: Schweitzer, ganz Westeuropäer, Elsässer, zweisprachig aufgewachsen, aber mit Wurzeln zurück - der Name kommt ja daher, wo er ursprünglich herkam, aus dem Kanton Schwyz - , sie waren Schweizer, die einwanderten und schließlich im Elsass ansässig wurden. Er lebte in einer ganz schlichten, einfachen Pfarrersfamilie. Da war von dieser Großzügigkeit, die Buber erlebt hatte, keine Spur.

Noch schnell die wichtigsten Lebensdaten: Buber, ich sagte schon, in Wien geboren am 8. Februar 1878. Als Dreijähriger nach Lemberg (Lwow) zu seinen Großeltern. Sie waren sehr gebildet, und der Großvater stellte einen Französischlehrer und einen Englischlehrer an. Buber konnte fließend alle wichtigen Sprachen. Wesentlich mehr als Schweitzer. Er ging dann von 1897 bis 1904 zum Studium nach Wien, Leipzig, Berlin und Zürich. In Zürich lernte er seine künftige Frau kennen, Paula Winkler, eine Germanistikstudentin, eine richtige, wie sagte mein Freund Albrecht Goes einmal, eine richtige stämmige bayerische Bäuerin. Das war sie. Sie konvertierte zum Judentum, nachdem Buber sie geheiratet hatte. Sie bekamen zwei Kinder, Rafael, der 1900 geboren wurde, und 1901 Eva. Mit Rafael war ich lange Zeit befreundet, ich habe ja alle wichtigen Buberwerke als Verleger betreut. Eva heiratete den deutschen Dichter, der zugleich ein jüdischer Dichter war, Ludwig Strauß. Sie lebten dann, die Sträuße, natürlich in Palästina.

Buber hat eine Vielfalt studiert: Philosophie, Germanistik, Kunstgeschichte, Psychologie, Psychiatrie. Als er im Alter zu psychotherapeutischen Fragen Stellung nahm, konterte er nur, wenn die Fachleute ihm so ein bisschen angeguckt haben: „Ich hab schon als Student in der Psychiatrie gearbeitet." Er machte 1904 seinen Doktor. Wenn ich heute Dissertationen sehe, die mir manchmal in die Hände kommen, solche Wälzer von 500, 600 Seiten, das gab es damals nicht. Ich habe diese wenigen Blätter, eine Kopie, es ist rührend, das zu sehen. Aber er bestand. Und jetzt musste er einen Beruf anfangen. Er hatte als Student sich schon politisch betätigt. Das ging aber ganz in die Brüche: Typisch Buber sagte er, als er mit Theodor Herzl in Kontakt kam:

„Nur einen Judenstaat machen als Staatsgebilde und wir sind gar keine Juden! Wir müssen uns erst mal geistig wandeln und Juden werden, dann können wir einen Staat machen.“ Das interessierte den Realpolitiker natürlich nicht, und so ging die demokratische Fraktion der Zionistenkongresse, der Buber angehörte, kaputt, und er hat dann 1904 seine zionistische Tätigkeit aufgegeben. Er wurde Lektor eines großen jüdischen Verlages, der eine Zeit lang in der Nachkriegszeit hier in Frankfurt war: Rütten & Loening. Natürlich nun restituiert. Damals war es ein guter jüdischer Verlag, kein orthodoxer, der verlegte mehr Belletristik und solche Dinge. Buber hat dort etwas gemacht, was revolutionär war für die damalige Zeit. Er hat eine Sammlung sozialpsychologischer Monografien herausgegeben. 40 Bände sind erschienen. Zum Beispiel schrieb Gustav Landauer über die Revolution, Georg Simmel über die Religion und so weiter. Alle gesellschaftlichen Erscheinungen wurden darin behandelt.

Buber ging dann 1916 nach Heppenheim an der Bergstraße. Ich bin jetzt gerade dabei, das aufzuklären, denn ich schreibe ein Buch im Auftrag der Stadt Heppenheim über Buber in Heppenheim, wo er bis 1938, als er Deutschland verlassen musste, lebte. Warum er dahin ging, das hatte natürlich auch seine biographischen Gründe. Die deutschen Juden waren oft nationaler gesonnen als die Deutschen. Buber war in der Kriegsbegeisterung Anfang des Ersten Weltkrieges, da schwamm er mit. Aber das war die Zeit, wo er mit Gustav Landauer befreundet war. Gustav Landauer, der Sozialist, der ja auch die Zeitschrift *Der Sozialist* herausgab, der hat ihn bei den Ohren genommen: „Buber, was Sie da schreiben, mir starrt das Blut in den Adern! Sie Kriegs-Buber!“ Und das war der Anlass der Umkehr. Da fing sein Leben in der Wirklichkeit an. Dann entschloss er sich, von Berlin, wo er mit seiner Familie lebte, wegzugehen nach Heppenheim – dieses streng katholische Städtchen an der Bergstraße, und jedes Mal, wenn ich dort bin, selbst jetzt noch, frag ich mich, wie hat das Buber dorthin verschlagen? Sie waren Fremde mittendrin. Der Mann, der immer denkt, so sagten die Heppenheimer, war er, der, selbst wenn er zum Bahnhof ging, immer ein Buch vor der Nase hatte und las.

Er wurde 1938 nach Jerusalem berufen. Die Freunde dort haben sich sehr bemüht, ihn aus Deutschland wegzukriegen. Es gab schon die Hebräische Universität, aber die Orthodoxie hat sich mit Händen und Füßen gesträubt: Der darf nicht über Judentum reden, der darf nicht über Chassidismus reden, der darf nicht über Religion reden! Was durfte er überhaupt?! Er kam nach Jerusalem, und sie wussten noch nicht mal, was sie ihm für einen Lehrauftrag geben sollten. Und dann schließlich wollten sie ihm einen pädagogischen Lehrstuhl geben, und er sagte Nein. Ich bin kein moderner Erziehungslehrer, ich will mit Menschen leben und auf Menschen einwirken. Er war ein eminenter Erzieher. Das ist ein ganz eigenes Thema. Aber lehren, nein. Und schließlich hat er dann einen Lehrauftrag für Sozialphilosophie bekommen, den er treulich, bis er emeritiert wurde, innehatte.

Ich habe schon einige Wirkungsbereiche erwähnt, die restlichen will ich zum Schluss noch schnell nennen. Zuerst also das politische Denken. Das praktische politische Wirken begann in der zionistischen Studentenbewegung in Leipzig. Er kam mit Herzl in Kontakt. Herzl, der war so begeistert von Buber, dass er ihm die Redaktion der zionistischen Wochenschrift „Die Welt" anvertraute. Ich erwähnte schon die Sammlung „Die Gesellschaft". Buber wurde religiöser Sozialist. Er schrieb später das Buch *Pfade in Utopia*. Er machte hier in Frankfurt, das ist die größte Tat Bubers für die deutschen Juden überhaupt gewesen, er machte die, wie man es nannte, es war natürlich ein harmloser Name, „Mittelstelle für jüdische Erwachsenenbildung", die Frankfurter Juden und weit darüber hinaus, überall war das ja gleich, viele wussten ja gar nicht mehr, dass sie Juden waren. Erst als die Nazigesetzgebung sie traf, ja, und wer waren sie? wo kamen sie her? sie wussten überhaupt nichts. Und da setzte Buber ein mit einem Erziehungswerk, wo er nicht nur dieses Wissen vermittelte, dass sie überhaupt erst mal die Bibel kennen lernten, die sie oft verlernt hatten, denn sie waren völlig assimiliert. Sondern er setzte sich zum Ziel: Ihnen sollte Haltung vermittelt werden. Haltung, so dass sie auch anderen Menschen Halt geben konnten. Und das tat er mit einer Leidenschaft zusammen mit seinen Mitarbeitern, von denen ich auch noch einige sehr nahe kennen gelernt habe, Ernst Simon, der noch mal aus Palästina hierher kam, der berühmte Pädagoge, oder Carola Blume, die Bubers nächste Mitarbeiterin war, diese unzähligen Freizeiten, Bibelrüstzeiten, Vortragsabende zu organisieren. Aufbau im Untergang war das. Ihnen die Haltung geben, mit der sie dann entweder in die Emigration oder ins KZ gingen, aber sie wussten nun, wer sie waren. Sie hatten ein Selbstbewusstsein.

In der Frankfurter Rundschau las ich kürzlich, dass Buber nach der Gründung des Staates Israel für die Verständigung zwischen Juden und Arabern eintrat. Nein, er tat es von Anfang an schon. In den zwanziger Jahren. Er war so ein leidenschaftlicher

Vorkämpfer, dass er in Israel geradezu verfemt wurde deswegen. Und erst heute kommt die Einsicht zu dem, was Buber damals vertrat. Und nicht nur das. Er hat sich ja unbeliebt gemacht auf der ganzen Linie. Denken Sie bloß an die leidenschaftliche Debatte, als Buber Einspruch erhob gegen das Todesurteil gegen Eichmann. Mit der Begründung, wir sind alle unseren Geboten Gehorsam schuldig, auch der Staat Israel. Wir dürfen nicht morden, Morden gebiert neues Morden. Das ist keine Lösung.

Dann der Mystiker Buber, da wird er ja viel verfemt, auch das hat Buber und Schweitzer dann zusammengebracht. Seine frühen Schriften sind mystische Schriften. Ich habe sie im Plan der Buber-Werkausgabe, den ich machte, „Atemproben" genannt. Ja, das ging aber durch sein ganzes Leben. Er ist der Entdecker und Übermittler der chassidischen Legenden und Erzählungen, überhaupt der ganzen chassidischen Bewegung gewesen, die im 18. Jahrhundert entstand, eben da in seiner Heimat, und die die größte religiöse Erneuerungsbewegung war, die Europa in der Neuzeit überhaupt gesehen hat. Mit Hunderttausenden von Anhängern, diesen Anhängern, die unsere deutschen SS- und SD-Leute dann in den Tod befördert haben. Die so glühend lebten, dass manche Gemeinden mit ihrem Rabbiner singend in den Feuerofen gingen. Ja, chassid, das heißt der Fromme, Chassidim ist der Plural. Die Chassidim waren ganz stark mystisch fühlende Menschen. Das führte ja die Beiden auch zusammen, Buber und Schweitzer.

Dann, ein weiterer Bereich, den habe ich schon genannt:

**Buber ist der Verdeutscher der hebräischen Bibel gewesen.**

Anfangs mit Franz Rosenzweig, zu zweit, dann alleine weiter, bis er das Werk vollendet hatte. Das ist die getreueste Übersetzung der hebräischen Bibel, die wir überhaupt besitzen. Und diese Übersetzung ist auch ein Sprachkunstwerk. Ein ganz enormes. Parallel dazu hat er eine ganze Reihe von Büchern geschrieben, die jetzt enge Kontakte rüber und nüber von Schweitzer zu Buber ergaben. Ich erwähne bloß sein Moses-Buch, das auch eine Erwiderung an Sigmund Freud war. Sein Buch „Der Glaube der Propheten", das war die Wurzel, wo er herkam. Schließlich „Zwei Glaubensweisen", das Buch, das Buber und Schweitzer ganz eng zusammen führte.

Ja, und dann ist natürlich der Bereich seiner jüdischen Schriften zu nennen. Das ist ein solch dicker Band. Darin geht es um das unterscheidend Jüdische. Er war ein bewusster Jude, wir haben diesen Band 1993 neu gemacht. Und schließlich, ich nenne es zuletzt, weil das, was Buber schuf, darin wie in einem Sammelbuch zusammenkam: „Das dialogische Prinzp“, seine eigene Philosophie, sein dialogisches Denken von „Ich und Du“, und dessen Vorstufe, die er am Frankfurter Jüdischen Lehrhaus vortrug: „Religion als Wirklichkeit“. Und dann „Zwiesprache“, Traktat vom dialogischen Leben habe ich es wieder genannt, wie in der Erstausgabe. Und das strahlte dann aus in die Psychologie, die Psychotherapie, die Erziehung, und dann kamen noch die letzten philosophischen Schriften auch wieder in naher Berührung zu Schweitzer: „Urdistanz und Beziehung“ und „Gottesfinsternis“.

Bei dem Überblick zu Schweitzer kann ich mich kürzer fassen. Wir wissen, er ist in Kaysersberg im Elsass geboren, aber schon als Säugling von dort weggezogen. Sein Vater, der Ludwig Schweitzer, war dort Pfarrer in einer Diasporagemeinde, die aber kurze Zeit nach Schweitzers Geburt einging, und so wurde er nach Günsbach im Münstertal versetzt, wo er dann lebte, und wo Schweitzer aufwuchs, in diesen schlichten Verhältnissen, wie ich das vorhin schon andeutete, die er auf wunderbare Weise – das ist eines der schönsten und wirkkräftigsten Bücher Schweitzers geworden – in „Aus meiner Kindheit und Jugendzeit“ festgehalten hat, wozu ihn Oskar Pfister, der Psychoanalytiker, bei dem er sich da in Zürich einmal ein paar Stunden ausgeruht hat auf einer Reise, und dann war der so klug, Schweitzer lag da und ruhte sich aus: „Ach können Sie mir nicht etwas aus Ihrer Kindheit erzählen?“ Und das hat er dann so ganz naiv gemacht und zum Schluss fragte Schweitzer ihn, was er denn damit machen werde. Er hatte das alles mitstenographiert. „Ach, das möchte ich in einer Zeitschrift publizieren“, sagte er. Und dann hat Schweitzer sich hingesetzt und hat dieses wunderbare Büchlein verfasst mit diesem Epilog, in dem er einiges, wie er übers Leben denkt, niederschrieb.

Ja, er war ein schwächliches Kind. Aber dann, als er das Studium anfing, dann wurde er auf einmal, da bleibt einem der Atem stehen, wenn man sieht, was dieser junge Mann in kürzester Zeit zuwege brachte. Er studiert also im Hauptstudium Philosophie und Theologie, 1899 macht er seinen Dr. phil. Die Dissertation über Kants Religionsphilosophie erscheint im selben Jahr, ein schöner Wälzer. Ja, und 1900 kommt dann schon die Licentiatenarbeit. Denn das war damals der theologische Doktor, den gab's damals noch nicht, da nannte man das Licentiat. Und im Jahr drauf, 1902, habilitierte er sich bereits in Theologie mit der Schrift über „Das Messianitäts- und Leidensgeheimnis“, eine Skizze des Lebens Jesu. Diese beiden Bücher hat der junge Buber 1901/02, als sie erschienen, bereits verschlungen und sich deren Grundposition zueigen gemacht, besonders die des zweiten, wo Schweitzer das erste Mal, worauf wir gleich kommen werden, den Gedanken der konsequenten Eschatologie deutlich machte. Dann entstand das französische Bachbuch, das ist 1905. 1908 erschien dann der deutsche Bach, den er völlig neu schrieb.

Schon Pfingsten 1896 hatte er sich das Gelöbnis gegeben: Bis zum 30. Lebensjahr werde ich mich Wissenschaft und Kunst widmen, und dann nur der unmittelbaren Hilfe für die Menschen. 1905 wirft er die Briefe in den Kasten, in denen er den Eltern und seinen Freunden mitteilt, er werde jetzt Medizin studieren und dann als Arzt nach Äquatorialafrika gehen, der Mann, dem wenig später der deutsche Reichsverweser (das Elsass war ja früher deutsch und die Reichsuniversität unterstand also dem Reichsverweser) ihn zum Professor ernennt ob seiner außerordentlichen Verdienste für die Wissenschaft. Und der meldet sich in der medizinischen Fakultät, der Dekan wollte ihn zum Psychiater schleifen, weil er dachte, Schweitzer könnte doch nicht ernstlich Medizin studieren wollen und dann anschließend nach Afrika gehen. Er tat das aber. Und 1913 war die dritte Doktorarbeit fertig, nämlich die medizinische Dissertation über die „Psychiatrische Beurteilung Jesu“. Als ich vor 2 Jahren hier in der Universität des 3. Lebensalters eine Schweitzer-Vorlesung hielt, da kam anschließend ein Mann auf mich zu, leicht mittelalterlich, aber mit Motorrad-Dress, ganz sportlich. Sagte: Ich wollte Ihnen nur sagen, mein Großvater, das war der Psychiater in Straßburg, der dem Schweitzer dieses Thema gegeben hat. Und er sollte nun mal untersuchen, was da los wäre, denn schließlich gab es eine ganze Reihe von Autoren, die Jesus paranoider Vorstellungen bezichtigten und all so etwas. Und da sollte er nun mal als Mediziner untersuchen, was da dran wäre. War natürlich nichts von alledem, hat Schweitzer sehr deutlich gesagt.

Da ging er also im selben Jahr, 1913, zusammen mit Helene, seiner Frau, die er 1912 geheiratet hatte, nach Lambarene. Sie kennen alle die Geschichte vom Anfang dort. Auch, wie schnell der Anfang ein Ende nahm. Denn 1914 brach der 1. Weltkrieg aus, und die beiden Schweitzers wurden als feindliche Ausländer interniert. Sie waren ja in Französisch –Äquatorialafrika. Und zwar als Elsässer, also Deutsche. Die schwarzen Soldaten waren reichlich verwundert, die sie mit dem Gewehr überwachen mussten, dass er sogar anfangs nicht mal die kranken Leute behandeln durfte. Und das ist die Entstehungszeit der kulturphilosophischen Schriften Schweitzers. 1915 fand er das Schlüsselwort: Ehrfurcht vor dem Leben.

Die beiden Schweitzers wurden dann nach Frankreich transportiert, in schändlicher Internierungshaft gehalten, die auch Frau Schweitzer – sie war ja tuberkulosekrank— gesundheitlich sehr geschadet hat, eigentlich lebenslang. Deswegen ist sie später in Königsfeld in das Haus gezogen, das Schweitzer ihr gebaut hat, damit sie leben konnte. Und sie musste es dann kurz darauf verlassen, denn sie war Jüdin, musste als Jüdin vor den Nazis weichen. Sie war die Tochter von Harry Bresslau, dem Professor für mittelalterliche Geschichte an der Straßburger Universität.

Die Internierten wurden dann ausgetauscht, sie kamen ins Elsass zurück. Das ist die Zeit, in der die ethischen Predigten entstanden, die ich herausgegeben und kommentiert habe: „Was sollen wir tun?“. Das unmittelbarste, persönlichste Buch, was das Denken Schweitzers angeht. Das kam so zustande: Er musste von Lambarene weg, und die angefangenen Manuskripte „Verfall und Wiederaufbau der Kultur“ und „Kultur und Ethik“ musste er zurücklassen; er gab alles dem katholischen Missionar und der, der hätte es am liebsten in den Ogowe geschmissen, denn Philosophie ist doch Teufelswerk. Er hat es dann doch aufgehoben. Sehr viel später, in den zwanziger Jahren, hat Schweitzer die Manuskripte wieder bekommen. Nun war er 1919 als kranker Mensch Assistenzarzt im Bürgerspital und Vikar an der Nikolaikirche, denn er musste irgendwie existieren. Der Pfarrer war von den Franzosen weggejagt worden, als Deutscher, nationalgesonnener Deutscher, und da hielt Schweitzer nun Predigten. Predigten: Das Bibelwort war bloß der Ausgangspunkt. Und dann kommt Schweitzer. Da entwickelt er seine ganzen kulturphilosophischen Gedanken. Das erste Mal ganz direkt, persönlich, in der direkten Ansprache. Ich habe, als ich das Manuskript bearbeitete, mir die Originalmanuskripte besorgt, und da fand ich seine Randnotizen, die er dann in der Predigt ausführte. Manches habe ich natürlich nicht rausgekriegt. Aber er hat dann überall seine konkreten Beispiele eingeflochten. Ja, und dann hat ihn Nathan Söderblom gerettet, der schwedische evangelische Erzbischof, der ihn nach Upsala einlud zu Vorträgen, in denen er das erste Mal seine Kulturphilosophie öffentlich vortrug. Und als Söderblom merkte, was mit ihm los war, hat er diese große Vortrags- und Konzertreise kreuz und quer durch Schweden veranlasst, die Schweitzer tief beschämt hat, denn er hat nicht nur seine Schulden, das Spital war ja zusammengebrochen, und er hatte sein Geld in Straßburg im deutschen Geld angelegt, und das war alles kaputt gegangen. Er hat nicht nur seine Schulden getilgt, sondern sammelte das Kapital für eine neue Ausreise.

1924 war die zweite Ausreise, der Neubau des Spitals, und dann kam diese Zeit, die ich selbst noch miterlebt habe, wenn er hier in Europa war, haben wir uns hier in Frankfurt getroffen. Dieser ständige Pendelverkehr zwischen Lambarene und Europa, denn da musste er die Mittel zum Existieren beschaffen. Als Spenden, aber die er auch erarbeitete mit seinen Büchern, mit seinen Konzerten, seinen Vorträgen. 1959 war dann die letzte Deutschlandreise, dann konnte er nicht mehr reisen.

Das meiste seines Denkens war ungedruckt, als er starb. Es war wirklich so, dass er eine Kirche bauen wollte und nur die Wände des Chors hochzog, etwa „Kultur und Ethik", aber das ganze Gebäude war für die meisten noch unsichtbar. Und wird jetzt erst allmählich sichtbar in den Nachlass-Publikationen.

Der Theologe: Die „Geschichte Leben-Jesu-Forschung" ist zu nennen; dadrauf kommen wir gleich. Genauso „Reich Gottes und Christentum", was auch erst aus seinem Nachlass vollständig publiziert wurde. Es war sein theologisches Testament, was aus unmittelbarem Austausch mit Buber entstand. Und schließlich gibt es noch einen Band, der vor 1, 2 Jahren erschienen ist: „Straßburger Vorlesungen". Während der Student Medizin studierte, hat er als Dozent der Theologie treu und redlich Vorlesungen gehalten, und diese Manuskripte sind ja vor ein paar Jahren wieder aufgetaucht, die hatte Helene Schweitzer in die Schweiz mitgenommen, wohin sie als erstes emigriert war. Sie hat sich dann nach Lambarene durchgeschlagen. Und nun sind sie da auf einem Dachboden der ehemaligen Wohnung gefunden worden. Und jetzt publiziert. Die philosophischen Schriften habe ich schon genannt, Musik, das muss ich jetzt hier nicht ausführen, Bach habe ich schon genannt, die Orgelschriften. Nennen muss ich aber unbedingt, denn da standen sie Schulter an Schulter, Buber und Schweitzer, im Kampf für den Frieden, gegen die Atomwaffen, die Atomenergie überhaupt. Ein Kampf, der Schweitzer ja den Nobelpreis einbrachte, den aber zunächst das Nobelkomitee Schweitzer verweigert hat. Mein Freund Max Tau, ich habe jetzt gerade einen Aufsatz darüber geschrieben, da habe ich das mal alles nachvollzogen. Das Nobelkomitee erklärte 1952 Albert Schweitzer nicht für würdig. Und dann hat Max das ganze kleine Norwegen wild gemacht, und es kam eine solche Revolution in der Presse, im Rundfunk und überall zusammen, dass das Nobelkomitee in sich ging. Und sie haben ihm dann 1953 rückwirkend für 52, also dass er erst 54 empfangen werden konnte, den Nobelpreis verliehen. Schließlich Lambarene selbst, das das Symbol seines Denkens war und das er auch bewusst so aufgebaut hat, Sie kennen alle die Schriften: „Zwischen Wasser und Urwald", die Mitteilungen und Briefe aus dem Lambarenespital, da kann man das nachvollziehen.

All das war 1965 zu Ende. Und wenn wir es heute betrachten, dann müssen wir sagen, beide, jeder auf seine Art, sind historische Gestalten geworden, die zum Teil ja heftig angegriffen wurden. Als Buber auf dem Sterbebett lag, wurde im Jerusalemer Stadtparlament diskutiert darüber, dieser weltberühmte Buber, ob der würdig sei, die Ehrenbürgerschaft Jerusalems zu erhalten. Und die Orthodoxen, die Nationalen: Nein, Nein, Nein, Nein. Und nur mit knapper Not mit den Stimmen der Sozialisten und auch aller nahestehenden Araber – die Araber haben ja sehr getrauert, als er starb –, kam das dann zustande. Aber Buber hat das nicht mehr wahrnehmen können. Er war schon jenseits dieser Welt; der Sohn hat dann diese Auszeichnung entgegen genommen; heute kann man die Hülle mit der Urkunde bewundern. Und Schweitzer: Denken Sie bloß an diesen Film von Ba Kobhio, der im Elsass 1996 uraufgeführt wurde und die Kinos restlos überfüllt hat mit einer nachgewachsenen Generation, die nichts mehr weiß von Schweitzer, wo das Leben und Wirken Schweitzers völlig entstellt wird, wo er als kolonialistisch, als autoritär dargestellt wird. Was doch alles sehr viel komplizierter in der Wirklichkeit war.

So, damit habe ich schon so einiges bemerkt zum Atmosphärischen. Dazu jetzt noch etwas mehr. Es sind zwei völlig, verschiedene Menschen, nicht nur, dass sie aus ganz verschiedenen Kulturkreisen kamen, – sie waren auch zwei verschiedene Menschen in ihrer Grundstruktur.

**Buber ist ein Dialog-Denker. „Ich und Du" spiegelt das.**

Und das, was da lebendig entsteht, was zwischen Ich und Du entsteht, ist das eigentliche Geschehen; er hat ja regelrecht den Begriff des „Zwischen" gebildet. Bei ihm ist auch der pädagogische Impuls ganz zentral, das erwähnte ich vorhin schon; er war bewusst und unbewusst ein Menschen- und Seelenführer, so sehr, wie man sich's überhaupt nicht vorstellen kann. Da ist etwas, was ihn von Schweitzer sehr unterscheidet: Er war ein Mensch, der ganz im Glauben, im Glauben seiner Väter lebte.

**Schweitzer hingegen war Ethiker, war Willensmensch.**

Es kommt alles darauf an, dem Willen Jesu nachzugeben und zur Nachfolge Jesu auf der Willensebene zu gelangen. Der Glaube, der überlieferte, die Lehre der Kirche, das ist eigentlich alles nur Beiwerk. Frömmigkeit. In Wirklichkeit stand Schweitzer ganz woanders. Dazu gleich.

Beide hatten enorme schriftstellerische Gaben. Buber: Als ich dieses Buch „Zwei Glaubensweisen", das ich ja editorisch bearbeitete, vor ein paar Jahren herausbrachte, da hat David Flusser, der große Kenner des Neuen Testaments und der Juden zur Zeit Jesu in Jerusalem, ein Nachwort geschrieben, und da schreibt er zu Beginn von der geradezu großartigen dichterischen Begabung, die Buber hatte, und damit hat er ganz recht. Denken Sie an die Erzählungen der Chassidim, er hat auch Gedichte geschrieben von Jugend an, schon in der „Welt" damals erschienen Gedichte von ihm. Die Bibelverdeutschung, ich erwähnte es schon, ist ein enormes Sprachkunstwerk, aber er hat sie getreu dem Hebräischen nachgebildet; ich habe den Text der Bibelverdeutschung, die paar tausend Seiten, die habe ich über 30 Jahre lang betreut. Und als ich jetzt die letzte Ausgabe machte, da habe ich als das erste Mal die Kapitel und Verszählung eingearbeitet, damit man leichter damit arbeiten kann, denn die hatte die ursprüngliche Ausgabe nicht. Und da musste ich nun dauernd zurück steigen. Da hatte ich die Erstausgabe und dann weiter fort die verschiedenen Ausgaben – wie, was, sind das zwei fremde Bücher?, dachte ich. So hat sich die Sprache gewandelt. Immer einfacher, immer intensiver, immer lebendiger immer getreuer.

Bei Schweitzer ist das anders. Seine Sprache ist sehr viel nüchterner, realistischer, verstandesgeleiteter, obwohl da immer wieder Bilder eingesprengt sind, davon wimmelt es geradezu, auch in den wissenschaftlichen Büchern, und das ist manchmal für den Wissenschaftler geradezu lästig, – man weiß, was er sagen will, aber das ist natürlich wissenschaftlich nicht zu gebrauchen. Und Schweitzer mit seinem Humor – den hatte freilich Buber auch – immer wiederkehrend in Schweitzers Schreiben. Und dann: Immer appellierend an den Partner; diese Predigten, die gehen immer wieder in den Wir-Stil über.

Beide arbeiteten ganz ähnlich. Ihre Hauptthemen griffen sie immer und immer wieder auf. Buber zum Beispiel das Chassidismus-Thema von 1902 bis zu seinem Tode, 63 Jahre. Schweitzer ganz genauso.

**Das Thema Schweitzers und Bubers war die Verwirklichung des Reiches Gottes.**

Und das Reich-Gottes-Thema ist etwas, das Schweitzer über Jahrzehnte und Jahrzehnte verfolgt hat. Sie arbeiteten ja auch methodisch ganz ähnlich. Nämlich geschichtlich fundiert. Denken Sie an die „Geschichte der Leben-Jesu-Forschung", die Geschichte der paulinischen Forschung, die Nachlassmanuskripte. Da geht es durch die ganze Weltgeschichte jedesmal. Ich hatte die als Verleger schon mal abgesetzt. Schweitzer geht sozusagen nach Aristotelischer Methode vor. Erst einmal alle Tatsachen darstellen, alle Meinungen darüber, und dann komme ich, Schweitzer, und sage: Also so ist das. Wie sagte da ein Theologe, als die „Geschichte der Leben-Jesu-Forschung" erschienen war: „Da erleben wir ein riesiges Schlachtfest, und zum Schluss sind alle Leben-Jesu-Forschungen am Boden und dann steht Schweitzer da: Ich habe die und die Lösung, nämlich die konsequente Eschatologie"– aber dazu später.

Ja, und Buber hat ähnlich gründlich gearbeitet. In seinen theologischen Werken etwa. Aber denken Sie auch an so was: Buber hat es fertig gebracht, Moses, von dem wir keine geschichtlichen Urkunden haben, sondern nur das, was aus den biblischen Schriften zu erheben ist, er hat daraus ein lebendiges Bild Moses geschaffen – was führende Alttestamentler voller Verblüffung als das beste, das lebendigste Mosesbuch, das es überhaupt gibt, angesehen haben.

Sie arbeiteten auch ganz parallel, und das habe ich, der ich mit den Manuskripten beider immer wieder gearbeitet habe, in den konkreten Manuskripten studieren können. Also, wenn ich an die Bubermanuskripte denke, aber bei Schweitzer ist das ganz genauso: Alles ist vollgeschrieben, alles mit der Hand natürlich, obendrüber, an dem Rand hier, an dem Rand da, ich musste also ringsherum, und dann musste ich sehen, was er drüber und drunter geschrieben hatte, was er ausgestrichen hatte, ich konnte so genau sehen, wie er alles durchdacht hatte. Und ja Schweitzer, also Schweitzermanuskripte zu transkribieren, das ist eine der schwersten Aufgaben, die es gibt. Aber man kann es; wenn man sich in Schweitzer eingelesen hat, kann man's. Ja, sie machten alles handschriftlich, auch darin sind sie ganz parallel gewesen. Kein Computer oder so einen Quatsch. Mit der Hand! Und Sie können verfolgen durch die Jahrzehnte, wie das Denken entsteht, des einen wie des anderen. Was da dann ausgestrichen wird, was korrigiert; Sie haben ein lebendiges Bild, was die fertigen Ausgaben nur sehr unvollkommen spiegeln. Und sie waren gewissenhafte Exegeten, Ausleger der Texte. Buber hat immer wieder betont, was Schweitzer genauso tat auf seine Weise: Es kommt auf die Kunst des Hörens an, und er fügte hinzu, wir müssen erst mal das Hören-können lernen, dann können wir über die Texte reden.

Beide, wo sie ja nun verschiedene Positionen hatten, zu denen ich jetzt komme, haben nie den Kern des Denkens des Anderen irgendwie in Frage gestellt. Sie waren von einer unbedingten Achtung voreinander, die man heute ja manchmal geradezu wünschen muss bei den Autoren. Ehe ich jetzt zu ihrem konkreten Kontakt komme, muss ich etwas sagen, woran Sie merken, wie die beiden vom Geschick aufeinander zugeführt wurden.

**Beide sind Situationsdenker.**

Buber, kurz vor seinem Tod, da traf er mit Abraham Schapira, mit dem zusammen wir dieses große Buch „Pfade in Utopia" neu gemacht haben, der Dozent an der Akademie der Kibbuzim war, der hat Kibbuz-Erzieher zu dem greisen Buber kurz vor seinem Tod gebracht, und sie haben diskutiert, und wehrt sich Buber: Ich habe keine Prinzipien, es gibt Dinge, die wir tun müssen hier und jetzt. Ich habe keine Prinzipien, nur einen Orientierungssinn, und ich handle nach der gegebenen Sachlage. Da kam natürlich gleich der eine: Aber unser Leben im Kibbuz, das beruht doch auf Prinzipien, und der andere sagte dann: Aber nein, Sie sind gegen Prinzipien, das ist ja auch ein Prinzip. Buber antwortete: Ein Prinzip ist etwas, das zwingt, immer auf die vorgegebene Weise zu handeln. Jede Situation muss aber von neuem betrachtet werden. Und sagt wieder ein anderer: Es gibt doch auch Dinge, auf die wir nicht verzichten können. Buber: Halten Sie Ihre Augen offen, das ist alles, was ich Ihnen zu sagen habe. Denn ich kann Ihnen kein Prinzip nennen. Aber nach welchen, sagt der Jaakov denn darauf, nach welchen Gesichtspunkten soll ich denn nun handeln? Sie müssen die Situation beobachten. Ich kann es Ihnen nicht leichter machen. Und dann das tun, ja, was Buber an der kleinen Geschichte wieder auf eindringliche Weise uns nahe bringt. Buber erzählt von dem Rabbi Bunam; da kommt in dessen Bethaus ein Mann, der den Rabbi mit dem Schofarblasen belehren wollte, und er hebt nun an, seine Seele in die richtige Verfassung zu bringen, und da reißen dem Bunam die Nerven. Und er guckt ihn an und sagt nur das eine, das könnten beide, Schweitzer und Buber genauso sagen: Narr! Blas!! Fang an.

Und Schweitzer: Du musst in fortgesetzter Unruhe leben, wach bleiben! Was tust du? Nicht nur reden, diskutieren! Baue von unten auf, leiste das Unscheinbare und Verborgene, was viel schwerer ist als das anerkannt Großartige. Du musst in jedem einzelnem Fall nach deinem Gewissen handeln und wirst das eine Mal so, ein anderes Mal anders tun. Das ‚gute' Gewissen ist eine Erfindung des Teufels. Handle! Was du tust, das gehört zum Menschsein. Schweitzer konnte sich soweit versteigen – da sehen wir dann gleich, wo die beiden auseinander gehen–, dass er sagte: Ich glaube, weil ich handle. Das ist das Primäre.

Ja, er hat übrigens auch etwas Dialogisches. Wenn man jetzt diese Nachlassbände ansieht, ich habe das damals schon, als ich sie setzte, gemerkt. Er wollte als Motto über dem Band „Ehrfurcht vor dem Leben", „dem unbekannten Bruder Mensch" setzen. Und in dem Text redet er dauernd „lieber Bruder Mensch. So oder so seh ich das. Bruder Mensch, aber achte darauf". Es kommt dauernd vor, das ist interessant, wie da eine dialogische Sprachstruktur entsteht, die wir bisher von Schweitzer in solcher Intensität noch gar nicht kannten.

Jetzt kommen wir also zu dem konkreten Kontakt. Die Korrespondenz beider, die beginnt eigentlich erst spät. 1928 schreibt Buber aus Heppenheim an Schweitzer auf einen Bogen der Zeitschrift „Die Kreatur". Das war diese berühmte Zeitschrift, die von einem Juden, einem Katholiken und einem Protestanten herausgegeben wurde, Buber, Joseph Wittig und Viktor von Weizsäcker. Da schreibt er dem Schweitzer, wir haben vor, der Freundeskreis dieser ‚Kreatur', eine Tagung in Karlsruhe „Wirklichkeit und Verantwortung" zu machen. Und da sagt er ihm, wenn es einen Menschen gibt, der für dieses Thema Verantwortung in der Wirklichkeit Symbol ist, dann sind Sie es. Und er will ihn auch werben in diesen Kreis von Menschen, den er zusammenbringen will, der im Chasma steht, sagte er dann, und nicht verschlungen wird. Chasma, das ist ein griechisches Wort, der Abgrund. Also: Der selbst im Abgrund, wenn alles auseinander geht in der Welt, stets zusammen steht. Und Schweitzer konnte natürlich nicht zu diesem Vortrag extra nach Karlsruhe kommen. Aber ein Jahr später sind sie hier in Frankfurt beide vereint, Hand in Hand, wie Buber schreibt, mit einem eher ‚unphilosophischen' Vortrag, über religiöse Wirklichkeit. Da war eine Tagung der Schopenhauer-Gesellschaft, die in Frankfurt ihren Sitz hat, über das Thema „Religion und Philosophie". Und Buber, griff harmlos das Thema auf, aber was da passierte, wenn man liest, was die Vossische Zeitung, eine führende Zeitung damals in Deutschland, schreibt: Da erlebten wir konkreten gelebten Augenblick der Gottesbegegnung, Realkontakt mit Gott. Was dieser Mann da rüberbrachte! Schweitzer hatte auch einen proppenvollen Saal, aber er sprach über „Die Mystik des Apostels Paulus". Das Buch, das ein Jahr später dann bei Mohr erschien. Und das war ja ein Thema, wo sie sich dann auch ein Stückchen in die Haare kriegten. Jedenfalls hatten beide den Wunsch: Wir müssen uns aussprechen. Und es sollte eigentlich schon eher stattfinden, kam aber im letzten Augenblick, nämlich erst 1933 im Februar zustande, in Königsfeld. Da haben sie sich beide getroffen und mit einander gesprochen. Schweitzer sagte dann zu Buber: Ja, aber ich habe doch die jüdischen Wurzeln von Paulus dargestellt. Aber Buber machte da einen starken Einschnitt. Hier gehen Judentum und Christentum auseinander. Bei Paulus. Aber sie haben sich natürlich herzlich verstanden, es gab ja eine Reihe Bücher, auch die philosophischen, die Schweitzer enorm liebte und schätzte, „Zwiesprache" zum Beispiel. Schweitzer hat damals einen Brief geschrieben, da sieht man, mit welcher Herzlichkeit die beiden zueinander kamen. Sie haben Briefe gewechselt im Laufe der Jahre, bis sie starben, so 15, 20 ungefähr bei jedem. Ich habe sie alle studiert. Es sind bei weitem nicht alle, da sind auch welche verloren gegangen. Sie haben ihre Bücher ausgetauscht; Buber hatte immerhin eineinhalb Dutzend von Schweitzer „Kultur und Ethik", „Die Mystik des Apostels Paulus" und Schweitzer umgekehrt. Da konnte ich es nun genau erheben. 16 Bücher von Buber, darunter „Zwiesprache" und „Zwei Glaubensweisen".

Und da sind wir nun an dem Punkt, wo die eigentliche Begegnung stattfand. „Zwei Glaubensweisen": Dieses Büchlein erschien 1950 in erster Ausgabe. Ich habe dann mit David Flusser zusammen diese Neuausgabe gemacht. Die ist erheblich dicker, wie Sie sehen. Weil wir da alles aufbereitet haben. Dieses Buch nannte Eugen Biser, das ist ein katholischer Theologe, der ein Buch „Buber für Christen" geschrieben hat, der nannte es die extremste, „die härteste Herausforderung des Christentums, die in unserem Jahrhundert überhaupt geschrieben worden ist".

„Ich habe dieses Buch in Jerusalem in den Tagen seiner sog. Belagerung, vielmehr des in ihm ausgebrochenen Chaos der Vernichtung, geschrieben. Die Arbeit daran hat mir geholfen, auch diesen Krieg...", – nämlich den Unabhängigkeitskrieg nach dem 2. Weltkrieg, – „...für mich den schwersten, durchzustehen, im Glauben zu überstehen."

Gershom Scholem, der berühmte Kritiker und Schüler Bubers hat es ein wissenschaftlich schwaches Buch genannt. Er sieht es nur vom Wissenschaftlichen her. Er war auf dem Baum der Erkenntnis, nicht auf dem Baum des Lebens wie Buber. Das waren die Unterschiede. David Flusser schreibt in seinem Nachwort: Das ist eine geradezu geniale Studie. Heute so aktuell wie zu der Stunde, als Buber sie konzipiert und niedergeschrieben hat. Es ging für Buber um die Frage der Identität. Ich habe in meinem Nachwort dazu gesagt: Dieses wissenschaftliche Buch schreibt ein glaubender Mensch, und so ist es zugleich ein jüdisches Buch. Buber verleugnet nicht, wo er steht. Es geht ihm um die Existenz, und das war – denken Sie an das, was ich eingangs sagte – das ganze Erleben: Hunderttausende seiner Glaubensbrüder ausgelöscht, und dann dieser Unabhängigkeitskrieg, der ja auch nicht gerade das Harmloseste war. Und er musste einfach versuchen, seiner selbst gewiss zu werden, und da schreibt er dieses Buch. Aus einer Gesinnung heraus, ich fahre ja des öfteren, genau wie Buber das tat, nach Worms. Von Heppenheim nach Worms ist nur ein Katzensprung. Und da umwandert er immer den Dom, und dann ging er auf den heiligen Sand, den ältesten deutschen Judenfriedhof. Den jüngst geschändeten. Und da blickt er wie von unten zur Kirche empor. Aber da unten hat man nicht ein Quentchen Gestalt mit dieser Harmonie wie der Dom. Da hat man nur Steine und Asche unter den Steinen. Man hat die Asche, wenn sie sich auch noch so sehr verflüchtigt hat, man hat die Leiblichkeit der Menschen, die dazu geworden sind, man hat sie. „Ich habe sie. Nicht als Leiblichkeit im realen Sinn, aber in der Tiefe der Geschichte. Bis an den Sinai heran. Ich habe da gestanden und war verbunden mit der Asche und quer durch sie mit den Urvätern. Das ist Erinnerung an das Geschehen mit Gott, die allen Juden gegeben ist. Davon kann mich die Vollkommenheit des christlichen Gottesraumes nicht abbringen. Nichts kann mich abbringen von der Gotteszeit Israels. Ich habe da gestanden und habe alles selber erfahren. Mir ist all der Tod widerfahren, all die Asche, all die Zerspeltheit, all der lautlose Jammer ist mein. Aber der Bund mit mir ist nicht aufgekündigt worden, nämlich der Bund Gottes mit seinen Gläubigen. Ich liege am Boden, hingestürzt wie diese Steine, aber aufgekündigt ist mir nicht. Der Dom ist, wie er ist. Der Friedhof ist, wie er ist. Aber aufgekündigt ist uns nicht worden." Das sagte Buber in einer Diskussion mit einem christlichen Theologen 1933. Ehe das Unheil über die Juden kam.

Im Vorwort zu „Zwei Glaubensweisen" bedankt er sich bei vier christlichen Theologen. Das sind Rudolf Bultmann, Rudolf Otto, Leonhard Ragaz und vor allem Albert Schweitzer. „Albert Schweitzer danke ich dafür, dass ich durch ihn, durch seine Person und sein Leben, zuerst die Weltoffenheit und damit auch die eigentümliche Israelsnähe, die dem Christen und auch dem christlichen Theologen, der zu sein Schweitzer ja nicht aufgehört hat, möglich ist, unmittelbar kennengelernt habe." Freilich muss man sagen, wenn man so lange Jahrzehnte mit ihm umgegangen ist, dass das tiefe, schicksalsmäßige Verstehen des jüdischen Glaubens, der Juden, des Judentums, Schweitzer nicht gegeben war. Wenn er von den „herrlichen" Rabbinen spricht, oder dieser Begriff „Spätjudentum", als Theologe das zu sagen ist heute geradezu ein Skandal. Das ist aber in der Theologie seiner Zeit Usus gewesen. Er redet bloß von dem Spätjudentum. Seit Jesus und danach das andere, das ist kein Judentum mehr, sondern Zeit des Christentums.

Grete Schaeder, mit der zusammen ich Anfang der siebziger Jahre diese drei dicken Bände des Briefwechsels „Briefwechsel aus sieben Jahrzehnten" von Buber herausgegeben habe, wo auch ein Teil dieser Schweitzer-Briefe abgedruckt ist, hat auch ein Buber-Buch geschrieben, und war, kurz bevor Buber starb, noch mehrere Male in Jerusalem, um mit ihm zu sprechen. Da hat sie bezeugt, für 1962, man muss, so sagte er, immer wieder bei den Schriften Schweitzers ansetzen, wenn man sein eigenes Verhältnis zum Christentum verstehen wolle. Und dann kommt er auf diese Schriften, die ich vorhin schon erwähnte, „Messianitäts- und Leidensgeheimnis", vor allem. Und was war es? Für Buber entscheidend war, dass Schweitzer die Botschaft Jesu, seine Ethik und sein Messiasbewusstsein aus der eschatologischen Erwartung verstand, aus der Erwartung des unmittelbaren Hereinbrechens des neuen Äons, dass das Reich Gottes unmittelbar bevorsteht. Da waren sie sich vollkommen einig darüber. Von Schweitzer ausgehend, hat auch Buber die Gestalt Jesu ganz aus der Botschaft von Gottes Reich und dem Leidensgeheimnis gedeutet. Auseinander gingen sie dann bei der Beurteilung des Paulus. Da ist, wie Schweitzer mit Recht hervorhob, das Einbrechen des Gottesreiches ausgeblieben, und nun war die Urgemeinde, war Paulus als einer ihrer Hauptexponenten gefordert: Was nun? Da setzt bei Paulus eben dieser geniale Prozess ein: Das Reich Gottes ist inwendig, in uns. Das ist ja ein zentraler Gedanke bei ihm. Und nun setzt das die Gemeinde neu. Die Gemeinde muss ja zu einem neuen Selbstbewusstsein kommen. Denn das Gottesreich war nicht angebrochen. Selbst Jesu Opfertod hatte es nicht erzwingen können.

Buber hat natürlich auch das andere an Schweitzer gesehen. Die menschliche Größe geachtet. Er hat zum 80. Geburtstag Schweitzers einen Beitrag zu einer Festschrift, die die Schweitzer-Freunde herausgegeben haben, geschrieben, darin nannte er Schweitzer „einen Realist des Geistes". Das ist auch wieder typisch. Da sehen wir auch schon, das taucht immer mehr auf jetzt, die Unterschiede. Hier sagt er das, was er bewundere, sei, dass dieser Mann um der Seele willen den Leib heilen wollte, das kann man ja nun so ganz korrekt nicht sagen. Aber er fasst es so auf. Weil er empfand, dass da der Erlösungsgedanke wieder die volle Kraft bekam von der jüdischen Wurzel aus, für die es keine Trennung zwischen Seele und Wirklichkeit gibt, zwischen Seele und Welt, das beides zusammengehört. Er als Jude sah unter den Christen das jüdische „kehret um mit Leib und Seele eurer ganzen Existenz". Buber lebt in dieser vollen Wirklichkeit. Dass das im christlichen Bereich zum „μετανοεῖτε", „denket um" wurde, da, sagt Buber an einer Stelle, da wird die Trennungslinie gezogen zwischen Juden und Christen. Die Demarkationslinie.

Buber hat dieses Buch „Zwei Glaubensweisen" sofort nach Lambarene geschickt. Und Schweitzer hat es intensiv durchgearbeitet. Es traf ihn im entscheidenden Augenblick, wo Schweitzer sein eigentliches theologisches Testament, das Buch „Reich Gottes und Christentum" schrieb. Die Bücher, die sind ja jetzt alle im Schweitzer-Archiv, und ich habe vor ein paar Jahren in Günsbach gesessen, und da ist auch dieses Exemplar, das Buber geschickt hatte, gewesen, und ich habe mir alles übertragen in mein Exemplar, die Striche an den Rändern, er schrieb Bemerkungen an den Rand, das ist also derart temperamentvoll, wie er damit umgeht: „Der Aufbau Ihres Buches ist ausgezeichnet. Die schlichte Darstellung habe ich so genossen. Das Detail fließt bei Ihnen so natürlich zu einem Ganzen zusammen, Sie verfahren induktiv im besten Sinne" – was Schweitzer nicht so konnte. Er hat sich zwar bemüht, aber es klappte nicht. Er hat hier zum Schluss, das schreibt er auch in seinem Brief an Buber, er hat einen langen Brief geschrieben, der Schweitzer an Buber. Da schreibt er dann: „Ja zum Schluss habe ich diesen Satz über Kierkegaard dick durchgestrichen. Ich lasse mir doch nicht von diesem Psychopathen..." – denn Kierkegaard war für Schweitzer ein Psychopath – „...lasse ich mir doch nicht den wunderbaren Schluss Ihres Buches, wo Sie schreiben, von Israel, den Christen, die sich begegnen sollten, die für mich wundersame Musik sind, diese Schlussgedanken, lasse ich mir doch nicht durch das verderben. Tausend Dank für dieses Buch."

Ja, Schweitzer hat sein Buch „Reich Gottes und Christentum", wovon zunächst nur ein Teil bekannt war, den Ulrich Neuenschwander im Mohr-Verlag herausgab, das ist 1967 gewesen, und 1996 ist die vollständige Ausgabe herausgekommen, in Lambarene geschrieben. Und nur so ein paar Sachen, wie Bubers Buch, in Reichweite. Da entfaltet er nun nüchtern, wie Schweitzer manchmal ist: Die Idee des Reiches Gottes ist eine Schöpfung der jüdischen Propheten. Das ist der Ausgangssatz, von dem aus er dann alles weitere entwickelt.

Ja, wie ist das denn nun, was stellt eigentlich Buber in seinem Buch „Zwei Glaubensweisen" dar? Er hat bezeichnender Weise in der Auswahlausgabe seiner Werke, die noch zu seinen Lebzeiten erschien, „Zwei Glaubensweisen" nicht zu den Schriften zur Bibel gestellt, sondern in den Band mit den Schriften zur Philosophie. Und hat ausdrücklich dazu erklärt, es gibt nur zwei Weisen, mit dem Letzten in unserem Leben umzugehen, mit Gott, zwei Glaubensweisen. Das sind eben zwei, und nur zwei. Wohl gibt es eine große Mannigfaltigkeit von Inhalten des Glaubens, aber ihn selbst, die Art, wie Menschen glauben, gibt es nur in zweierlei Grundform. Er bezeichnet sie mit einem hebräischen und einem griechischen Wort. Emuna, das ist der jüdische Glaube, das unbedingte Vertrauen auf Gott, der Umgang mit Gott, wozu Buber an anderer Stelle sagt, mit Gott umzugehen, zu dem ich du sagen kann und der dennoch der verhüllt Bleibende ist für uns. Und das andere Wort, Pistis, ein griechisches Wort, das heißt, daran glauben, dass etwas sich so und so vollzogen hat. Glauben, dass Jesus auferstanden ist. Etc. Alles, was daraus kommt. Das ist zwar auch eine Glaubenssphäre, aber ganz anderer Art als die jüdische.

Und für Buber wie für Schweitzer, – und das ist der Inhalt ihrer intensivsten Gespräche und Verwandtschaft gewesen –, die Überzeugung, Jesus lebte ganz und gar in der Emuna, bis zum letzten Augenblick. Nicht mein, sondern dein Wille geschehe. Und erst bei Paulus kommt es dann zu dem Glauben, dass Christus auferstanden ist und so fort. Natürlich gibt es auch in der christlichen Glaubenssphäre, und in meiner Arbeit über Buber und Schweitzer bin ich auch darauf eingegangen, so etwas wie

Gottvertrauen. Ja, aber es ist nicht die Unbedingtheit, die der Jude hat und es dominiert dieses andere, das Glauben, „dass“ steht darüber. Der große jüdische Religionshistoriker Zwi Werblowsky, der den Buberlehrstuhl innehat, der hatte eigentlich ein Nachwort zu „Zwei Glaubensweisen“ schreiben sollen, was wir dann verwerfen mussten. Der schreibt an einer Stelle, das Glauben, „dass“ ist schon der erste Schritt der Loslösung von Gott. Und wie recht hat er, wenn man auf Schweitzer schaut. Für den Gott überhaupt keine Rolle spielt. Aber zunächst einmal müssen wir als Zwischenergebnis fest halten: Jesus war Jude. Jude bis zu seinem Tod. Lebte in der Emuna. Und er war, auch darin waren sich Schweitzer und Buber vollkommen einig, ein tragisch scheiternder Mensch. Jesus war nicht der Messias. Hier ist genau die Demarkationslinie zwischen jüdischem Glauben und christlichem und wird sie auch bleiben. Denn das ist nicht zu vereinen.

Es gibt dann natürlich noch ein wunderschönes Wort, auf das will ich noch eingehen, weil ich es an Buber sehr achte. Nämlich das Wort vom Bruder Jesus. Das steht auch im Vorwort zum Buch. „Zwei Glaubensweisen“. Da schreibt er, Jesus habe ich von Jugend auf als meinen großen Bruder empfunden. Dass die Christenheit ihn als Gott und Erlöser angesehen hat und ansieht, ist mir immer als eine Tatsache von höchstem Ernst erschienen. Aber das kann nichts an dem ändern, dass er nicht der Messias war. Schalom Ben-Chorin, der kürzlich gestorbene jüdische Theologe, auch ein Schüler Bubers, der hat ein Buch geschrieben, „Bruder Jesus, der Nazarener in jüdischer Sicht“, und da schreibt er genau dies, um Buber in Schutz zu nehmen, gerade das haben haben ihm ja viele Mitjuden verübelt: „Mit diesem Bekenntnis Bubers ist auch meine eigene Position abgesteckt. Jesus ist für mich der ewige Bruder, nicht nur der Menschenbruder, sondern mein jüdischer Bruder. Ich spüre seine brüderliche Hand, die mich fasst, damit ich ihm nachfolge. Es ist aber nicht die Hand des Messias, diese mit den Wundmalen gezeichnete Hand. Es ist bestimmt keine göttliche, sondern eine menschliche Hand, in deren Linien das tiefste Leid eingegraben ist. Das unterscheidet mich, den Juden, vom Christen, und doch ist es dieselbe Hand, von der wir uns angerührt wissen.

**Der Glaube Jesu einigt uns. Der Glaube <u>an</u> Jesus trennt uns.“**

Das war also das Entscheidende.

Ja, wie hat denn nun Schweitzer Jesus gesehen? Ich hab da vorhin dieses Heftchen in Händen von einer der Hörerinnen gesehen, wo auf der ersten Seite das Schlusswort aus der „Leben-Jesu-Forschung“ abgedruckt ist. Allerdings mit bezeichnenden Veränderungen, die schon zeigen, mit welchem Bewusstsein heute Menschen das lesen können, und etwas hinein tragen, was nicht drinnen ist. Da ist nämlich überall, wo von Er (Jesus) die Rede ist, Er groß geschrieben, Sein groß geschrieben, und man liest das wie einen ganz anderen Text, Jesus ins Göttliche erhoben.

Das Schlusswort lautet: „Als ein Unbekannter und Namenloser kommt er zu uns, wie er an jene Menschen, die nicht wussten, wer er war, herantrat. Er sagt dasselbe Wort: Du aber folge mir nach! und stellt uns vor die Aufgaben, die er in unserer Zeit lösen muss. Er gebietet. Und denjenigen, welche ihm gehorchen, Weisen und Unweisen, wird er sich offenbaren in dem, was sie in seiner Gemeinschaft wirken, kämpfen und leiden dürfen, und als ein unaussprechliches Geheimnis werden sie erleben, wer er ist...“

Das ist für Buber ganz genauso. Ich nannte vorhin schon sein Wort von Gott dem verhüllt Bleibenden, das genauso unter den Buber-Anhängern wie das Schweitzer-Wort am Ende der „Leben-Jesu-Forschung“ unter vielen Schweitzer-Anhängern missverstanden wurde. Aber hier rühren wir an etwas, wo wir zwei Welten sehen.

**Für Buber war Gott Wirklichkeit, ganz unmittelbar.**

Wir können Gott nicht nur denken, wie Schweitzer das tut, nur ein Begriff, nur Denken. Und er empfindet ihn sogar als unzureichend, allenfalls symbolisch. Und wenn er in der traditionellen Sprache mal von Gott redet, da ist das eigentlich nur so dahinreden. Innerlich steht er da ganz woanders. Wir können Gott nicht denken, sagt Buber, sondern ihm nur je und je konkret begegnen, ohne ihn beschreiben oder definieren zu können. Gott ist für Buber, wie das Blaise Pascal in seinem berühmten Mémorial bekannte. Buber hatte ja ein ganz nahes Verhältnis zu Pascal, während Schweitzer gar keins hatte. Wie Pascal da niederschreibt nach seinen erschütternden Erlebnis, „Gott Abrahams, Isaaks, Jakobs, nicht der Philosophen und Gelehrten“. Das ist eben keine Idee, sondern Wirklichkeit. Und so geht Buber damit um. So hat Buber die Bibel übersetzt. Nehmen wir die Geschichte vom Dornbusch, Exodus, 3,14. Gott spricht uns an und so übersetzt das Buber! Der erste und einzige, der das bis dahin so übersetzt hat, der nicht sagt: Der „Herr" – oder so etwas, nein, er übersetzt den Namen Gottes mit „Ich bin da". Und das ist für ihn die Wirklichkeit überhaupt. Wie er ja bekannt hat: „Ich gehe auf einem schmalen Felsgrat. Rechts und links der Abgrund, aber vor mir die Gewissheit der Begegnung mit dem verhüllt Bleibenden (Gott), je und je wieder."

Das ist etwas, was die beiden trennt. So etwas könnte Schweitzer gar nicht sagen. Denn wir werden gleich etwas ganz anders hören. Schweitzer, der spricht zwar auch von Gott, ich erwähnte das schon, aber für ihn ist das nur ein Begriff, der spielt keine Rolle für ihn. Jesus ist der Gebieter. Und zwar der Willensmensch Jesus. Nicht der Christus. Christus, der Erlöser ist ihm ganz nebensächlich. Der Erlösungsgedanke ist bei Schweitzer ganz säkularisiert. Schweitzer ist, wenn wir so wollen, ein frommer Agnostiker.

Ich hab einmal, als ich vor fast 50 Jahren in Marburg studierte bei dem großen Religionshistoriker Friedrich Heiler, im Seminar einen Schweitzerreferat gehalten, und da habe ich in dem Wahrhaftigkeitseifer des jungen Menschen gesagt: Er ist doch gar kein Christ. Er glaubt nicht an Gott, er glaubt nicht an die Dreieinigkeit und die Lehren der Kirche. Anderthalb Stunden haben Heiler und ich rüber und nüber diskutiert: Ist Schweitzer nun Christ oder ist er kein Christ? und dann haben wir uns geeinigt auf einen Begriff:

**Ja, Schweitzer vertritt eine „Religion der Liebe".**

Ich habe das später einmal, als ich mit Schweitzer sprach, ihm gesagt, und er hat das lächelnd bejaht: Ja, genau das ist es!

Schweitzer hat noch 1962 in einem Brief geschrieben, die ethische Religion der Liebe kann bestehen ohne den Glauben an eine ihr entsprechende, die Welt leitende Gottespersönlichkeit. Nicht das Erlöserdrama unserer Dogmatik ist entscheidend, das schiebt er einfach beiseite, das, was die Theologie zu, ach ich weiß nicht, wie viel Prozent ausfüllt, ich hab ja selber mal vor 50 Jahren Theologie studiert, da ist mir das noch arg in Erinnerung. Was sagt er? Schweitzer: „Worum es allein geht, ist das Kommen des Reich Gottes in unsere Herzen und in die Welt. Das ist allein das Entscheidende. Und dazu brauche ich keinen Gott."

„Ich bin nicht fromm," schreibt er an Helene, „käme ich morgen zu dem Schluss, dass es keinen Gott gibt, keine Unsterblichkeit, und dass die Moral nur eine Erfindung der Gesellschaft ist, dann würde mich das überhaupt nicht berühren. Das Gleichgewicht meines inneren Lebens und das Bewusstsein meiner Pflicht wäre nicht im geringsten erschüttert. Ich würde lachen, von Herzen lachen. Und sagen, na und?"

Und denken wir an diese Stelle, da schreibt er an Helene, er sitzt im Zug und hat gelesen, Matthäus Evangelium, 25. Kapitel, wo beim Jüngsten Gericht die Böcke von den Schafen geschieden werden sollen: „Ich will nicht zu den Schafen und im Himmel treffe ich sicher eine ganze Gesellschaft, die ich nicht mag. ...preußische Oberkirchenräte – und mit diesen allen freundlich tun und den Bruderkuss austauschen? Nein, ich verzichte, lieber in die Hölle, lieber will ich mit Caesar, Sokrates, Platon, Heraklit in der Hölle ein anständiges Gespräch führen..."

Ja, auch das ist Schweitzer. Ich hab vorhin schon dieses Wort zitiert: „Ich glaube, weil ich handle." Er kann sogar einmal schreiben: „Auch der Atheismus. Wäre er nicht auch eine Religion? Die schönste und schwierigste –, die, die auf die Religion Christi folgen wird; hat er nicht im Augenblick seines Todes gesagt, ‚mein Gott, mein Gott, warum hast du mich verlassen?' Er ist also als Atheist gestorben? Wer hat den Mut, diesen Gedanken zu Ende zu denken?"

Das ist Schweitzer, und das ist er zeitlebens geblieben. Da wirkt sich natürlich etwas aus, das, was wir theologisch gesprochen die Irrealisierung Gottes nennen, die ganze moderne Geschichte ist ja voll davon. Und die evangelische Seite ist ganz entschieden voll davon, Gott zu irrealisieren und so auch Schweitzer. Gott ist nicht gestaltende Weltkraft, Herrscher über alle Ereignisse, und da kommt er jetzt auf das, was ich Ihnen anfangs sagte, Schweitzer, der Ethiker, der Willensmensch: Gott ist für uns der Willensmensch, der Weltwille. Und der aus dem Chaos des Seins, des Lebens, herauf steigt und höheres Leben schaffen will. Wollender Wille in der Welt. Nur ein symbolischer Ausdruck. Unsere Willensreligion – ich zitiere, das sind alles Zitate aus den im Nachlass publizierten Schriften – und wie endet die eine Schrift: „Nicht Worte siegen, sondern die Taten." Punkt. Und er sieht das jetzt auch ganz anders, was ich vorhin sagte, schon gleich nach Jesus beginnt die Loslösung vom Judentum, ja schon in Jesus. Die Loslösung des Christentums vom Judentum. Gott ist für Schweitzer der ethische Wille, dem mein Wille sich hingeben soll. Der Ursprung des Seins, – solche Begriffe tauchen immer wieder in Schweitzers letzten Schriften auf – und das ist für mich Gott. Das Geistige an Gott erfasse ich als den Willen zur Liebe, ganz schwankende Vorstellungen.

Das, was die beiden einte, Buber und Schweitzer, wenn auch von ganz anderen Grundpositionen her, das ist schon der Gedanke des Reiches Gottes, den Schweitzer natürlich ganz von der Ethik her, von seinem Leben aus sieht. Wo ist das Reich Gottes? Wenn wir die beiden fragen könnten, beide würden nur antworten: Ja, hier bei dir fängt das Reich Gottes an. Für Buber war das das Zentrum des jüdischen Glaubens und seines eigenen, das Tun, die gewollte Auslegung durch den eigenen Weg, den je eigenen Weg, den jeder Einzelne geht. Auslegen muss der Mensch die ewigen Gebote, und zwar durch sein eigenes Leben. Das war Bubers Überzeugung, und da traf er sich natürlich mit Schweitzer. Sie empfanden das ganz parallel und waren auch ganz parallel überzeugt. Ja wie, sie wussten beide, jeder durch seine Lebenserfahrung, das ganze Chaos, das Trübe, die Unzulänglichkeit von uns Menschen, denken Sie an diese Flut von Verbrechen, von denen ich anfangs sprach. Denn das ist so etwas Unvorstellbares, wenn Sie diese Seiten über die Vernichtung der Juden in Galizien lesen, ich bin tagelang überhaupt nicht wieder zu mir gekommen, so erschütternd, so aus den Angeln hebend ist das, wenn man diesen ganzen Quatsch, mit dem wir hier zu tun haben, sieht, und es ist nichts nichts nichts von der Aufgabe, das Reich Gottes zu verwirklichen, zu sehen. Eher heißt es: Es ist undurchführbar, das Reich Gottes.

Nein, worauf es ankommt ist, und das findet sich bei jedem von beiden an verschiedenen Stellen: Der Durchbruch ist nötig, das Anfangen! Bei Buber wie bei Schweitzer. Und das haben sie ja auch getan zu ihren Lebzeiten. Denken Sie nur an das, was ich vorhin erwähnte. Wo Schweitzer diesen Kampf, der ihn bis ins Letzte überanstrengt hat in seiner Lebenszeit, und wo er ja sehr, sehr nüchtern ein Resümee gezogen hat. Gegen die Atomwaffen und gegen die Atombenutzung überhaupt. Buber hat ganz parallel einen Aufruf geschrieben: Haltet ein! Es ist höchste Zeit, dass wir Menschen den Politikern unseren Standpunkt klarmachen. Es ist kein Zufall, als Martin Buber den Friedenspreis des Deutschen Buchhandels bekam, dass er den dringlichten Wunsch äußerte, Schweitzer möge ihm die Laudatio halten. Wozu es dann nicht kam, weil Schweitzer nicht extra deswegen nach Frankfurt reisen konnte, und dann hat Albrecht Goes, mein lieber, vor ein paar Monaten gestorbener Freund, ihm die Ansprache gehalten. Auch das Kapitel Goes ist für die Aufarbeitung dessen, von dem ich eben sprach, ein unheimlich wichtiges Kapitel. Aber das kann ich hier jetzt nicht weiter verfolgen. Was die beiden, Buber und Schweitzer, – ich habe es vorhin schon angedeutet –, verband, liegt auch in ihrer Grundstruktur. Buber konnte einen Hölderlin-Vers zum Ausgangspunkt nehmen, um zu sagen, worauf es ihm ankam, nämlich: „Seit ein Gespräch wir sind und hören können voneinander." Ein Gespräch meint nicht, im Gespräch sein oder ein Gespräch führen, wir sind es mit unserem ganzen Leben. In der Beziehung zwischen Ich und Du, den immer neuen Herausforderungen. Jeder Situation wieder anpassen. Und das, was da zwischen dir und mir entsteht, das ist eben mehr als nur dieses dem Gewissen folgen, die Gebote, denken Sie an die Auslegung Schweitzers über die Ehrfurcht vor dem Leben. Wie entscheiden? Obwohl die Grundhaltung wieder ganz ähnlich ist: Ich muss von Situation zu Situation entscheiden. Beide haben eines gemeinsam: Nämlich, dass sie ganz in der Gegenwart lebten. Es gibt ein wunderbares Schriftchen von Buber, das jeder von Ihnen einmal lesen müsste, genau wie Schweitzers „Aus meiner Kindheit und Jugendzeit". Das ist „Der Weg des Menschen nach der chassidischen Lehre". Und darin heißt der letzte große Abschnitt, und das ist die Überschrift über beider, und da sind sie ganz miteinander vereint und haben sich gegenseitig bejaht, wir haben zu handeln, und die Überschrift heißt: Hier, wo man steht. Darauf kommt es alleine an. Hier wo man steht, ist unser Platz in der Welt. Es ist ja so, wenn Sie sich das zum Schluss klarmachen, Schweitzer konnte sagen, da das Reich Gottes nicht hereinbrach, – denken Sie an das, was ich vorhin dazu sagte –, verlangt Gott von uns unsere Mitarbeit am Reiche Gottes. So sind die Zeichen der Zeit zu verstehen. Und Buber konnte bekanntlich sagen, ich habe gerade das Büchlein vom „Weg" erwähnt:

Die Schöpfung Gottes, die kann nur durch das Werk der Menschen, durch das, was die Menschen tun, lebendiges Reich Gottes werden. Wie sagt der Rabbi in der Geschichte? Da wird von dem Rabbi Pinchas von Korez erzählt, da kommen die Menschen also und klagen an, wie unerlöst die Welt sei, wie viel Unrecht geschieht. Buber hat ja gegenüber den Juden-Christen gesagt: Die Welt müsste erlöster aussehen, wenn Jesus der Erlöser gewesen wäre. Und: Ich will nicht nur mit meiner Seele erlöst werden, sondern wenn Erlösung, dann ganze Erlösung. Nein, der Messias ist noch nicht gekommen. Ja, also der Rabbi Pinchas hört sich das alles so an, was sie da vorbringen, voller Gram sitzt er da, und dann hebt er den Kopf und sagt nur dies eine: „Lasst uns Gott in die Welt ziehen, und alles wird gestillt sein." (Applaus)

## Albert Schweitzer – im Kontext 2:
# Albert Schweitzer und Erich Fromm – zwei herausragende Humanisten des 20. Jahrhunderts

Klaus Widerström

## Einleitung

Obwohl sich Albert Schweitzer (1875 - 1965) und Erich Fromm (1900 - 1980) wahrscheinlich nie persönlich begegnet sind, verbindet diese beiden großen Humanisten des 20. Jahrhunderts vieles. Schweitzer und Fromm entwickelten beide aus unterschiedlichen Blickwinkeln ein ihr eigenes Leben ganz und gar bestimmendes Konzept der **Biophilie**, der **Liebe zum Leben** (EF) bzw. der **Ehrfurcht vor dem Leben** (AS). Beide erkannten schon früh in ihrem Wirken, dass der moderne Mensch in seinem unkritischen Glauben an den technischen Fortschritt und in der nahezu bedingungslosen Hinwendung zu Macht und Besitz, einen verhängnisvollen Weg beschritten hat. Haben – und nicht Sein – ist das bestimmende Lebensprinzip geworden, dem heute alles untergeordnet zu sein scheint.

Es ist verblüffend, wie sich manche Zitate Albert Schweitzers und Erich Fromms in ihrer Grundaussage ähneln. Liest man in den Schriften beider, so findet man häufig Aussagen, die immer wieder aufs neue belegen, dass humanistische Denker – wie schon in früheren Jahrhunderten – in den Grundfragen der menschlichen Existenz oft eine große Übereinstimmung aufweisen. Einige dieser Zitate beinhaltet auch dieser Aufsatz.

Wie sicher vielen anderen auch eröffneten mir persönlich die Erkenntnisse dieser Denker ein besseres Verständnis der Situation, in der wir uns heute befinden. Beide, Albert Schweitzer wie Erich Fromm, ermunterten unermüdlich dazu, nicht passiv zu sein, sondern im Geiste der Ehrfurcht vor dem Leben und in der Verwirklichung der Existenzweise des Seins zunächst unser eigenes individuelles Heil zu suchen. Je mehr einzelne Menschen dies aber tun und ein Leben der Lebensbejahung führen, in dem sie das Konzept der Biophilie, der Liebe zu allem Lebendigen, praktisch umsetzen, um so größer ist die Chance, die Fehlentwicklungen günstig zu beeinflussen, die heute für jeden, der sie sehen will, nur allzu deutlich sichtbar geworden sind.

Die nachfolgenden Ausführungen erheben keinen Anspruch auf Vollständigkeit und sind auch nicht als wissenschaftlicher Beitrag gedacht. Ich möchte vielmehr einige der Erkenntnisse Schweitzers und Fromms vergleichen, die für meinen persönlichen Lebensweg von besonderer Bedeutung waren und noch sind. Jeder Mensch – davon bin ich überzeugt - hat ein Bedürfnis nach Orientierung in seinem Leben und versucht, das, was er an letztlich doch Unerklärlichem in seiner Mitwelt beobachtet, irgendwie zu verstehen. Schweitzer bezeichnete dies als den Wunsch nach *Welterkenntnis*, und kam letztlich zu dem Schluss, dass die Ethik ohne Welterkenntnis auskommen müsse, und doch aus sich selbst heraus eine Begründung habe. Dies anerkennen zu können, war eines meiner ersten eigenen Schlüsselerlebnisse bei der Beschäftigung mit Albert Schweitzer. Dass unser Leben nur gelingen kann und damit einen wirklichen Sinn erhält, wenn wir die Existenzweise des Seins – und nicht des Habens – anstreben, das war die erste wichtige Erkenntnis für mich, die mir Erich Fromm vermittelte.

Obwohl es doch ernüchternd ist, wie wenig man selbst von dem erreicht, was solche außergewöhnlichen Menschen vollbrachten, stellt die Beschäftigung mit deren Gedanken eine immer wieder neue Motivation dar, sich doch aufzuraffen und zumindest das zu tun, was man mit seinen eigenen begrenzten Mitteln eben tun kann.

## Parallelen zwischen Albert Schweitzer und Erich Fromm

Zunächst möchte ich einige Parallelen aufzeigen, die mir bei der Beschäftigung mit den Biographien und Werken Schweitzers und Fromms aufgefallen sind. Offensichtlich spielen Übereinstimmungen in der Sozialisation von Menschen eine wichtige Rolle für die späteren Anschauungen, die sie vertreten, und die Erkenntnisse, die ihren Lebensweg mit bestimmen. Daher scheint mir diese Aufzählung nicht uninteressant zu sein.

**Beide, Schweitzer und Fromm, entstammten einer starken religiösen Familientradition.**

Albert Schweitzer war der Sohn des Ludwig Schweitzer, der in Günsbach im Elsass über Jahrzehnte als Pfarrer der dortigen protestantischen Gemeinde vorstand. Nach seinen eigenen Worten wuchs Albert Schweitzer dort in einer Art heiler Welt auf. Er wurde jedoch schon früh nachdenklich über das, was er um sich herum beobachtete: *„Solange ich zurückblicken kann, habe ich unter dem vielen Elend, das ich in der Welt sah, gelitten.“* (1)

Die christliche Sicht der Dinge, die ihm durch die *„schlichten Predigten“* seines Vaters vermittelt wurde, beeinflusste seinen späteren Lebensweg stark. So studierte er neben Philosophie und Musik und später Medizin auch Theologie und wurde Lehrvikar, dann Doktor und später Professor an der evangelisch-theologischen Fakultät in Straßburg. Viele seiner Predigten besonders aus diesen Jahren zeigen deutlich, dass Albert Schweitzer aus dieser religiösen Tradition heraus, ergänzt durch Erkenntnisse seines Studiums der Philosophie, letztlich die Motivation und Kraft schöpfte, um seinen so vorbildlichen Weg des Dienens als Arzt in Lambarene zu gehen.

*„Weil ich dem Christentum in tiefer Liebe ergeben bin, suche ich ihm in Treue und Wahrhaftigkeit zu dienen. ... Dass das Aufkommen des elementaren, zur ethisch-religiösen Idee der Ehrfurcht vor dem Leben gelangenden Denkens dazu beitrage, das Christentum und das Denken einander näher zu bringen, ist meine Hoffnung.“* (2)

Erich Fromm war der einzige Sohn jüdisch-orthodoxer Eltern, die die religiösen Traditionen des Judentums sehr ernst nahmen. Unter seinen Vorfahren befanden sich Rabbiner und Schriftgelehrte des Judentums, und so begleiteten Bibel- und Talmudstudium Erich Fromm in seiner Jugend und waren ähnlich prägend für sein späteres Leben, wie dies Bibel und Predigten für Albert Schweitzer waren. Parallel zu dem Studium von Soziologie, Psychologie und Philosophie nahm Erich Fromm über Jahre hinweg Talmudunterricht bei einem Rabbiner in Heidelberg. Obwohl sich Fromm später vom traditionellen jüdischen Glauben abwandte, blieben die humanistischen

Aspekte des messianischen Judentums doch mit bestimmend für seine späteren Erkenntnisse. Fromm schrieb einmal:

*„Menschen, die Ideen verkündigen – es müssen nicht unbedingt neue Ideen sein – und die diese Ideen gleichzeitig leben, kann man als Propheten bezeichnen. Die Propheten des alten Testaments taten eben dies. Sie haben die Idee verkündigt, dass der Mensch eine Antwort auf die Fragen seiner Existenz finden müsse und, dass die Antwort in der Entwicklung seiner Vernunft und Liebe bestehe. Und sie haben gelehrt, dass Demut und Gerechtigkeit nicht von Liebe und Vernunft zu trennen sind. Sie lebten, was sie verkündeten."* (3)

**Beide, Schweitzer und Fromm, fordern die tätige Nächstenliebe.**

Die humanistischen Ideale beider, gewachsen aus einer starken religiösen Tradition, sind verbunden mit der Aufforderung an jeden von uns, diese Ideale im eigenen täglichen Dasein möglichst konsequent auszuleben. Natürlich nahmen beide einen ganz unterschiedlichen Lebensweg. Dennoch verband sie neben der Ähnlichkeit ihrer Gedanken auch der Wunsch, hilfsbedürftigen Menschen praktische Hilfe zu leisten. Beide waren nicht so sehr an der Ansammlung theoretischer Erkenntnisse interessiert, sondern vielmehr an deren praktischer Bedeutung zum Nutzen anderer Menschen. Während Erich Fromm neben seiner umfangreichen Lehrtätigkeit über Jahrzehnte hinweg als Psychoanalytiker praktizierte und vielen Menschen auf diesem Gebiet helfen konnte, unternahm es Albert Schweitzer, ein Krankenhaus in Westafrika zu errichten, um dort als Arzt zu wirken, während er seine Kulturphilosophie und als zentralen Punkt darin die Ethik der Ehrfurcht vor dem Leben weiter ausarbeitete. Nach Schweitzer bedeutet ...

*„Das (christliche) Gebot der (Nächsten-) Liebe ... im letzten Grunde: Es gibt für dich keine Fremden, sondern nur Menschen, deren Wohl und Wehe dir angelegen sein muss."* (4)

Bei Erich Fromm finden seine Überlegungen zur prinzipiellen Frage der Liebe und damit auch der Nächstenliebe einen fruchtbaren Ausdruck in einem seiner bekanntesten Bücher mit dem Titel DIE KUNST DES LIEBENS:

*„Liebe ist eine Aktivität und kein passiver Affekt ... Ganz allgemein kann man*

*den aktiven Charakter der Liebe so beschreiben, dass man sagt, sie ist in erster Linie ein Geben und nicht ein Empfangen ... Das bedeutet ... dass er ihm etwas von dem gibt, was in ihm lebendig ist; er gibt ihm etwas von seiner Freude, von seinem Interesse, von seinem Verständnis, von seinem Wissen, von seinem Humor, von seiner Traurigkeit – von allem, was in ihm lebendig ist ... Er gibt nicht, um selbst etwas zu empfangen; das Geben ist an und für sich eine erlesene Freude. Indem er gibt, kann er nicht umhin, in anderen etwas zum Leben zu erwecken, und dieses zum Leben Erweckte strahlt zurück auf ihn.“* (5)

**Beide, Schweitzer und Fromm, beschäftigten sich mit fernöstlichen Religionen und hoben deren humanistischen Kern für unsere christlich geprägte Gesellschaft positiv hervor.**

Albert Schweitzer beschäftigte sich im Rahmen seiner Kulturphilosophie sehr intensiv mit dem philosophischen und religiösen Denken anderer Kulturen. Er legte sein Augenmerk unter anderem auf das Denken in der indischen Religion, auf chinesische Denker und die Religion Zarathustras in Persien. Hierbei arbeitete er die Unterschiede in den Welt- und Lebensanschauungen heraus und stellte fest, inwieweit diese eine tätige fruchtbare Ethik enthalten oder fördern. Dabei kommt er trotz seiner grundlegenden Kritik an der nach innen gerichteten Erlösung – nach Schweitzers Terminus: Welt- und Lebensverneinung – dieser Religionen auch zu positiven Beurteilungen:

*„So gehen denn in China ein Denken der Verinnerlichung und ein ethisches Denken nebeneinander her, beide in ihrer Art gleich tief und gleich vollendet. In keiner anderen philosophischen Literatur findet sich ein solcher Reichtum von Gedankenjuwelen, wie in der chinesischen.“* (6)

*„Zarathustra ist von dem Ideal neuer, die ganze Welt umgestaltender Fortschritte erfüllt. In einer entlegenen Gegend Asiens, Jahrhunderte vor Christi Geburt, sind die Grundgedanken einer unserem neuzeitlichen Empfinden entsprechenden Ethik so klar ausgesprochen worden, dass alles, was sonst zwischen damals und heute über Ethik laut wurde, sich fast wie eine lange Parenthese ausnimmt.“* (7)

Erich Fromm befasste sich über lange Zeit ebenfalls mit fernöstlicher Kultur, insbesondere mit dem Zen-Buddhismus. Über Jahrzehnte hinweg praktizierte Fromm Meditation, die er für sein eigenes Wohlbefinden aber auch sein Denken, als sehr wichtig bezeichnete. Bei seinen Studien zum Thema Zen-Buddhismus arbeitete er mit dem in New York lebenden bekannten Zen-Meister Daisetz T. Suzuki zusammen und gestaltete auch Seminare zu diesem Thema, das er in seinem Buch PSYCHOANALYSE UND ZEN-BUDDHISMUS vertiefte.

*„Es mag genügen zu sagen, dass ... unter Wohl-Sein die volle Einheit und das unmittelbare und unverseuchte Erfassen der Welt verstanden wird. Dieses Ziel könnte man nicht besser beschreiben, als es Suzuki mit dem Ausdruck* ***Die Kunst des Lebens*** *getan hat. Man muss sich vor Augen halten, dass jede solche Auffassung, die dieser Kunst des Lebens entspricht, aus dem Boden einer geistig-humanistischen Orientierung erwächst ... Man darf ferner nicht vergessen, dass diese Orientierung ein ethisches Ziel enthält. Obwohl das Zen über die Ethik hinausgeht, enthält es doch die ethischen Grundziele des Buddhismus, die im wesentlichen die gleichen sind, wie die aller humanistischen Lehren."* (8)

**Beide, Schweitzer und Fromm, sahen die gesellschaftliche Entwicklung des 20. Jahrhunderts besonders in den westlichen Industrienationen schon früh mit großer Sorge.**

Albert Schweitzer führt schon in den Zwanziger Jahren des letzten Jahrhunderts aus, dass der moderne Mensch quasi sein Menschentum aufgeben muss, um als Bestandteil des industriellen Systems seine Rolle erfüllen zu können. *„Seit zwei oder drei Generationen leben so und so viele Individuen nur noch als Arbeitende und nicht mehr als Menschen."* (9) schrieb er schon vor 80 Jahren. Und an anderer Stelle:

*„Mit den Kollektivitäten sind in tragischer Weise die wirtschaftlichen Verhältnisse verbündet. Mit grausiger Härte erziehen sie den modernen Menschen zum unfreien, zum ungesammelten, zum unselbständigen, zum humanitätslosen Wesen."* (10)

Später befürchtet er, dass *„der Mensch immer mehr in Analogie zu vervollkommneten Maschinen tritt"*.

Erich Fromm kommentiert die Entwicklung des westlichen Menschen eine Generation weiter in ähnlicher Weise:

*„Unsere Einstellung zum Leben wird immer mechanischer. Unser Hauptziel ist es, Dinge zu produzieren, und im Zug dieser Vergötzung der Dinge verwandeln wir uns selbst zu Gebrauchsgütern. ... In riesigen Produktionszentren, in riesigen Städten, in riesigen Ländern werden die Menschen verwaltet, als ob sie Dinge wären; die Menschen und die, welche sie verwalten, verwandeln sich in Dinge, und sie gehorchen den Gesetzen von Dingen. Aber der Mensch ist nicht zum Ding geschaffen; er geht zugrunde, wenn er zum Ding wird, und bevor es dazu kommt, gerät er in Verzweiflung ...“* (11)

**Beide, Schweitzer und Fromm, engagierten sich in der Ablehnung der Nutzung der Atomenergie für die Zwecke der Kriegsführung.**

Die enormen Fortschritte des Menschen auf dem Gebiet der Technik verliehen ihm besonders seit Beginn des 20. Jahrhunderts eine ungeheure Macht. Seine charakterliche Entwicklung hielt damit aber nicht Schritt. Die berühmte Rede Albert Schweitzers, welche er anlässlich der Verleihung des Friedensnobelpreises 1954 hielt, macht dies deutlich. Er spricht vom *„Übermenschen“*, der es aber versäumte, auch gleichzeitig eine *„übermenschliche Vernünftigkeit“* zu entwickeln. In seinem **Appell an die Menschheit** forderte er die Verantwortlichen in den über Atomwaffen verfügenden Staaten dazu auf, das Aufrüsten aus humanitären Gründen einzustellen, und machte die Gefahr, die durch die Verwendung der Kernenergie (und ich möchte ergänzen: auch bei der sogenannten „friedlichen“ Nutzung!) deutlich:

*„Dass in der Natur von uns geschaffene radioaktive Elemente vorhanden sind, ist ein unfassliches Ereignis in der Geschichte der Erde und der Menschheit. Es zu unterlassen, sich mit der Bedeutung und seinen Folgen abzugeben, ist eine Torheit, welche die Menschheit furchtbar teuer zu stehen kommen kann. In Gedankenlosigkeit wandeln wir in ihr dahin. Es darf nicht sein, dass wir uns nicht noch beizeiten aufraffen und die Einsicht, den Ernst und den Mut aufbringen, ihr zu entsagen, um uns mit der Wirklichkeit auseinander zu setzen.“* (12)

Erich Fromm war insbesondere in den sechziger Jahren sehr aktiv im Kampf gegen die Gefahr eines nuklearen Krieges. In zahlreichen Veröffentlichungen nahm er ausführlich zu dem Wahnsinn der Aufrüstung der beiden großen Blöcke Stellung. Hier nur ein Beispiel:

*„Die Existenz der gesamten Menschheit ist durch den Wahnsinn eines möglichen Atomkrieges bedroht. Blindheit und „steinzeitliches" Bewusstsein haben uns an einen Punkt geführt, von dem aus die Menschheit sich in raschem Tempo auf das tragische Ende ihrer Geschichte zuzubewegen scheint – und dies auf dem Höhepunkt ihrer Möglichkeiten. In dieser Situation braucht die Menschheit Propheten, auch wenn es zweifelhaft ist, ob deren Stimme sich gegen die der Priester* (gemeint sind politische Priester, die die Philosophie der abschreckenden Aufrüstung vertreten) *wird durchsetzen können.*

*Zu den wenigen, die die geschichtliche Situation der Menschheit vom Lehrer zum Propheten hat werden lassen und die ihre Gedanken selbst lebten, gehört Bertrand Russell. Zusammen mit Albert Einstein und Albert Schweitzer ... Alle drei haben warnend ihre Stimme erhoben und auf Alternativen hingewiesen. Schweitzer lebte die Idee des Christentums durch seine Arbeit in Lambarene. Einstein lebte die Idee der Vernunft und des Humanismus ... Russell hat seit vielen Jahrzehnten durch Bücher seine Gedanken über Vernunft und Humanismus verkündet. ... Wenn wir zugrunde gehen, können wir nicht behaupten, wir seien nicht gewarnt worden."* (13)

**Beide, Schweitzer und Fromm, entwickelten ein Lebens-Konzept, das man mit dem Begriff der Biophilie überschreiben könnte.**

Als wichtigster Bestandteil des geistigen Werks Albert Schweitzers bezeichnete er selbst die Formulierung der **Ethik der Ehrfurcht vor dem Leben**. Erich Fromm fand in seinem System der verschiedenen Charakterorientierungen den Schlüssel zu einem erfüllten Leben in der produktiven Orientierung, die eng mit der Liebe zum Lebendigen, der **Biophilie**, verbunden ist.

Im zweiten Teil seiner Kulturphilosophie, betitelt **Kultur und Ethik**, führte Albert Schweitzer erstmals ausführlich seine Gedanken zu seiner **Ethik der Ehrfurcht vor dem Leben** aus. Als *„unmittelbarste und umfassendste Tatsache des Bewusstseins"* fomuliert er: *„Ich bin Leben, das Leben will, inmitten von Leben, das Leben will."* (14)

Ethik aber versteht er als *„ins Grenzenlose erweiterte Verantwortung gegen alles, was lebt."* (15) Ethik in seinem Sinne ist *„Hingebung an Leben aus Ehrfurcht vor dem Leben."* (16) Er benutzt den Begriff „Leben" hier bewusst umfassend und schließt so alles Leben, auch das tierische und pflanzliche, mit ein. Als *„das denknotwendige Grundprinzip des Sittlichen"* bezeichnet Schweitzer, *„dass das Gute in dem Erhalten, Fördern und Steigern von Leben besteht und dass Vernichten, Schädigen und Hemmen von Leben böse ist."* (17)

Erich Fromm formulierte den Gegensatz von **Biophilie** (Liebe zum Lebendigen) zu Nekrophilie (Liebe zum Unlebendigen). Biophil ist ein Mensch, der das Leben liebt, der *„sich vom Lebens- und Wachstumsprozess in allen Bereichen angezogen fühlt."*(18) An gleicher Stelle führt er weiter aus:

*„Das biophile Gewissen wird vom Leben und von der Freude motiviert; Ziel seiner moralischen Bemühungen ist es, die lebensbejahende Seite im Menschen zu stärken. Die biophile Ethik hat ihr eigenes Prinzip des Guten und Bösen. Gut ist alles, was dem Leben dient; böse ist alles, was dem Tod dient. Gut ist die Ehrfurcht vor dem Leben, alles, was dem Leben, dem Wachstum, der Entfaltung dient. Böse ist alles, was das Leben erstickt, es einengt und in Stücke zerlegt."* (19)

Als Fußnote erwähnt Fromm an dieser Stelle:

*„Es ist dies die Hauptthese Albert Schweitzers, der in seinen Schriften wie auch in seiner Person einer der großen Repräsentanten der Liebe zum Leben war."*

In klarem Gegensatz zur Biophilie steht die Nekrophilie, die Liebe zu allem Unlebendigen, Mechanischem. Der biophile Mensch ist an Wachstum, an Veränderung und Fortschritt eines jeden Menschen interessiert. Phantasie und positive Neugier sind seine Eigenschaften. Der nekrophile Mensch möchte lieber bewahren, sozusagen „einfrieren", er möchte eigentlich keine Veränderung, sondern an Althergebrachtem und Vergangenem festhalten. Alles, was verwaltet, gezählt, katalogisiert, mechanisiert und bilanziert werden kann, fesselt ihn. Der *„bürokratische Industrialismus, der heute unser Leben regiert"* (20) wirkt faszinierend auf ihn.

## Bezugnahmen Fromm/Schweitzer

Zitate zu Albert Schweitzer in den Schriften Fromms

In den Werken Erich Fromms finden sich zum einen eine Reihe von kurzen Hinweisen auf die Person Albert Schweitzers, bei denen dieser meist als Teil einer Aufzählung bekannter Humanisten der Vergangenheit und des 20. Jahrhunderts erwähnt wird. An den folgenden Stellen kommentiert Erich Fromm jedoch auch die Bedeutung und das Werk Albert Schweitzers:

In der Einführung zu seinem sehr bekannten Spätwerk **Haben oder Sein** nimmt Erich Fromm an mehreren Stellen Bezug auf Schweitzer. Er zitiert im Rahmen seiner Analyse der fehlgeschlagenen Verheißung der modernen Industriegesellschaft auf grenzenlosen Fortschritt und auf eine damit verbundene Glücks-Garantie für den einzelnen die berühmte Passage aus Schweitzers Rede beim Empfang des Nobelpreises, die sich einleitet mit den Worten:

*„Wagen wir die Dinge zu sehen, wie sie sind. Es hat sich ereignet, dass der Mensch ein Übermensch geworden ist ... Er bringt die übermenschliche Vernünftigkeit, die dem Besitz übermenschlicher Macht entsprechen sollte, nicht auf ... Damit wird nun vollends offenbar, was man sich vorher nicht recht eingestehen wollte, dass der Übermensch mit dem Zunehmen seiner Macht zugleich immer mehr zum armseligen Menschen wird ...* “ (21)

In Kapitel 7 des selben Buches, betitelt **Religion, Charakter und Gesellschaft**, betont Fromm im Zusammenhang mit seiner kritischen Analyse der kulturellen und gesellschaftlichen Ordnung, dass Schweitzer die heutige Entwicklung schon früh gesehen und beschrieben hat:

*„Ebenso wie der Dominikanermönch Meister Eckhart betont der evangelische Theologe Schweitzer, dass sich der Mensch nicht in eine Atmosphäre geistigen Egoismus, fern von den Geschäften der Welt, zurückziehen solle, sondern die Aufgabe habe, ein aktives Leben zu führen, durch das er zur geistigen Vervollkommnung beitragen kann ... Schweitzer kommt zu dem Schluss, dass die gegenwärtige kulturelle und gesellschaftliche Ordnung auf eine Katastrophe zutreibe, aus der eine neue Renaissance, viel größer als die (Anm.: historische) Renaissance, hervorgehen werde; und dass wir uns durch eine neue Gesinnung und eine neue Grundhaltung erneuern müssen, wenn wir nicht zugrunde gehen wollen ... Vermutlich weil Schweitzer Theologe war und zumindest als Philosoph durch seinen Begriff der Ehrfurcht vor dem Leben als Basis der Ethik am bekanntesten wurde, ist vielfach übersehen worden, dass er einer der radikalsten Kritiker der Industriegesellschaft war und deren Mythos von Fortschritt und allgemeinem Glück entlarvte. Er erkannte den Verfall der menschlichen Gesellschaft durch die Praxis des Industriezeitalters. Schon zu Beginn dieses Jahrhunderts*

*sah er die Schwäche und Abhängigkeit der Menschen, die destruktive Wirkung des Zwanges zur Arbeit, die Vorzüge verringerter Arbeit und verringerten Konsums. Er postulierte die Notwendigkeit einer Renaissance des kollektiven Lebens, das im Geiste der Solidarität und der Ehrfurcht vor dem Leben organisiert werden sollte."* (22)

In seinem Buch **Die Revolution der Hoffnung – Für eine Humanisierung der Technik** bezieht Fromm sich in Kapitel 4 unter dem Thema **Was heißt es, menschlich zu sein?** ebenfalls auf Schweitzer:

*„Das Wertsystem, das dem in diesem Buch vertretenen Standpunkt entspricht, gründet sich auf Albert Schweitzers* ***Ehrfurcht vor dem Leben****. Wertvoll und gut ist danach alles, was zu einer besseren Entfaltung der spezifisch menschlichen Fähigkeiten beiträgt und was das Leben fördert. Negativ oder schlecht ist alles, was das Leben erstickt und das Tätigsein des Menschen lähmt. Alle Normen der großen humanistischen Religionen, wie Buddhismus, Judentum, Christentum und Islam, wie auch die der großen humanistischen Philosophen von den Vorsokratikern bis zu unseren heutigen Denkern, sind spezifische Formulierungen dieses allgemeinen Wertprinzips."* (23)

In dem kurzen Essay Pro und Contra Summerhill erläutert er seinen Begriff der Biophilie:

*„Der Biophile fühlt sich vom Lebensprozess selbst und vom Wachstum jeder Art angezogen. Er baut lieber neu auf, als Vorhandenes zu erhalten. Er ist fähig zu staunen. Er sucht lieber nach etwas Neuem, als nur das Alte zu bestätigen. Er liebt das Abenteuer des Lebens, denn zum Leben gehört immer die Ungewissheit und das Risiko. Seine Einstellung ist funktional und nicht mechanisch. Er sieht das Ganze und nicht dessen Teile. Er zieht die Struktur der Summierung vor. Er möchte dadurch, dass er neue Anreize gibt, und nicht durch Gewalt formen und beeinflussen. Er möchte die Dinge anschauen – nicht sie auseinander nehmen -, um nach dem Warum zu forschen. Er freut sich des Lebens und sucht nicht nur erregende Erlebnisse. Die Biophilie hat ihre eigene Ethik, ihr eigenes Prinzip von Gut und Böse. Albert Schweitzer hat ihm eine universale Formulierung gegeben, wenn er von der* ***Ehrfurcht vor dem Leben*** *spricht. Für die biophile Ethik ist alles gut, was Wachstum und Entfaltung fördert, und böse, was das Leben erstickt, was es erstarren und kraftlos werden lässt."* (24)

## Briefwechsel zwischen Schweitzer und Fromm

Als einziges Dokument liegt hier lediglich ein Brief Albert Schweitzers an Erich Fromm vor, der auf den 11.(?) Februar 1965 datiert ist und ein Dankschreiben von Schweitzer an Fromm darstellt. Offenbar ging diesem Brief ein Geburtstagsgruß Fromms nach Lambarene voraus, den dieser ihm zu seinem 90. Geburtstag (14. Januar 1965) geschickt hatte. Der Brief befindet sich heute im Erich-Fromm-Archiv in Tübingen:

*„Herrn Erich Fromm Mexico 11.2.65*

*Ich danke Ihnen herzlich für Ihre(n) guten Geburtstagswunsch. Ich habe die grosse Freude mit 90 Jahren noch gesund und arbeitstüchtig zu sein. Im Spital geht alles gut, nur dass es immer größer wird. Ich habe mit einem Spital mit 50 Betten für Kranke angefangen. Nun ist daraus ein Spital mit 600 Betten geworden. Wir sind 6 Ärzte und 15 europäische Pflegerinnen. Ich muss darauf verzichten nochmals nach Europa zu fahren. Die hier zu tuende Arbeit erlaubt mir nicht auf Reisen zu gehen.*

*Mit besten Gedanken Albert Schweitzer“*

Erich Fromm war auf Albert Schweitzer und dessen Ethik insbesondere durch den Kontakt zu der britischen Journalistin **Clara Urquhart**, mit der er über Jahrzehnte in einem regen Briefwechsel stand, aufmerksam gemacht worden. Clara Urquhart war eine Verehrerin des Menschen Schweitzer und hatte diesen 1957 zusammen mit dem Autor Norman Cousins in Lambarene besucht, um Fotografien für dessen Buch **Dr. Schweitzer of Lambarene** (1960) zu machen. Das Buch erschien später auch in deutscher Sprache und ist in der Bibliothek des Albert-Schweitzer-Zentrums, Frankfurt a. M., zu finden.

In einer Reihe von Briefen zwischen beiden geht es um eine von Fromm Anfang der sechziger Jahre geplante Zeitschrift mit dem Titel **Humanist Studies**, für die er neben anderen bekannten Persönlichkeiten (u.a. Bertrand Russell, Karl Rahner, Robert Oppenheimer, Paul Tillich) auch Albert Schweitzer als Vertreter des protestantischen Humanismus als Mitautor gewinnen wollte. Dieser Plan scheiterte jedoch an der sich seinerzeit schon verschlechternden Gesundheit des hochbetagten Schweitzer.

Als Albert Schweitzer im September 1965 verstarb, schrieb Erich Fromm an Clara Urquhart einen bewegenden Brief, der hier auszugsweise wiedergegeben ist:

*Erich Fromm, Mexico*

*„Liebe Clara, seit den Tagen der Erkrankung Schweitzers haben wir (Erich und Ehefrau Annis) viel an Dich gedacht. Bis schließlich die Nachricht (von seinem Tode) kam, hatte ich die Hoffnung, dass eine Art Wunder geschehen möge und er leben würde. Sein Tod hat uns sehr traurig gemacht. Was für ein Privileg war es, in der (gleichen) Welt zu leben, in der er lebte; und was für ein Verlust ist es nun, dass die wenigen großen Persönlichkeiten, die – in aller Reinheit – die Heiden dazu gedrängt haben, achtsam zu sein, dahinsterben; einer nach dem anderen. Manchmal habe ich sogar das Gefühl, dass sie es eigentlich nicht verdient haben, mit zu erleben, wie es in der Welt immer schlimmer wird."*

## Schlusswort

Albert Schweitzer und Erich Fromm können als **radikale Humanisten** bezeichnet werden, die an unsere heutige Zeit eine entscheidende Forderung stellen, nämlich die Forderung, den Prinzipien des Lebens wieder die ihnen gebührende Aufmerksamkeit zu schenken.

Nach meiner persönlichen Einschätzung kann nur auf diesem Wege eine humanistisch bzw. biophil orientierte Gesellschaft entstehen, die den Erhalt und die Förderung allen Lebens zur Maxime ihrer Handlungen erhebt. Ob das rechtzeitig gelingen wird, bevor gravierende irreversible Tatsachen zum Nachteil der jetzigen und der folgenden Generationen eingetreten sind – das wird sich erweisen. Durch Untätigkeit jedenfalls wird sich nichts ändern. Das steht fest. Und das ist auch eine der Grundaussagen beider Denker, die die Hoffnung auf das letztendliche Durchsetzen der Idee des Humanismus zeitlebens nicht aufgaben. Obwohl beide nicht blauäugig einem Zweck-Optimismus das Wort redeten, behielten sie dennoch immer einen Funken Hoffnung darauf, dass sich das Konzept der Biophilie, der Liebe zu allem Lebendigen und der Ehrfurcht vor dem Leben letztlich durchsetzen werde. Ob es heute mehr Gründe für diese Hoffnung gibt, als noch zu Lebzeiten beider, das mag jeder selbst beurteilen. Doch um mit Albert Schweitzer zu reden: *„Wagen wir die Dinge zu sehen, wie sie sind ...“*, und ich möchte im Sinne beider großen Humanisten hinzufügen: Lassen wir uns dennoch nicht entmutigen und unseren ganz persönlichen – wenn auch kleinen – Teil dazu beitragen, dass diese Hoffnung lebendig bleibt.

Quellenangaben:

A.S.: = Albert Schweitzer

AW Bd. x = Albert Schweitzer - Ausgewählter Werke in fünf Bänden, Union-Verlag Berlin, 1973

E.F.: = Erich Fromm

GA x = Erich Fromm – Gesamtausgabe, herausgegeben von Rainer Funk,

Deutsche Verlags-Anstalt Stuttgart, 1980



1 A.S.: Aus meiner Kindheit und Jugendzeit, (1924); AW Bd. 1, 275
2 A.S.: Aus meinem Leben und Denken, (1931); AW Bd. 1, 249
3 E.F.: Propheten und Priester, (1967); GA V, 295
4 A.S.: Predigten 1898 – 1948; Werke a. d. Nachlass, S. 1236
5 E.F.: Die Kunst des Liebens (1956); GA IX, 453, 454
6 A.S.: Die Weltanschauung der Ehrfurcht vor dem Leben 1/2, Werke a. d. Nachlass, S. 80
7 ebd., S. 110
8 E.F.: Psychoanalyse und Zen-Buddhismus (1960); GA VI, 352
9 A.S.: Verfall und Wiederaufbau der Kultur (1923); AW Bd. 2, 34
10 ebd., AW Bd. 2, 73
11 E.F.: Die Seele des Menschen (1964); GA II, 194
12 A.S.: Appell an die Menschheit (1957); AW Bd. 5, 576
13 E.F.: Propheten und Priester (1967); GA V, 297
14 A.S.: Kultur und Ethik (1923); AW Bd. 2, 377
15 ebd., 379
16 ebd., 374
17 ebd., 378
18 E.F.: Die Seele des Menschen (1964); GA II, 186
19 ebd., 186, 187
20 ebd., 198
21 E.F.: Haben oder Sein (1976); GA II, 274
22 E.F.: Haben oder Sein (1976); GA II, 384
23 E.F.: Die Revolution der Hoffnung. Für eine Humanisierung der Technik (1968); GA IV, 327
24 E.F.: Pro und Contra Summerhill (1970); GA IX, 417

Literatur zu Albert Schweitzer:

Schweitzer, A., 1966: *Das Problem des Friedens in der heutigen Welt. Rede bei der Entgegennahme des Nobelpreises in Oslo* 1954, in: ders., Die Lehre von der Ehrfurcht vor dem Leben. Grundtexte aus fünf Jahrzehnten, herausgegeben von Hans Walter Bähr, München 1966, S. 113-128 (C. H. Beck Verlag).

Schweitzer, A., 1973a: *Verfall und Wiederaufbau der Kultur,* in: Gesammelte Werke in 5 Bänden, Band 2, Zürich 1973, S. 17-93 (Buchclub Ex Libris).

Schweitzer, A., 1973b: *Kultur und Ethik,* in: Gesammelte Werke in 5 Bänden, Band 2, Zürich 1973, S. 95-420 (Buchclub Ex Libris).

Das Spital unter Palmen
Herrn Erich Fromm mit
besten Gedanken
Albert Schweitzer
Lambaréné 10.2.65

## Anmerkungen zur Rede Fromms anlässlich des 100. Geburtstages Albert Schweitzers

Albert Schweitzer war besonders in den sechziger Jahren einer Kritik ausgesetzt, die sich mit mehr oder weniger berechtigten Argumenten gerade in der jungen Generation schnell verbreitete. Er wurde unter anderem als „Kolonialist" bezeichnet, der sich in Afrika als Herrenmensch aufgeführt habe und die Afrikaner im Grunde verachtete. Dass diese zumeist aus einer erheblichen Unkenntnis heraus vorgebrachten Kritikpunkte noch bis auf den heutigen Tag bei manchen weiter wirken, zeigt sich immer wieder in Kommentaren wie dem nachfolgend zitierten. Er stammt aus der Frankfurter Allgemeinen Zeitung (FAZ) vom 02. Januar 2002, ist also höchst aktuell. Der Autor dieses Artikels, ein ehemaliger Botschafter, greift diese längst überholten Punkte erneut auf. Er schreibt in einem Artikel über das Jahr 1952 neben einem Foto, das Albert Schweitzer zeigt: *„Bei Umfragen wurde als Vorbild meist Albert Schweitzer genannt. Heute ist er der Jugend kaum bekannt. Allenfalls hört man Kritik, dass er mit seinen schwarzen Patienten im Urwald von Lambarene in autoritärer Kolonialmanier umgegangen sei"*.

Im Anschluss daran erweckt der Autor bewusst den Eindruck, dass Schweitzer den Friedensnobelpreis sozusagen nur deswegen bekommen habe, weil sich seinerzeit kein Besserer gefunden habe. Hier schreibt jemand, an dem die letzten fünf Jahrzehnte hinsichtlich einer differenzierten Beurteilung Schweitzers offenbar spurlos vorübergegangen sind!

Sehr gut zu dieser Kritik passt der nachfolgende Vortrag Erich Fromms, den er im Jahre 1975 anlässlich einer Feier zum 100. Geburtstag Albert Schweitzers in Paris verfasste und der als Print-Veröffentlichung in der Zeitschrift **Evangelische Kommentare**, Stuttgart, im Dezember 1975 erschien.

Klaus Widerström

## Zum 100. Geburtstag von Albert Schweitzer
# Die Zwiespältigkeit des Fortschritts

Erich Fromm, verfasst 1975

In vielen Kreisen gerät Albert Schweitzer gegenwärtig nicht nur mehr und mehr in Vergessenheit, er wird auch zunehmend verleumdet, und seine Gedanken werden entstellt. So wirft man ihm vor, er sei ein „Reaktionär", ein „Kolonialist" gewesen, er habe die Afrikaner verachtet. Was könnte absurder sein- absurd selbst dann, wenn man seine patriarchalische Haltung in Betracht zieht, in der er ein Sohn seiner Zeit war? Aber so absurd dieser Vorwurf auch sein mag, wir sollten versuchen zu verstehen, was dahintersteckt.

Einer der Gründe dürfte vielleicht darin zu suchen sein, daß Schweitzers Lehre von der Ehrfurcht vor dem Leben eine zu große Herausforderung darstellt und den Widerstand und Zorn einer Gesellschaft heraufbeschwört, in der immer weniger Ehrfurcht, ja immer weniger Achtung vor dem Leben zu finden ist, in der statt dessen der Geist der Destruktivität herrscht, und die sich zu allem Leblosen und Mechanischen hingezogen fühlt.

Es gibt jedoch noch einen weiteren Grund für diese Entstellung von Schweitzers Ideen: seine Skepsis gegenüber dem sogenannten „Fortschritt", der das Glück der größtmöglichen Zahl durch größtmögliche Produktion und durch größtmöglichen Konsum erreichen möchte- eine Auffassung von Fortschritt, welche die letzten hundertfünfzig Jahre mehr oder weniger geprägt hat. Wollen wir nicht nur die Proteste gegen Schweitzer, sondern auch die Bedeutung seiner Botschaft an unsere Zeit verstehen, dann müssen wir seine Einstellung zum Fortschritt zu begreifen versuchen.

Es haben sich zwei politische Philosophien gegeneinander erhoben, an denen sich die Geister scheiden: Auf der einen Seite stehen die Liberalen, die Progressiven, die „Linken", die an den „Fortschritt" im Sinne der liberalen Bourgeoisie glauben; die andere Front bilden die Konservativen und Reaktionäre, die gegen diesen „Fortschritt" ankämpfen – die dem Fortschritt vorwerfen, er zerstöre die menschliche Substanz dadurch, daß er den Nachdruck auf die materielle Befriedigung lege und einen ethischen Relativismus vertrete.

Es gibt aber noch eine dritte Einstellung, nämlich die der „radikalen Humanisten". Sie sehen den Prozeß der Entmenschlichung, der durch den modernen Industriekapitalismus und durch die kapitalistischen Staatssysteme in Gang gekommen ist. Aber statt den Blick rückwärts zu richten, verlangen sie eine vorwärts gerichtete radikale [330] kulturelle und soziale Veränderung. Sie sind nicht leicht zu verstehen, denn sie fallen nicht unter die beiden Hauptkategorien, und sie gehören keiner der beiden Fronten an, die einander bekämpfen; ihr Verständnis fällt vielleicht auch deshalb nicht leicht, weil es ein kompliziertes, dialektisches Denken voraussetzt.

Wer waren nun aber diese paradoxen „antiprogressiven Progressiven"? Ich will nur einige ihrer hervorragenden Vertreter nennen, so unterschiedlicher Natur sie auch gewesen sein mögen: Karl Marx – wenn auch seine Kritik am Geist der Bourgeoisie und am liberalen Fortschritt in der weiteren Entwicklung des Sozialismus und Kommunismus – größtenteils in Vergessenheit geraten ist. (Auch Schweitzer hätte mit Karl Marx sagen können, die gegenwärtige Gesellschaft produziere viele nützliche Dinge und viele nutzlose Menschen.) Ferner Thoreau, Emerson, Gandhi. Aber meiner Ansicht nach hat sich keiner so klar ausgedrückt wie Albert Schweitzer.

Welches waren nun Schweitzers Ansichten über die Zwiespältigkeit des Fortschritts? Er hat sie in seinen Schriften bis zum Jahre 1923 und auch noch später sehr deutlich ausgesprochen. Er stellt den Fortschritt des Wissens und Könnens, den materiellen bzw. „grotesken" Fortschritt dem geistigen Fortschritt gegenüber. Der „groteske Fortschritt" schafft den modernen Menschen. Dies ist „ein Unfreier, ein Ungesammelter, ein Unvollständiger, ein sich in Humanitätslosigkeit Verlierender, ein seine geistige Selbständigkeit und sein moralisches Urteil an die organisierte Gesellschaft Preisgebender, – ein in jeder Hinsicht Hemmungen der Kulturgesinnung Erfahrender" (A. Schweitzer, 1973a, S. 44).

Nach Albert Schweitzer leben wir heute in einem neuen Mittelalter der Unfreiheit. Es sei für uns heute schwerer, davon loszukommen, als es für die Menschen jenes Mittelalters war, das vor ein paar Jahrhunderten zu Ende ging. Es sei deshalb schwerer, weil der Mensch sich damals von äußeren Autoritäten zu befreien hatte, von äußeren Kräften, gegen die er ankämpfen konnte, während er sich jetzt – wie Schweitzer sagt – von seiner selbstgeschaffenen geistigen und intellektuellen Abhängigkeit befreien muß.

Sicherlich versucht Schweitzer nicht, das Problem dadurch zu lösen, daß er in die Vergangenheit zurückgeht und das industrielle System niederzureißen sucht. Er verlangt vielmehr eine neue Renaissance, eine humane Renaissance: „Alle Fortschritte des Wissens und Könnens wirken sich zuletzt verhängnisvoll aus, wenn wir nicht durch entsprechenden Fortschritt unserer Geistigkeit Gewalt über sie behalten" (A. Schweitzer, 1973b, S. 411f.). Es bedarf einer Gesellschaft, welche auf die Vorrangstellung der Humanität, auf Hingabe, Solidarität, Gerechtigkeit und Ehrfurcht vor dem Leben aufzubauen wäre. Er hat jedoch den Verfall des Menschen durch die Umstände, in die er hineingestellt wurde, erkannt und erklärt, nicht für Armut, nicht für die Abschaffung des materiellen Wohlstandes einzutreten, sondern für einen bescheidenen, aber beständigen materiellen Wohlstand für jeden. Gradunterschiede in bezug auf einen etwas größeren oder geringeren Wohlstand seien durchaus sekundär. {758} Worauf es ankommt, ist ein „normaler" Fortschritt: „Zum normalen Fortschritt kann sich der groteske erst wandeln, wenn eine Gesinnung zur Macht kommt, die fähig ist, in das Chaos der Menschheit durch Ethik wieder Ordnung zu bringen" (S. 113). – Mit dem „Chaos" meint Schweitzer unsere gegenwärtige Gesellschaft. [331]

Wir können heute die Bedeutung von Schweitzers Botschaft klarer erkennen als je zuvor, und sie ist auch wichtiger als je zuvor, weil sich die „Pathologie der Normalität" ständig und sprunghaft verschlimmert hat, seit er sie erkannte und seine Besorgnis darüber äußerte. Die Menschen sind seither noch hilfloser, noch hoffnungsloser, noch passiver, noch mehr der öffentlichen Meinung ausgeliefert und noch unfähiger zu unabhängigem Denken geworden. Unsere Experten wissen sehr wohl, daß unsere Existenz vielleicht schon in wenigen Jahrzehnten durch eine totale Katastrophe bedroht ist, sei es durch die Aufrüstung mit Kernwaffen, gegen die Schweitzer in den fünfziger Jahren so leidenschaftlich protestiert hat, sei es durch andere Katastrophen, die durch die unkontrollierte, unvernünftige und habgierige Ausbeutung der Natur heraufbeschworen werden.

Es besteht die Gefahr, daß sich die beiden Fronten, von denen ich sprach, mehr und mehr verhärten; daß die sogenannten Progressiven ihren Traum von mehr Produktion und mehr materiellen Gütern und mehr „Glück" weiterträumen und daß sie bei einer neo-faschistischen technokratischen Gesellschaft enden - und daß die, welchen es um die Erhaltung gewisser traditioneller Werte geht, die sich vom Glanz und Schimmer der Neonlicht-Gesellschaft nicht beeindrucken lassen, von reaktionären und sogar von den veralteten faschistischen Ideologien angezogen werden. Es ist heute dringend notwendig, die Zwiespältigkeit des Fortschritts zu begreifen, wie Schweitzer sie erkannt hat, um eine neue Synthese zwischen dem echten Fortschritt und dem radikalen Humanismus zu schaffen - um zu erkennen, daß wir die Maschine dem Menschen und die materielle Wohlfahrt seinem ganzheitlichen Wohlergehen wieder unterordnen müssen.

Schweitzer schlägt uns eine neue Synthese vor, die all jene aus beiden Lagern vereint, die echte Humanisten sind, die den Menschen über die Dinge stellen, das Sein über das Haben, das Leben über das Tote, das nur Mechanische und die Unabhängigkeit über die fiktive Freiheit des in der Bürokratie verwalteten Menschen. Trotz aller Unterschiede im religiösen und politischen Denken kann Schweitzer diesen Humanisten als Führer dienen, wenn es gilt, sich im gemeinsamen Kampf zusammenzusetzen gegen den Golem des ökonomischen und technischen Systems, das außer Kontrolle geraten ist und die Menschheit vernichten wird, wenn der Mensch es nicht wieder im Namen des Lebens und im Namen der Vernunft in die Hand nimmt.

Heute geht es darum, neue Formen des sozialen Zusammenlebens zu entwickeln, bei denen versucht wird, eine Synthese zu finden zwischen einem Optimum an industrieller Produktion und einem Maximum menschlicher Aktivität und Unabhängigkeit. Dies ist eine äußerst schwierige Aufgabe. Sie kann nicht von einem oder zwei Menschen gelöst werden. Sie erfordert vielmehr umfangreiche Forschungen auf den verschiedensten wissenschaftlichen Gebieten. Es ist eine Aufgabe von vielleicht ebenso großer Schwierigkeit, wie es jene war, als man die technischen Voraussetzungen für eine Mondlandung schaffte. Ich glaube, daß auch diese Aufgabe zu lösen ist, wenn wir nur die gleichen Anstrengungen machen. Doch wir werden diese Anstrengungen nur machen, wenn die Ehrfurcht vor dem Leben zum Organisationsprinzip der Gesellschaft wird.

Heute besteht unser größtes Problem nicht mehr in der technischen [332] Weiterentwicklung. Ich plädiere deshalb jedoch nicht dafür, den Naturwissenschaften Einhalt zu gebieten. Aber die Naturwissenschaft und ihre Anwendung auf die Technik stellt heute nicht mehr das Hauptinteresse der Menschheit dar. Das oberste Interesse ist das Problem, neue, humane Formen der sozialen Organisation zu schaffen; ebenso wie die besten Geister sich in den letzten fünfzig Jahren darauf konzentriert haben, Probleme der Naturwissenschaft und Technik zu lösen, müssen sie sich jetzt neue Formen des sozialen Zusammenlebens ausdenken. Das bedeutet Experimentieren, Forschen, Modelle und Szenarien schaffen und visionäre Kräfte im Menschen wachrufen, indem man ihm zeigt, daß es möglich ist, vielleicht nicht im Luxus, aber doch in einer würdigen Weise und dabei human zu leben. Darum müssen wir uns bemühen, wenn wir die neue Renaissance heraufführen wollen, von der Schweitzer gesagt hat, daß sie die einzige Alternative zur Katastrophe darstellt.

Schweitzer war ein Optimist in dem Sinne, daß er von einem grenzenlosen Glauben an das Leben erfüllt war- jedoch nicht in dem Sinne, wie ihn heute führende Politiker lautstark proklamieren, daß nämlich alles in bester Ordnung sei und immer noch besser werde, wenn man nur ein paar altmodische Hilfsmittel einsetze. Schweitzer war ein Realist, ein Mensch, der - um mit Meister Eckhart zu reden- niemanden täuschte, aber sich auch nicht täuschen ließ. Er hat vorausgesagt, daß es zur letzten Katastrophe führen werde, wenn es nicht gelinge, die Atomwaffen abzuschaffen, und er hätte genauso leidenschaftlich oder sogar noch heftiger protestiert, wenn er erlebt hätte, daß es nicht einmal gelungen ist, auch nur den kleinsten Schritt auf eine universale Abrüstung hin zu tun.

Es ist in Schweitzers Sinn, wenn wir unseren Glauben an das Leben mit der Warnung verbinden, daß das Leben in dieser Zeit stärker bedroht ist als je zuvor in der Geschichte der Menschheit. Deshalb will ich mit Schweitzers mahnenden Worten schließen, die er 1954 in seiner Ansprache anläßlich der Verleihung des Nobelpreises gesprochen hat (A. Schweitzer, 1966, S. 118-120):

„Wagen wir, die Dinge zu sehen, wie sie sind. Es hat sich ereignet, daß der Mensch ein Übermensch geworden ist... Er bringt die übermenschliche Vernünftigkeit, die dem Besitz übermenschlicher Macht entsprechen sollte, nicht auf... Damit wird nun vollends offenbar, was man sich vorher nicht recht eingestehen wollte, daß der Übermensch mit dem Zunehmen seiner Macht zugleich immer mehr zum armseligen Menschen wird... Was uns aber eigentlich zu Bewußtsein kommen sollte und schon lange vorher hätte kommen sollen, ist dies, daß wir als Übermenschen Unmenschen geworden sind.“

Erstveröffentlichung in *Evangelische Kommentare*, Stuttgart 8 (1975), S. 757f.; wiederabgedruckt in: *Erich Fromm Gesamtausgabe in zwölf Bänden*, München (Deutsche Verlags-Anstalt und Deutscher Taschenbuch Verlag) 1999, Band V, S. 329-332. – Die Zahlen in {geschweiften Klammern} geben die Seitenwechsel der Erstveröffentlichung wieder; die Zahlen in [eckigen Klammern] geben die Seitenwechsel in der *Erich Fromm Gesamtausgabe in zwölf Bänden* wieder. -

## Über den Dualismus der Weltanschauung
# Alte Probleme in neuem Licht

Udo Köhler

Zum Gedenken an den am 23. August 2001 in Luzern verstorbenen Nestor der Bibelwissenschaften Professor Dr. Herbert Haag.

Der Mensch erlebt sich selbst und die ihn umgebende Welt dual, bzw. bipolar: Leib und Seele, Leben und Tod, Gesundheit und Krankheit, Energie und Materie, Welle und Korpuskel, Licht und Schatten, Plus und Minus usw. bezeugen die ungeheure Dynamik und Vielfalt der Phänomene, die sich in unserem Bewusstsein spiegeln. Am Anfang des vergangenen Jahrhunderts ist aus der Überwindung der berühmten atomaren Paradoxien die neue Physik entstanden. Mit ihr sind vor allem die Namen Max Planck, Albert Einstein und Werner Heisenberg verbunden, in deren fundamentalen Gleichungen sich die scheinbar unüberwindbaren Gegensätze als nur phänomenologisch und die dahinter aufleuchtende Ganzheit als letztlich zwar unerkennbar, doch mathematisch symbolisierbar erwiesen [10,11]. Am Ende des vergangenen Jahrhunderts wurden schließlich verheißungsvolle Ansätze zur naturwissenschaftlichen Erforschung des Bewusstseins [2,9] und damit zur Lösung des uralten Leib-Seele-Problems [10] nach dem Vorbild der modernen Physik entwickelt. Da deren philosophische Bedeutung ebenso evident ist wie ihre Auswirkungen auf die wissenschaftliche Medizin und das ärztliche Handeln [6,10,11], soll die faszinierende Evolution der rationalen menschlichen Erkenntnis wenigstens in großen Zügen skizziert werden.

Der Mensch ist gleichermaßen sich seiner selbst wie seiner Umwelt bewusst. Mit der Ausbildung eines solchen Bewusstseins ist der Evolution ein wahrer Quantensprung vom Tierreich auf eine höhere Seinsebene gelungen. Dass diese Entwicklung untrennbar mit der des Gehirns verbunden ist, wird heute nicht mehr bezweifelt [2,9]. Ebenso unzweifelhaft ist, dass alle Erkenntnis Bewusstsein voraussetzt. Das sich selbst erlebende Ich steht dabei als Subjekt dem Objekt gegenüber, ist also Teil des Erkenntnisaktes. So entsteht ein komplementärer Dualismus, der sich in allen Dingen spiegelt. Die Projektion des erkennenden Ich in die objektiv vorgegebene, zunächst unverständliche und daher oft bedrohlich erscheinende reale Welt, führte zur Interpretation ihrer Phänomene als Ausdruck des Wirkens übernatürlicher Mächte, die der Mensch nach seinem Ebenbild personifizierte. So entstanden Götter, Geister und Dämonen und in ihrer Folge die Religionen mit ihren virtuellen Welten und magischen Praktiken [5,7,12] als den reifen Früchten von Unwissenheit und Furcht. Ihre obskuren Inhalte dem Licht der kritischen Vernunft zu entziehen, liegt in ihrem elementaren Interesse [8], denn das Wissen ist des Glaubens ärgster Feind! Dazu bedarf es einer von früher Jugend an zu bedingungslosem Gehorsam und blindem Glauben erzogenen Elitetruppe, der Priesterklasse [4,12].

Den historisch bisher einmaligen Versuch, ein derartiges religiös-klerikales Machtsystem von innen heraus, also mit seinen eigenen Argumenten, zu zerschlagen, musste Jesus von Nazareth [7] vor rund 2000 Jahren mit seinem Leben bezahlen. Diese verhängnisvolle Entwicklung, [1,3] die sich immer deutlicher als Sackgasse der Evolution erwies, wurde daher durch eine andere ersetzt, die Hoffnung verheißt, nämlich die rationale Interpretation der Welt. Ihre wesentlichen Wurzeln liegen in der griechischen Antike, deren Philosophen wir die Entmythologisierung der Welt durch exakte Beobachtung und rationale Erklärung ihrer Phänomene verdanken. Das war die Geburt der Wissenschaft aus dem Geist der Philosophie [10]. Sie konnte sich allerdings erst 1500 Jahre später voll entfalten, nachdem Reformation, französische und amerikanische Revolution sowie europäische Aufklärung die alles freie Denken brutal unterdrückende Macht der römischen Kirche gebrochen und damit den Weg für die Weiterentwicklung der Menschheit zu und in Freiheit, Demokratie und Brüderlichkeit freigekämpft hatten. Besonders eindrucksvoll ist diese Entwicklung auf dem Gebiet der Physik. Ihr Weg von Kopernikus, Kepler und Galilei über Newton und Maxwell bis zu den berühmten Paradoxien am Ende des 19. Jahrhunderts und deren Überwindung durch Relativitäts- und Quantentheorie in der ersten Hälfte des 20. Jahrhunderts markiert wahre Sternstunden der Menschheit.

Die mit den fundamentalen Gleichungen von Einstein, Planck, Heisenberg u.a. gelungene Überwindung des cartesianischen Dualismus wirkte sich alsbald weit über Physik und Astronomie hinaus befruchtend auf andere Wissenschaften aus. Nicht zuletzt die Medizin wird von ihr profitieren, zumal sich die Lösung des uralten Leib-Seele-Problems bereits deutlich abzeichnet [2,9,10]. Die durch Descartes´ Substanzialisierung der Seele verursachte Dichotomie von Soma und Psyche verschwindet nämlich sofort, wenn man beide nur als Erscheinungsformen der einen Ganzheit interpretiert, die man als Ganzes gleichzeitig ebenso wenig erkennen kann wie die Vorder- und Rückseite einer Medaille. Diese in der atomaren Welt entdeckte und in der Heisenbergschen Unschärferelationen mathematisch fixierte prinzipielle Grenze aller menschlichen Erkenntnis ist für die Weiterentwicklung der Medizin von eminenter Bedeutung. Auf ihrem Gebiet wird die naturwissenschaftliche Forschung auch weiterhin zu den vornehmsten Aufgaben der Universität gehören. Auf Grund der psychophysischen bzw. psychosomatischen Äquivalenz wird sich die medizinische Forschung aber mit gleicher Intensität der anderen Seite der Gleichung widmen müssen, nämlich dem seelisch-geistigen und sozialen Bereich des Menschen [(11)]. Dann verbleibt noch immer jenes zentrale Geheimnis, in dem sich die beiden Seiten der einen Medaille zum Ganzen fügen und das die Gleichheitsstriche einer jeden Gleichung symbolisieren, denn „alles Vergängliche ist nur ein Gleichnis". Hier wird die naturwissenschaftliche Medizin zur Kunst, reift der Mediziner zum Arzt, der in dem sich ihm anvertrauenden Kranken nicht nur eine Summe von naturwissenschaftlichen Parametern und pathologischen Befunden zu erkennen vermag, sondern den ganzen Menschen mit dem geheimnisvollen Kern seiner Persönlichkeit, deren Einmaligkeit ihm unantastbare Würde verleiht.

Ihrem Wesen nach kann die Universität zwar primär nur Mediziner produzieren, doch im Idealfall zumindest den Weg zum Arzt weisen. Dazu bedarf es allerdings des lebendigen Vorbildes. An seinem Fehlen krankt unsere ganze technisierte und kollektivierte Gesellschaft mit ihrem weitgehend auf Geld, Sex und Gewalt reduzierten Menschenbild. Dieses katastrophale Defizit zu beseitigen, gehört zu den größten Aufgaben der Menschheit im neuen Jahrhundert. Vielleicht erfährt dann auch die in der zweiten Hälfte des vergangenen Jahrhunderts so viel geschmähte Ordinarien-Universität endlich wieder eine gerechtere Beurteilung. In der Medizin braucht man sich dabei nur an die Namen großer Ärzte und Lehrer wie Gustav v. Bergmann, Viktor v. Weizsäcker, Ferdinand Sauerbruch, Franz Volhard u.a.m. zu erinnern, die bedeutende Schulen gegründet haben und vielen Generationen von Medizinstudenten und Ärzten lebendige Vorbilder waren. Ein wahrlich bewahrenswertes und verpflichtendes Erbe, das im Wirken Albert Schweitzers einen glanzvollen Höhepunkt erreicht hat.

Literatur:

1. Albert, H.: Das Elend der Theologie, Hoffmann und Campe, Hamburg 1979
2. Crick, F.: Was die Seele wirklich ist, rororo science, Rowohlt, Reinbeck 1997
3. Deschner, K.: Abermals krähte der Hahn, Econ, Düsseldorf 1987
4. Haag, H.: Nur wer sich ändert, bleibt sich treu, Herder, Freiburg 2000
5. Heiler, F.: Die Religionen der Menschheit, Reclam, Stuttgart [6]1999
6. Köhler, U.: Klinische Probleme im Licht der modernen Physik; Ärztl. Forschg. 12, 449, 1951
7. ders.: Jesus der Befreier von Religion, Magie und Ideologie, Haag+Herchen, Frankfurt [2]1997
8. Myranek, H.: Denkverbot, Knesebeck, München 1992
9. Oeser, E. u. Seitelberger, F.: Gehirn, Bewusstsein und Erkenntnis, Wiss. Buchges. Darmstadt 1988
10. Sandkühler, H.J. (Hg): Europäische Enzyklopädie zu Philosophie und Wissenschaft, Meiner, Hamburg 1990
11. Schmahl, F.W. u. v. Weizsäcker, C.F.: Moderne Physik und Grundfragen der Medizin, Dt. Ärzteblatt 2000, 97, C 133
12. Trimondi, V. u. Trimondi, V.: Der Schatten"des Dalai Lama, Patmos, Düsseldorf 1999

Anschrift des Verfassers:
Prof. Dr. Dr. Udo Köhler, Stresemannstr. 1, 61231 Bad Nauheim

## Lothar Stiehm, der Verleger von Albert Schweitzer und Martin Buber

im Dialog mit Tomaso Carnetto, geführt am 13. Februar 2002 in Heidelberg

**Tomaso Carnetto**: Herr Stiehm, können Sie zunächst einmal kurz etwas über sich erzählen.
Wer ist die Person Lothar Stiehm, und was verbindet Sie mit Martin Buber?

**Lothar Stiehm**: Da muss ich zunächst einmal sagen: Mit Martin Buber und mit Albert Schweitzer! Das sind die beiden, mit denen ich mich seit jetzt 50 Jahren beschäftige. Als junger Student angefangen und dann all die Entwicklungsstadien meines Lebensweges weiter. Begonnen hat es im Studium. Ich bin ja ursprünglich Theologe gewesen, daher meine intensive Beschäftigung mit Schweitzer. Er war meine Identifikationsfigur in dieser theologischen Umwelt, in die ich geraten war durch eine Maßnahme der sowjetischen Besatzungsmacht. Ich wurde nicht zugelassen für andere Studienfächer. „Aber Theologie kann er studieren! So eine aussterbende Disziplin."
So fing das an. Ich habe damals Kontakt mit Felix Meiner gehabt, der ist dann fortgesetzt worden, auch nachdem ich als Flüchtling in die Bundesrepublik kam. Der hat mir Bücher von Schweitzer geschickt. Denn es war im Osten in der Anfangszeit der sowjetischen Besatzungszone und der ersten Zeit der DDR damals nicht so, dass Schweitzerbücher erscheinen konnten. Und dann habe ich mich da reingegraben, hab dann darüber geschrieben, auch an Schweitzer selbst geschrieben und dann immer ein Stück aktiver gearbeitet. Zunächst Schweitzer, und dann kam Buber dazu.

**TC**: Habe ich das richtig verstanden? Erst war Schweitzer da in Ihrem Bewusstsein?

**Lothar Stiehm**: Das war sozusagen die Initialzündung für meine eigene geistige Entwicklung. Und ziemlich dicht darauf, vor allem durch die Bibelverdeutschung, kam dann Buber dazu. Aber die ganze erste Zeit, auch meiner aktiven Arbeit, stand Albert Schweitzer im Vordergrund. Ich bin ja als politischer Flüchtling hierher gekommen, das war ja alles ein riesiges Abenteuer. Ich gehöre dieser Generation zwischen den Zeiten an. Konfirmiert in der Hitlerjugenduniform mit Gesangbuch mit Goldschnitt in der Hand und Napola-Anwärter, und dann kam der Zusammenbruch; und ich in dem tiefen Zorn, wie man ihn so als pubertärer, junger Mann empfindet, darauf, was die Väter uns da für eine Scheiße eingebrockt haben. Ich habe demonstriert mit den überlebenden KZ-Häftlingen. Auf der ersten Mai-Demonstration habe ich mit denen zusammen Transparente geschleppt. Und dann bin ich mit voller Oppositionsüberzeugung gegen diese Väterwelt in die FDJ eingetreten, in die SED eingetreten. Mit 16 Jahren war ich Parteimitglied, kam auf die Parteischule, die ich mit Bravour hinter mich gebracht habe und wurde Kandidat der Karl-Marx-Hochschule. Gleichzeitig war aber der andere Werdegang. Ich war Zögling der Franckeschen Stiftungen, also Hallischer Pietismus, das war auch alles voll da. Und dann, eines Tages, als ich von der Besatzungsmacht wohlweislich auf die Theologie gelenkt wurde, da habe ich gemerkt, was das alles für ein Lügengebäude war und bin ja an einem Tag aus allen Organisationen ausgetreten und von allen Funktionärsposten zurückgetreten mit der Begründung, ich kann das mit meinem Gewissen nicht vereinbaren, was ihr hier macht. Drei Wochen, oder vielleicht etwas später, bekam ich eine Vorladung zur Stadtverwaltung. Und dann kam ich da rein, und da war der Staatssicherheitsdienst, der sich gerade etablierte. Ich hatte nun so viel mitbekommen von der ganzen politischen Wirklichkeit, dass ich genau wusste, hier kommst du nicht wieder raus. Und so habe ich mir das Rauskommen erkauft, indem ich unterschrieben habe. Nun war ich Mitarbeiter des Staatssicherheitsdienstes. Und dann begann der Kampf, da wieder raus zu kommen. Dazu die ganze Feigheit der Kirchenleute, die zudem auch ahnungslos waren, das war ja das Frühstadium, wo die noch gar nicht so richtig mitbekommen haben, was los war.

**TC**: Wie alt waren Sie denn zu diesem Zeitpunkt?

**Lothar Stiehm**: Knapp 20.

**TC**: Ein ganz junger Mann.

**Lothar Stiehm**: Ja, ganz jung. Ich hab den Kirchenleuten gesagt: Ich muss da wieder raus! Wie machen wir das? Aber keiner wollte recht ran, alle haben sich weg gedrückt. Nachdem das nun publik geworden war, kam der Magdeburger Bischof, wir gehörten ja zum Bistum Magdeburg, der alte Bischof Müller, der kam dann in die Studentengemeinde und die Theologische Fakultät, wir waren 110 Männekin, alle Semester – also hier, hier haben sie das Zehnfache an den Fakultäten –, und da stand er dann: „Hier ist einer unter euch, der hat seinen Glauben verraten!" Na, und ich armes Würstchen saß da und durfte das so über mich ergehen lassen. Das ist dann die geistige Ausgangssituation nach meiner Flucht gewesen, dass ich mir sagen musste: So, so also sieht die Kirche wirklich aus!

Dann habe ich schließlich einen gefunden, der mir beigestanden ist, und dadurch habe ich überhaupt den Ausweg gefunden. Das war der Propst Jänecke in Halle, der später Bischof wurde in Magdeburg, aber da war ich schon im Westen. Ich bin also zu dem Jänecke gegangen und der sagte: „So, wann treffen Sie sich mit Ihrem Führungsoffizier und wo? – Aha! Also ich komme mit! Und meine Frau kommt mit! Und der Superintendent und seine Frau und der Gemeindepfarrer und seine Frau und alle hundert Meter lassen wir einen stehen, damit, wenn die uns einkassieren, wenigstens jemand da ist, der es meldet."

Also gingen wir los, und der Jänecke – das war ein genialer Praktiker – stellte sich vor: „Propst Jänecke! Herr Stiehm hat uns..." – man muss dazu wissen: Ich hatte ja ein absolutes Schweigegebot unterschrieben – „...Herr Stiehm hat uns unter dem Siegel des Beichtgesprächs berichtet, was Sie mit ihm gemacht haben." Und der? „Beichtgespräch"?! Das hatte der das erste Mal gehört. Dieser junge Volkspolizeioffizier. Der war dann so ratlos – er hat uns laufen lassen. Daraufhin bekam ich eine Bewachung. Ich hab´ja noch fast zwei Jahre in der DDR zugebracht. Sie konnten mich nicht verhaften, denn ich hatte ja schon meine konkreten Aufträge: Studentenpfarrer Hamel, Professor sowieso: „Ob die was gesagt haben oder nicht – melden Sie uns etwas, was uns Grund gibt, die sofort zu verhaften!" Das war die gleiche Zeit, in der die DDR Regierung die Nationale Front bilden wollte, in die sie auch die Kirchen einbinden wollten, und nun konnten sie ja nicht riskieren, dass die Kirchenleute dann kamen: „Ja, hier wollt ihr uns einbinden – und das macht ihr hinter den Kulissen!" Also wurde ich bewacht und blieb erst mal in Freiheit. Und dann, Anfang 53, als die ganze Situation sich zum Volksaufstand hin zusammen braute, der war dann im Juni, da gucke ich aus dem Fenster, und was sehe ich: Zu meinen beiden Bewachern war ein dritter hinzu gekommen. Ich hatte immer meine Aktentasche mit ein paar Klamotten da stehen, denn ich hab mich ja darauf gefasst gemacht, irgend wann wirst du jetzt mal einkassiert. Und als ich den dritten sah, das war mein Führungsoffizier, den hatte man strafversetzt, weil er diesen Blödsinn gemacht hatte, da habe ich blitzschnell geschaltet: So, jetzt geht´s dir an den Kragen. Und ich bin, so wie ich war, auf und davon. Als ich dann endlich in Westberlin angekommen bin, hatte ich außer Hemd und Hose nichts bei mir. Ich bin dann also los, und sie folgten mir. Wir wohnten im roten Herzen Mitteldeutschlands. Halle war Hochburg der KPD gewesen und überall Funktionäre ringsum, und unter deren Augen wollten sie mich natürlich nicht gerade einkassieren. Also gingen wir erst einmal in die Stadt, und ich fuhr dann mit der Straßenbahn.

Meine Kriegslist, die gelang. An einer Stelle, wo ich umsteigen konnte, fuhr gerade eine Straßenbahn an, ich sprang auf – und sie waren zurück geblieben. Das war eine Straßenbahn, die zum Bahnhof fuhr. Ich sofort in den Bahnhof, geguckt, wann der nächste Zug nach Magdeburg geht, ich wollte mich wenigstens beim Bischof abmelden, und dann bin ich los gefahren. Und sie hatten mich erst einmal aus den Augen verloren.

In Magdeburg dann: Dieser dämliche Oberkirchenrat, dieser Esel. Zweieinhalb Stunden musste ich auf so einer Art Beichtbank knien: Ich sollte mal nachdenken über all das, was ich da angestellt hätte. Für den war das ja ein Sakrileg, wie kann einer Verpflichtungserklärungen unterschreiben? Wie kann einer in der SED sein? Was das psychisch, geistig, menschlich für mich bedeutet hat, dieses Desaster 45 zu erleben und daraus die Konsequenzen zu ziehen – darüber hat der sich gar keine Gedanken gemacht. Der lebte ja noch im Vorgestern. Ja und ich, dieser junge Mann, geprägt durch Franckesche Stiftungen und Pietismus, ich bin ja in den Franckeschen Stiftungen zur Schule gegangen und bin zum Schulunterricht über die Ränder der Bombenkrater geklettert. Die politische Sphäre, in der wir lebten – über all das habe ich mir natürlich auch meine eigenen Gedanken gemacht – Schweitzer, Buber – und bin der Frage nach gegangen: Was geschieht eigentlich, wenn Menschen Macht über andere in die Hand bekommen und habe also versucht, entsprechende Literatur zu studieren, z.B. über Massenpsychologie usw. Das war alles in den Giftschränken. Ich hatte einen Freund, einen Kommilitonen, der hatte eine Freundin, die war in der Universitätsbibliothek und verwaltete dort die Giftschränke, und während meine Wache draußen vor dem Lesesaal stand, hab ich diese Dinge da gelesen. Das war noch in Halle. Nach den zweieinhalb Stunden beim Oberkirchenrat war ich dann draußen.

In Magdeburg war noch alles in Trümmern. Ich habe dann erst einmal gesucht, wo ich hier ein Telefon finde? Schließlich habe ich einen öffentlichen Fernsprecher gefunden, habe meinen alten, väterlichen Freund Karl Foerster angerufen. Karl Foerster war der berühmteste Blumenzüchter im vorigen Jahrhundert, Sohn des Berliner Astronomen Wilhelm Foerster. Dieser Wilhelm Foerster war einer der Begründer der ethischen Bewegung. Er hatte zwei Söhne, den Friedrich Wilhelm und den Karl. Der Friedrich Wilhelm wurde Pädagoge und ist der Pädagogikprofessor im vorigen Jahrhundert gewesen. Mit seinen Büchern wie „Christus und das menschliche Leben" und anderen hat er die höchsten, deutschsprachigen Auflagen eines Pädagogen überhaupt erzielt. Er wurde Pazifist und ist von Hitler als einer der ersten ausgebürgert worden. Er lehrte dann in der Schweiz. In den pazifistischen Publikationen seiner Zeitschrift hat er viele Dinge offen gelegt. Zum Beispiel, dass die Reichswehr die Bestimmungen des Versailler Vertrages unterlaufen hat, indem sie Soldaten und Offiziere zur Ausbildung an den Waffen, die verboten waren, Panzer, Flugzeuge usw., ausgerechnet in die Sowjetunion schickten, und die Rote Armee hat sie ausgebildet. Dieselbe Rote Armee, die sie dann im 2. Weltkrieg niederzuknüppeln versucht haben. Der Friedrich Wilhelm Foerster war also so ein heißes Eisen, dass er selbst in der Schweiz Schwierigkeiten bekam. Die Schweizer haben, gehorsam den Winken aus Deutschland folgend und auch aus eigenem Schiss, den Foerster von der Universität verdrängt. Der ging dann nach Amerika.

Karl Foerster, der Bruder des Friedrich Wilhelm, der hatte eine Gärtnerei aufgebaut, dem lag das unbedingt Geistige nicht so und war sehr berühmt. In Berlin-Steglitz hatte er seine Gärtnerei angefangen, und als Berlin dann weiter wuchs, verlegte er sie nach Potsdam.

Als ich zum ersten Mal da hin bin, sagte er: „Du gehst an Sansoucci hoch und dann die lange Chaussee mit den riesigen Bäumen recht und links, eben so eine richtige brandenburgische Chaussee, und dann kommt eine Kreuzung hinter Wildpark und hinter der Kreuzung geht rechts so ein kleiner Weg rein, Im Raubfang heißt der, und da findest du mich dann schon.“ Und ich ging da rein, Im Raubfang, und es gab den Blick frei, und so weit ich gucken konnte

nur Blumenfelder und Blumenfelder. Dann noch eine riesige Baumgruppe, und da hatte er sich sein Haus gebaut. Da war auch der berühmte Senkgarten, der jetzt unter Denkmalschutz steht. Der Karl Foerster war sehr berühmt, selbst in der Sowjetunion. Mit den vormarschierenden sowjetischen Truppen, die haben ja in Potsdam ganz gehörig gewütet, kam ein höherer Offizier, der ihn kannte, und der hat ein Schild anbringen lassen, so wie es hier die Amerikaner gemacht haben: Off Limits! So ist das Haus nicht geplündert worden, Foerster hat alle Bücher behalten. Solange ich noch keine Bewachung hatte, bin ich jeden freien Tag nach Potsdam gefahren. Da saß ich dann im

Senkgarten, und der Foerster kam aus dem Haus, um seine Runde zu machen durch die Gärtnerei. 150 Gärtnerinnen und Gärtner waren da beschäftigt, das war ein riesiger Betrieb, der größte Exportbringer weit und breit. Wilhelm Pieck hat dem Foerster den ersten Nationalpreis der DDR angeheftet, weil er ein solcher Devisenbringer war. Seine Spezialität war, winterharte Pflanzen zu züchten. Was wir hier an Rittersporn haben, ist fast alles Foerstersche Züchtung. Wenn also der Foerster kam, gingen wir los. Er war schon knapp 90 und schwerhörig. Wir haben uns dann gegenseitig angebrüllt. Ich ausgemergeltes Studentchen, wir hatten ja nichts zu Essen, ich sah wirklich aus wie ein Strich. Und er, der Hüne, brüllte runter, denn Schwerhörige brüllen dann ja auch, und alle haben sich amüsiert, worüber wir uns wohl unterhielten. Zu dem also bin ich hin. Das war ja dann meine Rettung. Also, von Magdeburg aus habe ich ihn angerufen. Er hat sofort geschaltet, was da los ist:
„Du steigst in den nächsten Zug nach Potsdam und steigst Wildpark aus." Na, ich habe einen riesigen Schreck gekriegt – Wildpark, das war die Station, wo eine sowjetische Elite-Truppe stationiert war. Alle zehn Meter standen Soldaten mit aufgepflanzten Bajonetten, als Machtdemonstration: Unser Fuß auf dem Haupte des preußischen Militarismus! Aber der Foerster, das war so einer vom schweitzer-schen Geist, ein Realist, der wusste genau, was er tat. Ich kam da an, stieg aus, da stand schon eine Gärtnerin und schloss mich in die Arme. Das war die Gärtnerin, die immer die Expresssendungen auf dem Bahnhof aufgab, die die Soldaten genau kannten. Sie war instruiert: Ihr spielt Liebespaar – und die haben mich nicht kontrolliert, da war ich schon mal durch die entscheidende Kontrolle durch, denn es war ja schon die Fahndung im Gange.
Und dann habe ich im Foersterschen Haus das letzte Mal übernachtet. Foerster selbst kam dann und sagte: „Also morgen früh komme ich mit." Ich habe gedacht, nun gut. Und am nächsten Morgen gingen wir los, Foerster und ich, und er spielte das Spielchen unserer lautstarken Unterhaltung ein zweites Mal. Dann war die S-Bahnstation zu Ende, und da war die Grenze. Die Kontrollen! Denen näherte sich nun der Nationalpreis-Träger in Begleitung eines schmächtigen Studenten und die beiden brüllten sich gegenseitig an. Die wachhabenden Polizisten amüsierten sich, sie kannten ja den Foerster – und schon waren wir durch! Und auch der Fluchthelfer war nicht ertappt! Denn wenn man den Foerster erwischt hätte, wäre es auch für ihn schlimm ausgegangen. So kam ich also nach Westberlin. Auch dort kam ich ziemlich schnell raus. Mein Hauptmentor, schon in der Schulzeit, war der Pädagoge Eduard Spanger, damals schon in Tübingen und einflussreich an den westdeutschen Universitäten. Der bürgte für mich, und so wurde ich bald aus Westberlin ausgeflogen.
Spanger wollte unbedingt, dass ich bei der Theologie bliebe, von da aus ihm, dem Philosophen, zuarbeitete. Das wäre eine glänzende Laufbahn für mich gewesen. Aber ich wollte nicht – nach dem, was ich erlebt hatte. Er stellte mir ein Ultimatum: Dann und dann führe er nach Schweden in den Urlaub, bis dahin wolle er eine Antwort haben. Ich

schrieb ihm zurück: Nein, ich kann nicht Theologe bleiben oder gar einer werden. Er fuhr dann nach Schweden in Urlaub, und damit war die Freundschaft erst einmal aus. Und ich musste sehen, wie ich alleine weiter kam.

Ich ging dann arbeiten, habe in München Straßenbauarbeiter gespielt, d.h. Trümmerarbeiter, und war bei Mönchen angestellt – ich Ketzer! Aber ich hatte Glück, der Mönch, der mich anstellte, der fragte mich: „Wo wollen Sie denn essen? Bei uns im Refektorium oder in der Küche?“ Da habe ich geistesgegenwärtig gesagt: „So dreckig, wie ich bin, kann ich doch nicht zu Ihnen ins Refektorium kommen. Ich gehe in die Küche. Das war mein Glück.“ Der Koch war ein Flüchtling aus Schlesien, der hat mich rausgefüttert, der hat mir die ersten Anziehsachen von zu Hause mit gebracht.

Ja, so fing´s dann an, und dann ging ich, nachdem ich genug verdient hatte, denn ich wollte mich nicht bezahlen lassen für meine Gesinnung, ging ich nach Marburg. Friedrich Heiler, der große Religionsgeschichtler, wurde mein Lehrer und sozusagen mein Vater.

Die Tochter von Friedrich Heiler, Birgit Hartog, mit den Töchtern bin ich seit dieser Zeit befreundet, die kam mal hierher und wollte ihrer Schwester zeigen, wo der Stiehm denn hier lebt, und dann saßen die da auf der Liege, und dann sagt die Birgit zu ihrer Schwester, der Ingrid Heiler, die eine berühmte Cembalistin ist: „Komm mal mit, ich will Dir mal die Eltern von Lothar Stiehm zeigen.“ Die Bilder hinter meinem Schreibtisch. Und da, das ist meine Mutter, die ich mit vier Jahren verloren habe, und daneben hängt der Heiler. Er ist eine wirkliche Vatergestalt für mich geworden.

In Marburg konnte man bei Heiler den religionswissenschaftlichen Doktor machen, denn ich wollte ja irgendwie mit der Theologie zu einem Abschluss kommen. Und gleich im ersten Seminar habe ich bei ihm ein Schweitzerreferat gehalten, und im Anschluss daran habe ich anderthalb Stunden mit dem Heiler diskutiert. Habe ihm gesagt: „Der Schweitzer, das ist kein Christ im Sinne der Kirche.“ Und habe ihm die ganzen Belege dafür aufgezählt. Er dann: „Aber Schweitzer ist doch so ein frommer Mensch und so und so...“ Schließlich haben wir uns darauf geeinigt: Er vertritt eine Religion der Liebe. Das habe ich Schweitzer dann später, als wir uns in Frankfurt gesehen haben, berichtet, und er hat, sichtlich schmunzelnd, das zur Kenntnis genommen: „Ja, ja, das stimmt!“, hat er gesagt.

In Marburg bin ich gescheitert mit der Promotion. Genau vor mir wurde der religionswissenschaftliche Doktor abgeschafft. Die Annemarie Schimmel, die berühmte Islamkennerin, die war die letzte, die vor mir noch den Doktor machte. Seitdem sind wir einander auch freundlich verbunden.

Dann ging ich nach Frankfurt und wollte da versuchen, neu anzufangen. Da habe ich den ersten Albert-Schweitzer-Freundeskreis in Frankfurt aufgebaut. Ich habe mir die Adressen beschafft, mit Richard Kik stand ich ja schon lange in Verbindung, und dann habe ich genau das gemacht, was wir heute in unserer Situation ebenso machen müssen, nämlich: Auf die Menschen zugehen. Meine ers-

te Frau und ich sind zusammen los, Monate um Monate, und haben jeden aufgesucht. Unter anderen auch einen jungen Lektor, Dr. Siegfried Unseld, der war damals auch beteiligt im Albert-Schweitzer-Freundeskreis. Ich war dann auch bei Richard Kik und habe in der Rundbrief-Redaktion mitgearbeitet. Das ist alles etwa Mitte der 50er Jahre gewesen. Und dann ging es für mich darum, einen festen Beruf zu bekommen. Meine erste Frau war damals gerade als Flüchtling nach Westdeutschland gekommen, und da habe ich dann über Eduard Spranger Kontakt aufgenommen mit dem Quelle & Meyer Verlag, dem berühmten pädagogischen Verlag, der saß hier in Heidelberg, und dadurch bin ich damals nach Heidelberg geraten.
Und dann habe ich ein ganz neues Dasein als Verleger angefangen von Grund auf, und damit hat sich dann auch die Arbeit über Schweitzer und Buber intensiviert.

**TC**: Wie alt waren Sie, als Sie als Verleger angefangen haben?

**Lothar Stiehm**: Da muss ich jetzt mal nachrechnen, etwa 25, 26. Lambert Schneider war auch 25, als er seinen Verlag gegründet hat. Ich habe mit dem Lothar Stiehm Verlag angefangen, d.h. erst mal habe ich mir das Bein gebrochen, es so zerschmettert, dass ich bis heute damit zu tun habe, und dadurch verschob sich dann alles.
Dann habe ich endlich mit dem Verlag angefangen. Der Lothar Stiehm Verlag war ein Verlag für Literaturwissenschaft und dergleichen, Judaistik kam dann dazu. Ich hatte, um den Rücken frei zu haben und damit ich überhaupt einen eigenen Verlag aufbauen konnte, eine Dozentur an der Deutschen Buchhändlerschule in Frankfurt. Ich war also für eine ganze Reihe von Jahren hauptamtlicher Dozent dort, hab das größte Pensum deutscher Literaturgeschichte von den Anfängen bis zur Gegenwart durchgearbeitet. Das war die größte Vorlesungsreihe, die es dort gab. Hinzu kamen Poetik und dergleichen.

**TC**: Und das, um den Verlag zu finanzieren?

**Lothar Stiehm**: Ja, um den Rücken frei zu haben. Das Geld, das ich verdiente, habe ich in den Verlag gesteckt.

**TC**: Und ab wann war es möglich, dass Sie von dem Verlag selbst leben konnten?

**Lothar Stiehm**: Ja nun, das kam sehr schnell zustande. Denn ich hatte einen solch fulminanten Start, auch was die Buchgestaltung angeht. Die Leute haben immer gelästert: Der Stiehm macht „bibliophile" Bücher. Ja, habe ich gesagt, ich mache Bücher, wie sie sein sollen. Das kostet keinen Pfennig mehr. Das kostet nur die Liebe und die Teilnahme. Und das habe ich Tag und Nacht gemacht. Also wenn ich heute gegen zehn Uhr am Abend oder gegen elf Uhr müde werde, dann denke ich: Ach, was waren das für Zeiten, wo du Tag für Tag bis drei Uhr nachts durchgearbeitet hast. Das kann ich heute natürlich nicht mehr, aber so habe ich das damals gemacht.

**TC**: Welche Autoren gehörten am Anfang zu Ihrem Verlag?

**Lothar Stiehm**: Das waren vorwiegend Exilautoren. Ehe es Exilforschung gab, hatte ich mir vorgenommen: Jetzt werde ich mich mal um die Exilierten kümmern. Und das war abenteuerlich. Ich habe zum Beispiel einem Österreicher geschrieben, Thomas Brandt. Ein jüdischer Schriftsteller, der nach Amerika floh. Brandt hatte über Brecht und andere geschrieben. Und gerade zu der Zeit, zu der ich ihn entdeckte, bekam er eine Universitätsprofessur. Bis dahin hatte er sich jämmerlich durchgeschlagen. Ich schrieb ihm also einen Brief, so wie es meine Art ist: Immer direkt zugehen auf die Leute. Der Mann bekommt den Brief in der Uni, ruft seine Frau an: „Du, ich muss sofort nach Hause kommen." Fährt nach Hause und in ihm die ganze, überwältigende Freude, dass da einer aus diesem Deutschland, ihn, gerade ihn, anschreibt und ihn auffordert, mit ihm ein Buch über Brecht zu machen. In seiner überschäumenden Freude liest er seiner Frau den Brief vor, und da trifft ihn in der Freude der tödliche Schlag.
Sechs Wochen später stand die Witwe hier in Heidelberg vor unserer Türe. Und dann musste ich sehen, wie ich damit fertig wurde. Ich, der da so ins Leben eingegriffen hatte.
Und so etwas gab es dicht auf dicht: Auch Bernhard Blume, ein Dramenschreiber der Weimarer Zeit, verheiratet mit einer Jüdin, der Carola Blume. Carola Blume wurde die nächste Mitarbeiterin von Buber, als Buber die Mittelstelle für jüdische Erwachsenenbildung, dieses rettende Volksbildungswerk in der Nazizeit, machte. Da war sie diejenige, die das alles organisierte. Sie ging dann mit ihrem Mann und den beiden Söhnen in die USA. Bernhard Blume wurde dort der große Germanist. Ich habe noch seine Autobiographie betreut. Wir hatten ein Buch vor, das dann leider nicht mehr zustande kam, weil der Tod ihn überrascht hat. Ein Buch über die Wassersymbolik in der ganzen Literaturgeschichte.
Bevor ich mich selbstständig machte, war ich im Carl-Winter-Universitätsverlag angestellt, einer der alten Verlage hier. Da ging ich von Quelle & Meyer aus hin und übernahm das Lektorat und überhaupt alles, was so zu machen war.
Der Geschäftsführer dieser Familien GmbH, der war dauernd auf Reisen, und so hatte ich auf einmal einen Verlag zu betreuen mit über 2.000 lieferbaren Titeln in allen Universitätsdisziplinen.
Ja, da war ich nun auf Lambert Schneiders Spuren. Lambert Schneider wurde von den Amerikanern geholt, als sie hier die Heidelberger Universität als die älteste auf deutschem Boden wieder eröffnen wollten, weil sie schließlich einen Verleger und Druckereien brauchten. Aber hier waren alle angebräunt. Zum Teil sehr stark angebräunt. Da haben sie hier die Leute befragt, den Philosophen Karl Jaspers, der 1937 schon entlassen wurde, weil er mit einer Jüdin verheiratet war, den Alfred Weber, den Soziologen, und Viktor von Weizsäcker, den Mediziner, und die alle sagten, es gibt bloß einen Verleger, der sich seiner Bücher in der Nazizeit nicht zu schämen braucht, das ist Lambert Schneider, der sitzt als Flüchtling in Oberhessen.
Der Verlag war vorher in Berlin gewesen,

da war er ausgebombt, vorher schon von der Gestapo geschlossen. Daraufhin war Schneider in seine rheinische Heimat gegangen. Von dort musste er aber auch wieder fliehen, weil die Amerikaner genau da ihren Brückenkopf über den Rhein installierten. Er musste das Haus verlassen, und so kam er nach Oberhessen. Nun schicken die Amis einen Jeep dahin, die Eisenbahn fuhr ja noch nicht, und haben ihn hierher geholt. Lambert Schneider war dann der erste Lizenzträger hier.

Später habe ich seiner Sekretärin die Briefe diktiert und war eingebunden in seinem Imperium, das er sich wieder aufgebaut hatte. Wir waren befreundet, und so kam es nach seinem Tod zustande, dass ich den Verlag übernommen habe. Ich habe ihn mal gefragt: „Was wird denn nun mit Buber?" Er hatte ja mit Buber angefangen, als er 25 war. Und er sagte: „Ich weiß nichts, es gibt nichts. Es wird alles verfließen ins Nichts."

Daran wird deutlich: Das ist eine ganz tragische Geschichte, die Lebensgeschichte Schneiders. Und dann, als er tot war, dann haben die Freunde der Witwe gesagt:

„Nun gehen Sie doch endlich zu dem Stiehm."

Ich habe mit ihr gesprochen und gesagt:

„So ein Verlag, der kann nur weiter leben, wenn da ein Mensch ist, der dafür einsteht. Wenn Sie an die Großverlage denken, die nur die Rosinen haben wollen, jener den Buber, der etwas anderes, wir hatten ja die Deutsche Akademie für Sprache und Dichtung und andere Kostbarkeiten, dann bleibt ein Haufen Titel, die nicht gehen, übrig, und damit können Sie keinen Verlag mehr machen. Aber wenn einer da ist, der dafür einsteht, dann bleibt alles zusammen."

Damit hatte ich nun unfreiwillig mich selbst charakterisiert, und ich war dann auch derjenige, der es dann übernommen hat.

**TC**: Und Sie haben angefangen, Buber wieder zu verlegen?

**Lothar Stiehm**: Als ich den Verlag übernahm, da war das für die Leute ein Wahnsinn: Der Stiehm hat vor drei Jahren gerade seinen eigenen Verlag angefangen und jetzt übernimmt er diesen Verlag! Aber ich habe mir gesagt: Gut, da ist nichts mehr, da waren keine Bücher mehr außer den „Betontiteln", Gedichtbändchen und so was. Die Franziska, die Angestellte, die sagte immer die „Betontitel", die liegen wie Beton. Ich habe mir gesagt: So wie ich Bücher mache, schaffe ich im Jahr zehn, höchstens zwölf Titel, und da ist ein Verlag, der hat die Rechte an mehreren hundert Titeln, wenn auch nichts lieferbar ist. Wenn ich also den Verlag übernehme, ich habe ihn ja redlich bezahlt, das war eine ganz schöne Transaktion – erst den eigenen Verlag und dann einen anderen Verlag übernehmen –, da habe ich einen Fundus, mit dem ich arbeiten kann. Und so habe ich es dann gemacht.

Da ja von Buber nichts mehr da war, musste ich jeden Titel, den ich in die Hand genommen habe, an Haupt und Gliedern beklopfen, und dann habe ich gesehen, wie viele Fehler da drin sind, und dann habe ich das alles neu gemacht, also auch all die Titel editorisch betreut. Dann kam auch der Vertrag für die Schweitzer-Werkausgabe zustande, mit allen

Komplikationen, aber das ist ein eigenes Thema. Zunächst erschien der Band „Was sollen wir tun?", dann kam Bähr mit seinem Briefband, der jetzt auch verramscht wird, den wollte nach dem Ende des Verlages keiner haben, das Albert-Schweitzer-Zentrum verkauft den ja heute auch zum Sonderpreis. Meine Nachfolger haben den da irgendwie untergebracht. Von all dem habe ich keine Ahnung. Das erfahre ich so nebenher, wenn ich es mal beobachte.
Ja, und so habe ich mich rein gearbeitet in Buber, in Schweitzer, Tag und Nacht aufs Intensivste. Und das eng mit dem Hermann Baur zusammen, der hat damals das geistige Werk Schweitzers betreut.
Dann haben die Erben die Schweitzerausgabe zu Fall gebracht, eigentlich mehr in Zorn auf den Johann Zürcher, der überkorrekt arbeitete. Also jedes Komma, das er einfügte: Eckige Klammer auf, Komma, eckige Klammer zu. Ich war der Vertragspartner, und bei den ganzen Querelen, die ich erleben musste, gab es natürlich dauernd Verzögerungen, und so haben sie das Ganze auseinander gesprengt.
Da saß ich also da und hatte es los. Dann hat Beck die Nachlassausgabe angefangen, bzw. sie sind zur Nachlassausgabe zurück gekehrt. Meine eigene Idee ist dabei ganz untergegangen. Im Studium all dessen, was Schweitzer hinterlassen hat, war ich dessen inne geworden, dass das ja ein ganzes Gebäude war, was er aufzurichten versuchte. Wobei nur der „Chor" fertig wurde, wie er es an einer Stelle mal gesagt hat, und dass „Verfall und Wiederaufbau der Kultur" und „Kultur und Ethik" nur Teile waren eines viel größeren Ganzen. Als Hauptherausgeber hatte ich einen Plan aufgestellt, der existiert auch noch hier in meinen Unterlagen, und den mit den Herausgebern abgestimmt. Wir hatten ein ganzes Gremium, der Erwin Reuben Jacobi für die musikalischen Schriften und Robert Minder und all die, die lebten ja damals noch. Bähr war auch dabei, Woytt sogar auch. Aber das ging ja dann alles kaputt, und bei Buber ist es mir ganz ähnlich ergangen. Die Buber Werkausgabe erscheint ja jetzt ohne meine Beteiligung. Aber das hat wieder ganz andere Gründe.

**TC**: Dennoch ist es doch wohl so, dass man Sie als den Einzigen bezeichnen kann, der wirklich tiefe Kenntnisse von beiden hat.

**Lothar Stiehm**: Ja! Das kann man wirklich sagen.

**TC**: Was mich vor allem interessiert ist die Frage: Was ist das Gemeinsame und was trennt Albert Schweitzer und Martin Buber?

**Lothar Stiehm**: Gemeinsam ist beiden folgendes: Nehmen Sie Buber, er ist ein prinzipienloser, ganz situationsgebundener Denker: „Ich habe kein Prinzip! Beobachten Sie, was Ihnen begegnet, ganz genau, sehen Sie genau hin! Und dann handeln Sie! Das wird einmal so und einmal so sein!"
Schweitzer: „Die Weltanschauung der Ethik der Ehrfurcht vor dem Leben ist ein unerbittlicher Gläubiger. Du musst immer mit wachem Gewissen existieren, und was auf dich zukommt, da wirst du einmal so nach deinem Gewissen handeln und ein

andermal so!" Eine ganz parallele geistige Haltung.

**TC**: Das heißt also, das Gemeinsame ist das vollständig undogmatische Situationsgebundene, dass beide sagen: Wir müssen ohne Prinzip auskommen. Das Prinzip ist immer eine Bindung, die uns von der Situation entfernt.

**Lothar Stiehm**: Und es geht eben nicht so, wie auch manche Schweitzeranhänger sich das gedacht haben – denken Sie an die wissenschaftliche Albert-Schweitzer-Gesellschaft –, dass wir sagen können, wir haben hier das Prinzip der Ehrfurcht vor dem Leben, und jetzt machen wir einen Katalog der Problemsituationen, denen Menschen gegenüber stehen und geben jeweils die Antwort vor: Da verhältst du dich so und da verhältst du dich so. Nein! Es kann mal so und mal so sein! Auch bei Schweitzer. Da sind sie sich sehr nahe, in diesem Grundimpuls.
Obwohl Schweitzer nun primär das ethische Handeln sah. Bei Buber wird ein viel Breiteres umfasst: Jede menschliche Situation, ob sie ethisch fassbar ist oder nicht, da musst du entscheiden und handeln – je und je. Das, was sie unterscheidet, ist vor allem, dass Buber, – und darauf lege ich in dem, was ich schreibe und worüber ich spreche, großen Wert – ein gläubiger Jude war. Und dass aus diesem Gottesglauben heraus alles erwuchs.
Ich habe vor einem guten Jahr eine ziemliche Auseinandersetzung über Maurice Friedman, den Autor der großen Biografie über Martin Buber, geführt. In seinem Vorwort bezieht er sich auf „Begegnung auf dem schmalen Grat", ein teilweises Buberzitat. Als er damals im Buberhaus das Buch präsentierte, da hat er aus seinem Vorwort vorgelesen, und ich habe gleich Margarete Exler, die inzwischen gestorben ist, angestoßen und gesagt: „Das ist aber nicht Buber!"
Buber hat an einer Stelle in einem seiner Bücher das Problem des Menschen so formuliert:
„Ich versuche, meinen Standpunkt gegenüber Freunden in einem Bild darzustellen, nämlich, dass ich nicht auf einer breiten Hochebene weile, wo ein theologisches System alle Fragen abklärt, sondern ich stehe auf einem engen Felskamm, einem schmalen Grat, rechts und links Abgrund, aber vor mir die Gewissheit der Begegnung mit dem verhüllt Bleibenden." Und der verhüllt Bleibende ist natürlich Gott für ihn. Und da hat Maurice Friedman daraus gemacht: Ich bewege mich auf einem schmalen Grat und vor mir die Gewissheit des Zusammenstoßes mit dem Ungesicherten. Und er erklärt das dann so: Das ist der Existenzialist Buber, bzw. das sei ein Ausdruck seiner existenzialistischen Philosophie, das Ungesicherte.

Und genau das ist das Entscheidende: Buber ist ein gläubiger Jude gewesen – der aber nicht die Mizwot, die über 600 Ge- und Verbote anerkannte. Er sagte: „Ich spüre sehr wohl, was Gottes Gebot an mich ist, z.B.: Du sollst nicht morden! Aber diese über 600 Ge- und Verbote, das ist Menschenwerk."

**TC**: Ist das wirklich das Trennende? Oder sind das nicht unterschiedliche Positionen? Wenn Sie sagen, Buber ist gläubiger Jude, können wir sicher genauso sagen, Schweitzer ist gläubiger Christ.

**Lothar Stiehm**: Das ist schon etwas, wo ich Bedenken habe, wenn Sie das so unmittelbar auf Schweitzer beziehen, wie Sie es tun im Rundbrief und auch in dem Prospekt: „Christ sein im 21. Jahrhundert". Ich habe Ihnen vorhin das Beispiel erzählt: Religion der Liebe! Und das hat Schweitzer voll bejaht. Da steckt eine Menge Christliches drin, aber er ist kein bekennender Christ gewesen.

**TC**: Nun gut, dann wollen wir es etwas anders formulieren: Vieles in seinen Schriften – zumindest soweit mir sie bekannt sind – ist formuliert aus einer direkten Nachfolge Jesu heraus.

**Lothar Stiehm**: Ja, das ist etwas anderes als die Nachfolge Jesu Christi.

**TC**: Ja,– ich sage ja, es geht ihm primär um die jesuanische Botschaft, nicht um die christliche Dogmatik.

**Lothar Stiehm**: Da sind wir uns einig.

**TC**: Ich meine – dazu kenne ich Buber leider zu wenig – aber bei Ihnen habe ich an irgend einer Stelle gelesen, dass die orthodox Jüdischen genauso viele Probleme mit ihrem Buber hatten, wie die orthodox Protestantischen – wenn man diesen Begriff verwenden darf...

**Lothar Stiehm**: ...mit ihrem Schweitzer. Ja natürlich, das ist vollkommen richtig.

**TC**: Aber ist es dann nicht doch etwas Gemeinsames:
Auf der einen Seite aus einer jüdischen und auf der anderen Seite christlichen Glaubensposition heraus, die doch als die eigentliche Ausgangsposition beschrieben werden kann, die Gedanken des jeweiligen Werkes entwickelt zu haben?

**Lothar Stiehm**: Also da gibt es doch einen entscheidenden Unterschied.
Lesen Sie einmal in dem Briefband „Helene Bresslau – Albert Schweitzer", was er da an Helene über Gott schreibt. Der existiert für ihn nicht!

**TC**: Ich würde es eher so sagen: Er existiert für ihn nur in einer überpersönlichen Idee.

**Lothar Stiehm**: Ja also, wenn man feststellen will, was für Schweitzer Gott ist, dann können Sie das bei ihm nachlesen. Ich habe mal ein Blatt genommen und zwei, drei Dutzend Formulierungen aufgeschrieben, die aber alle so schwammig sind, dass da nichts von Gottesglauben existiert.

**TC**: Ich weiß nicht – ist das nicht zu einfach, zu sagen, bei Schweitzer existiert kein Gottesglaube? Anders als bei Buber, und das scheint mir wichtig zu sein, fehlt Schweitzer die Ausdrucksmöglichkeit, um Gott sprachlich fassen zu können. Es ist so: Man liest 20 Seiten Schweitzer, und man liest 20 Seiten Buber, und wir erkennen sofort, es handelt sich um völlig verschiedene Sprachen. In der Sprache, die Buber verwendet, lässt sich das Unfassbare ahnen. Schweitzer ist in seiner sehr nüchternen Sprache weder in der Lage, noch bereit dazu, das, was er – wie Sie meinen – so „schwammig" ausdrückt, in eine adäquate sprachliche Form zu bringen.

**Lothar Stiehm**: Ja, er braucht gar nicht bereit dazu zu sein, das ist etwas, das für ihn überflüssig ist. Wenn Sie an den Brief an Helene denken: „Ich tät´ lachen, lachen!" Er sagt: „Ich glaube, weil ich handle!" Aber er glaubt nicht an Gott, einen persönlichen Gott.

**TC**: An was glaubt er denn? An was glaubt Schweitzer, wenn er nicht an einen Schöpfergott glaubt? Er spricht ja vom Ursprung...

**Lothar Stiehm**: Ja, ja, das ist aber alles sehr nebulös.

**TC**: Woran glaubt er?

**Lothar Stiehm**: Er ist Willensmensch. Der Wille Jesu: Du aber folge mir nach! Der überträgt sich auf ihn. Und er folgt ihm nach. Und dann – aber ohne es je auszusprechen oder aussprechen zu können – denken Sie an das Schlusswort der „Leben Jesu Forschung": In diesem mit ihm Wandern, mit ihm Leiden, werden Sie ahnen, wer er ist. Aber das ist natürlich kein Gottessohn, was Sie da ahnen werden. Ja, das ist schon ein großer Unterschied zu Buber. Das hat auch Schweitzer sehr deutlich empfunden, dass diese jüdische Glaubenswelt Bubers etwas eigentlich ihm Fremdes war. Ich habe das auch in meinem Aufsatz über Schweitzer und Buber an einer Stelle gesagt:
Wenn man diese Textstellen bei Schweitzer liest, wo er sich positiv äußert über den Glauben der Israeliten, spürt man doch die große innere Ferne. Das ist – Rhetorik.

**TC**: Da muss ich aber doch noch einmal nachfragen: Sie sagen, Buber entwickelt sein Werk aus der Position des jüdischen Glaubens, aus der Position des Glaubens an Gott. Was ist die Position Schweitzers? Auf welcher Plattform steht er? Sie sagten, er ist ein Willensmensch – aber das reicht doch nicht aus als Ausgangspunkt dafür, einen so konsequenten Lebensentwurf zu entfalten, wie Schweitzer es tut. Nicht nur der reine Wille – es muss doch etwas geben, das über diesem Willen, das jenseits dieses Willens steht. Was ist das bei Schweitzer? Was könnte das bei Schweitzer sein? Ist es nicht doch der Gedanke der unbedingten Nachfolge?

**Lothar Stiehm**: Ja, aber das ist etwas, das ganz an Jesus gebunden ist und keinen Gottesglauben nötig hat. Und die Weltanschauung der Ehrfurcht vor dem Leben, das denknotwendig erkannte Prinzip ist das, was Jesus gelehrt und gelebt hat.

**TC**: Wenn Sie sagen – und das ist ja durchaus nachzuvollziehen – für Schweitzer ist Jesus nicht der Gottessohn im dogmatischen Sinn, kann er ja auch nicht...

**Lothar Stiehm**: Das ganze Brimborium der kirchlichen Dogmatik ist ihm gänzlich ferne und hat er gänzlich negiert.

**TC**: ...dann stellt sich aber trotzdem die Frage: Warum soll ich denn tatsächlich – denknotwendig, wie Schweitzer es formuliert– Ehrfurcht vor dem Leben empfinden? Warum eigentlich? Ich kann mit meinem Willen ja auch Leben absolut negieren, und das ist ja auch immer wieder geschehen. Ich sehe die Denknotwendigkeit nicht. Bei Buber ist das vollkommen klar, wenn ich mich auf etwas Absolutes berufe, dann ist dieses Absolute für mich nicht mehr zu hinterfragen.

**Lothar Stiehm**: Und für Buber ist das: Das ewige Du.

**TC**: Und das ist absolut.

**Lothar Stiehm**: Ja!

**TC**: Aber die Ehrfurcht vor dem Leben ist kein Absolutes. Sondern wenn – dann überhaupt nur Ausfluss oder Daseinsform des ewigen Du.

**Lothar Stiehm**: Ja – das würde Schweitzer noch nicht einmal nachvollziehen.

**TC**: Warum nicht? Er war ja nun zweifelsohne ein intelligenter Mensch. Ich kann mir auf gar keinen Fall vorstellen, dass er an sich selbst die Frage nicht heran getragen hat: Warum eigentlich soll ich Ehrfurcht vor dem Leben empfinden? Warum eigentlich?

**Lothar Stiehm**: Das ist nun aber eine Frage, wie wir sie stellen. Die stellte sich für ihn gar nicht.

**TC**: Warum nicht?

**Lothar Stiehm**: Weil es ihm vollkommen selbstverständlich war zu handeln.

**TC**: Ja, das sehe ich ein – nur Handeln muss ja nicht zwingend aus dem Motiv der Ehrfurcht vor dem Leben heraus geschehen.

**Lothar Stiehm**: Das ist schon wahr.

**TC**: Wenn ich mein Denken innerhalb der Kategorien von Raum und Zeit ausrichte, gibt es nichts Absolutes dahinter, keine Metaphysik, kein Jenseitiges. Dann bleibt mir nicht mehr, als mein Handeln in den für mich fassbaren Kategorien – und das ist Zeit und Raum – auszurichten. Das heißt aber noch lange nicht, dass ich innerhalb von Zeit und Raum als oberstes Prinzip die Ehrfurcht vor dem Leben anerkennen muss, sondern ich kann genauso gut und ausschließlich zur eigenen Entfaltung das tun, was ich tue. Und ob das dann zwingend der Ehrfurcht vor dem Leben folgt oder nicht, ist nahezu beliebig. Innerhalb der fassbaren Kategorien sehe ich die Denknotwendigkeit der Ehrfurcht vor dem Leben nicht. Die Frage, warum ich Ehrfurcht vor dem Leben haben soll, begründet sich in der Art und Weise, wie Schweitzer das intellektuell ausdifferenziert nicht! Nicht wirklich! Dieses eher sprachlich-literarische Herangehen von Buber, auch dieses Offenlassen, diese Vieldeutigkeit, gerade der Verweis, insbesondere in „Ich und Du", auf das Dazwischen macht mir sehr viel deutlicher, warum ich notwendigerweise Ehrfurcht vor dem Leben haben muss.

**Lothar Stiehm**: Da liegt ja gerade meine Aufgabe, in jeder konkreten Situation.

**TC**: Das aber macht doch deutlich, dass es letztlich genau um das Dazwischenliegende geht. Es geht nicht um das Individuum:
Ich oder Du. Sondern es geht um das Dazwischen. Das kommt bei Schweitzer nicht genau heraus. Schweitzer ist ganz in der Tradition der Aufklärung, die fixiert ist auf das Individuum. Das ist seine Position.

**Lothar Stiehm**: Ja, und die verlässt Buber.

**TC**: Und doch frage ich mich, ob hinter dieser Position eine andere spürbar wird? Dort, wo man die Position Schweitzers hinterfragt, tauchen Nuancen auf. Anders als bei Buber sind es aber nur Nuancen. Buber dagegen schafft sprachlichen Raum für die Dinge, die eigentlich nur unausgesprochen bleiben können und unausgesprochen bleiben müssen.
Bei Schweitzer wird das Unausgesprochene, das ins Handeln übergreift, nicht gefasst, wie das bei Buber der Fall ist. Dieses Übergreifen, dieses ganz Andere, eigentlich nicht Fassbare, das taucht bei Schweitzer in der schriftlichen Form nicht auf.

**Lothar Stiehm**: Da fehlt ihm eine Dimension.

**TC**: Ich weiß nicht, ob sie ihm fehlt – das sehe ich anders. Ich glaube, er hat nicht das Instrumentarium, dies wirklich umzusetzen.

**Lothar Stiehm**: Da sind Sie optimistisch.

**TC**: Die Frage ist, mit welchem Instrumentarium kann ich das umsetzen? Ich brauche eine bestimmte Form der Sprache. Das einzige, wo für Schweitzer ein vergleichbarer Raum existiert, ist die Musik.

**Lothar Stiehm**: Ja, das ist wahr.

**TC**: Schweitzer sagt von sich selbst, er sei nie schöpferisch tätig gewesen. Er hat es versucht. Er ist immer in den Kategorien der Interpretation, der Erläuterung – nicht steckengeblieben – dort hat er sich bewegt. Er ist nie über diesen Punkt hinaus gegangen. Dabei spricht er häufig von der Mystik. Der mystische Gedanke erfüllt sich für ihn nur im Akt des Helfens selber, im Vollzug. Dieser Vollzug ist sein Ziel. Aber er hat dafür keine Worte. Ich finde sie zumindest nicht.

**Lothar Stiehm**: Ja, da haben Sie recht. Das ist so.

**TC**: Gibt es bei Martin Buber so etwas wie ein „Ziel"?

**Lothar Stiehm**: Ob man das Ziel nennen darf, das wage ich zu bezweifeln. Es ist eine ganz andere Art, an die Wirklichkeit heranzugehen.

**TC**: Ist das nicht als Ziel zu bezeichnen, wenn Sie – wie Sie es jetzt sehr aktiv versuchen – Kindern die Gedanken Bubers näher bringen. Dann verfolgen Sie damit ja fast zwingend ein Ziel. Sie sprechen ja auch von dem „Erzieher" Martin Buber. Da ist doch ein Ziel dahinter – das meinte ich mit „Ziel". Keinesfalls meine ich ein finales Erlösungsziel, wie es beispielsweise der Marxismus vertreten hat oder vertritt.

**Lothar Stiehm**: Man kann das nicht in Worte fassen, was das Ziel ist. Das ist ein ganzes Bündel, was da zusammen kommt – eben je nach Situation.

**TC**: Ja, aber kann das nicht als Ziel bezeichnet werden, auf ein finales Ziel zu verzichten und zu lernen, sich situativ zu entscheiden. Eben nicht zu sagen: Wir brauchen ein wie auch immer geartetes System, das uns unsere Ziele vorgibt?

**Lothar Stiehm**: Natürlich wählt der Erzieher aus den Werten der Welt etwas aus, was er dem Kind übermittelt. Aber wie – ?! Das ist genau Buber:
„Schmiege dich mit der ganzen Fläche deines Selbst, an die Fläche dieses Menschenkindes an." Da wird kein Ziel genannt, sondern dieser Vorgang, dich ganz, vorbehaltlos hingeben und dann darauf vertrauen, dass das Wurzeln fasst.

**TC**: Darf man das mit dem Begriff „Identifikation" umschreiben?

**Lothar Stiehm**: Wer identifiziert?

**TC**: Ich mich mit dem anderen, mit dem Du. Und zwar identifizieren im doppelten Wortsinn:
Dass ich mich mit dem anderen identifiziere und dadurch, dass ich mich mit dem anderen identifiziere, ich mich auch selber als ein lebendes Wesen identifizieren kann.

**Lothar Stiehm**: Und dadurch, dass ich´s tue, gebe ich unmerklich, unmessbar mein – ja, jetzt sage ich es mal ganz simpel – mein Herz an diesen Menschen.

**TC**: Genau!
Das meine ich mit Identifikation!

**Lothar Stiehm**: Genau das, das ist der Kern des Buberschen Existierens. So hat er immer und immer wieder auf allen Ebenen zu leben versucht.

**TC**: Und ich glaube, dass es bei Schweitzer ganz genau so ist. Ich habe aus diesem Grunde auch ganz bewusst auf der Titelseite des letzten Rundbriefs dieses Zitat verwendet: „Du sollst Leben miterleben und Leben erhalten – das ist das größte Gebot in seiner elementarsten Form."

**Lothar Stiehm**: Ja, da haben Sie recht, aber es ist eben ganz rational formuliert und appellierend: Du sollst!

**TC**: Genau, es ist appellierend formuliert! Es ist nicht in dem Sinne, wie man es eben literarisch formulieren würde – dass es zum Miterleben einlädt.

**Lothar Stiehm**: Ja, aber das ist bei Buber auch nicht nur literarisch. Er gibt sich einfach so.

**TC**: Ja, natürlich: Buber ist so. Das ist das Sein an sich. Aber dieses Sein ist dann auch in eine entsprechende Sprache gefasst – das meine ich. Ich empfinde es auch nicht als negativ, zu sagen: Die Sprache Bubers hat etwas ungemein Literarisches. Das gibt mir, dem Leser, die Möglichkeit, darin aufzugehen. Es gibt keinen intellektuellen Abstand. Das, was ich bei Buber lese, berührt mich unmittelbar. Bei Schweitzer dagegen habe ich immer eine Art Lehrbuch vor mir.

**Lothar Stiehm**: Ja, das muss man dann transformieren für sich selber.

**TC**: Genau, das muss man für sich transformieren. Insofern ist die Lektüre Bubers für mich ein großes Erlebnis gewesen. Bei Schweitzer dagegen habe ich empfunden: Er hat mir 20 Jahre eigenen Nachdenkens erspart. Aber seine Texte wirken über eine intellektuelle Distanz.
Nun eine Frage, von der ich annehme, dass sie schwierig zu beantworten sein wird: Welche Rolle spielt denn das Werk von Martin Buber, spielt denn das Werk von Albert Schweitzer heute noch konkret in der Gesellschaft?
Gibt es denn da überhaupt noch Reste, Rudimente, an denen deutlich wird: Es gibt gesellschaftliche Kräfte, die versuchen diese Werke ernst zu nehmen? Und die dann versuchen, die sich daraus ergebenden Erkenntnisse konkret in Politik, z.B. in Bildungspolitik, umzusetzen?

**Lothar Stiehm**: Das ist sicher wichtig. Aber das Primäre – zumal bei Buber – ist der Mensch mit dem Menschen. Immer der Mensch mit dem Menschen. Und das ist dann eben zu übertragen auf diese Ebenen, von denen Sie eben sprachen. Buber hat sich immer mehr abgewöhnt, irgend etwas als politisches Programm zu sagen.
Obwohl – wenn man an die Rede denkt, die er am 1. Mai 1933 gehalten hat, die ja sehr deutlich war, da kommt schon so was durch. Aber das Entscheidende ist ja immer der Mensch Buber mit dem Menschen – Ben Gurion etwa. Wo er ihm sagt: Es ist nicht richtig, den Eichmann umzubringen! Du sollst nicht morden, das gilt auch für den Staat! Das gilt auch für unseren Judenstaat und nicht bloß in anderen Fällen. Aber da geht er immer an den Menschen ran. Das hat ja Ben Gurion auch sehr deutlich empfunden. Und auch sonst im gesellschaftlichen Leben. Buber hat eben die Haltung, dass er sagt: Das – dies Mensch mit dem Menschen Umgehen – das kann ich überall, im Großbetrieb, in der Politik, wo auch immer. Aber es ist immer der konkrete Mensch mit dem konkreten Menschen. Und das setzt sich wie eine Kettenreaktion fort.

**TC**: Wäre das dann nicht ein Ziel? Zu sagen: Die Systembedingungen nicht durchbrechen, nicht negieren, also – um es mit einem Jesuswort zu sagen – dem Kaiser das geben, was des Kaisers ist und sich um den Menschen direkt bemühen?

**Lothar Stiehm**: Ja, aber politisch ist dieses Ziel schwer zu erreichen. Denken Sie bloß an das zutiefst enttäuschende politische Erlebnis Bubers, an dem er bis in sein Alter getragen hat: Auf dem Zionistenkongress in Karlsbad 1921 hatte er eine bedeutende Resolution eingebracht, und diese Resolution wurde dann vom Redaktionskomitee des Zionistenkongresses so gebogen und gebogen, dass am Ende dem Tiger die Zähne ausgebrochen waren. Dann wurde die Resolution zwar angenommen, aber sie bewirkte nichts mehr. Was Buber im Auge hatte, war, seinen Mitzionisten klar zu machen:
Wir sind hier in einem Land, wo – sagen wir —etwa 660.000 Araber, bzw. Palästinenser leben, und wir sind vielleicht ein Zehntel und wir maßen uns an, in Machthysterie imperialistisch Besitz zu ergreifen und sie nicht als Gleichberechtigte neben uns zu achten. Diese klar formulierte Position wurde durch die Redaktionskommission zu Fall gebracht. Und damit ging der Weg zu dem, was Buber entschieden verhindern wollte. Er sagte: „Wir wollen keinen Staat mit Flaggen und Kanonen!"
Von früh auf war er Vertreter der Idee eines binationalen Staates, in dem beide, Juden und Palästinenser, gleichberechtigt neben einander leben.

**TC**: Wie war denn das Verhältnis von Buber zum Islam? Gibt es da Aussagen?

**Lothar Stiehm**: Aussagen gibt es da wenige, aber er hat es einfach praktiziert. Er wohnte ja auch in dem Haus eines Arabers, und das war völlig selbstverständlich, das Zusammenleben.

**TC**: Gibt es eine religiöse, bzw. theologische Position von Seiten Bubers?

**Lothar Stiehm**: Eigentlich nicht, so pointiert hat er sich da nicht geäußert. Aber aus seiner Grundhaltung kann man es gar nicht anders verstehen als ein Existieren in gegenseitiger Achtung.
Vor zwei Monaten war eine Tagung in Reichelsheim „Judenchristen". Da waren Juden, Christen und messianische Juden, also Juden, die sich zum Christentum bekehrt haben, sich aber trotzdem noch als Juden fühlen. Und da ging es dann ziemlich hart aufeinander. Albrecht Hauser, Leiter des Amtes für Mission in Stuttgart, der die Judenmission bejaht, hat dort einen Vortrag gehalten. Während die Veranstaltung im Gang war, haben die Verantwortlichen eine Programmänderung durchgeführt. Der Vortrag nach dem des Herrn Hauser wurde verschoben und statt dessen stand da: Response, Lothar Stiehm.
Ich habe dann darauf geantwortet und habe erinnert an das Erlebnis von Robert Raphael Geis, dem Rabbiner, der in Buchenwald inhaftiert wurde, und wie er dann schilderte: Da standen wir, Hunderte Juden zum Appell, den ganzen Tag standen wir da und mussten stehen und stehen, und da vorne war ein Jude, der immer wieder das „Sch´ma Jissrael" bekannte. Und wir haben es alle mit halblauten

Stimmen mit gesprochen, bis er tot geschlagen war, bis seine Stimme brach. Ich habe dann noch einige andere Beispiele daneben gestellt und gesagt: Sehen Sie, das ist die Position Bubers: „Die Juden haben ihr Geheimnis, ihren Glauben. Die Christen haben ihr Geheimnis und ihren Glauben. Und es bleibt weiter nichts, als dass die einen die anderen achten.“

Ich habe damit ausgelöst, dass sich die Atmosphäre der ganzen Tagung von Grund auf wandelte. Dadurch nämlich, dass ich die Teilnehmer persönlich angesprochen habe. Am Ende kommt ein Dr. Lang, der hat unter Schluchzen bekannt:

„Ich war damals 17 Jahre und wurde noch eingezogen, und dann bin ich desertiert, weil ich das einfach nicht mitmachen konnte.“

Und dann erzählte er, dass er auf seiner Flucht – überall waren schon SS-Streifen, die Deserteure aufsammelten, da wäre er gleich erschossen worden oder aufgehängt – an einem Heuschober vorbei kam. Er kriecht da rein, und da sind vier KZ-Häftlinge, die von einem Todesmarsch geflohen waren. Ganz ausgemergelte Gestalten – am Sterben.

Und er beschrieb – nach 50 Jahren kam das auf einmal in ihm hoch – die Angst, die er hatte, dass die ihn jetzt einfach tot machen, damit sie verhinderten, dass er sie verriete. Der kam ja in der vollen Uniform da rein.

„Und dann, als es Abend wurde, haben sie mir gesagt: Los hau ab!“ Und er konnte weiter. Dieser Mann steht vor mir, einer unter denen, die tönten: Warum nicht die Juden zuerst missionieren? Steht da weinend und sagt: „Ich durfte leben und sie sind drauf gegangen...“ Und dann kam einer nach dem anderen mit solchem persönlichen Erleben, und auf einmal war eine ganz andere Atmosphäre da.

**TC**: Ja – den Bezug zum persönlichen Erleben ist etwas, das ich ganz stark vermisse. Wenn wir die Dinge betrachten, betrachten wir sie aus der Position des vermeintlich Neutralen, nicht aus einer persönlichen.

**Lothar Stiehm**: Aber es geht nur so – im Buberschen Geiste: Einfach sich rein geben in die Situation.

**TC**: Alles andere ist doch auch Selbstbetrug! Wir sind doch nun mal, jeder von uns, in einer sehr spezifischen Position...

**Lothar Stiehm**: Genau!

**TC**: ...Wir können das, was wir sagen und das, was wir wahrnehmen, doch eigentlich nur wirklich begreifen, wenn wir unsere Position vorher begriffen haben. Sie haben es eben geschildert: Da verdrängt ein Mensch über 50 Jahre eine Erlebnis, das ihn nachhaltig bewegt. Und nach 50 Jahren hat er endlich einmal die Gelegenheit, das mitzuteilen. Das heißt, sich selbst mitzuteilen.

**Lothar Stiehm**: Weil er persönlich angesprochen wurde. Und das ist das, was Buber in gewisser Weise Schweitzer voraus hat: In die Situation sich vorbehaltlos hineingeben.

**TC**: Ja, Schweitzer provoziert immer eine gewisse Distanz, aber er ist sich dieser Schwäche bewusst.

**Lothar Stiehm**: Das, was er sagt, muss man zunächst einmal verstandesmäßig vollziehen. Man vollzieht es zwar und folgt durchaus dem, was er sagt, aber es bleibt eine Entfernung.

**TC**: Sie haben ihn ja persönlich kennen gelernt.
War er im persönlichen Umgang auch so distanziert?

**Lothar Stiehm**: Ach, naja – das kann man schwer in Worte fassen. Es sind ja immer Ausnahmesituationen gewesen, in denen wir uns getroffen haben.
Einmal hat die Emmy Martin ein Treffen zwischen ihm und mir vereitelt. Darauf hin hat es bei ihm einen richtigen Zornesausbruch gegeben:
Ich habe keiner dieser Frauen das Recht gegeben, über mich zu bestimmen. Auf der einen Seite war der Kontakt herzlich, menschlich. Aber da war auch Distanz. Die musste man erst einmal überwinden – auch im persönlichen Gespräch mit ihm.

**TC**: Ist das nicht etwas typisch Protestantisches?

**Lothar Stiehm**: Das kann durchaus sein.

**TC**: Schweitzer steht da einfach in einer Tradition. Wenn man – um den Bogen ganz, ganz weit zu spannen – eine Verbindung zwischen Luther und den Natur- und Geisteswissenschaften zieht: Da ist immer eine distanzierte Betrachtung der Welt. Bei Luther ist das sicher längst noch nicht so gravierend, wie es sich später in der Aufklärung und vor allem in der wissenschaftlichen Betrachtung zeigt. Aber durchgehend wird aus einer distanzierten, vorgeblich objektiven Position heraus formuliert und bewertet.

**Lothar Stiehm**: Und da trägt Schweitzer ja ein gut Stück Erbe der Aufklärung in sich.

**TC**: Ja, in seinen ethischen Schriften findet sich häufig diese geisteswissenschaftliche Distanz: Hier stehe ich und betrachte etwas, wohl wissend, dass ich irgendwie dazu gehöre, aber ich analysiere. Das heißt, ich betrachte es aus einem notwendigen Abstand. Wenn wir z.B. Schweitzers Analyse der Weltreligionen lesen, finden wir genau diese distanzierte Betrachtung und wenig persönliche Nähe zu dem Beschriebenen.

**Lothar Stiehm**: Ja, bei Buber ist da eine ganz andere Direktheit.

**TC**: Und die finden wir bei Schweitzer zwar nicht in seinen theoretischen Schriften dafür aber unzweifelhaft in seinem Handeln.
Herr Stiehm, ich danke Ihnen ganz herzlich für das Gespräch.

## Über Martin Buber

*Martin Buber wurde am 8. Februar 1878 in Wien geboren, wuchs in Lemberg (Lwów) auf, bis zum Alter von 14 Jahren bei seinen Großeltern (sein Großvater war der Talmudgelehrte Salomon Buber); er studierte in Wien, Leipzig, Zürich, Berlin, lebte mit seiner Familie zehn Jahre in Berlin, danach 22 Jahre in Heppenheim, bis er 1938, unter der zunehmenden Bedrohung im nationalsozialistischen Deutschland, mit seiner Frau und zwei Enkelinnen nach Jerusalem auswanderte – Buber sprach selbst von seiner „Alija", nicht von Emigration –, wo er am 13. Juni 1965 starb.*

*Buber war 1902 Mitbegründer des Jüdischen Verlags, von 1916–1924 Herausgeber der Monatsschrift* Der Jude. *Er arbeitete ab 1922 am Freien Jüdischen Lehrhaus in Frankfurt am Main mit, nahm 1923 in Frankfurt einen Lehrauftrag für jüdische Religionslehre und Ethik an, der 1930 in eine Honorarprofessur für Religionswissenschaft überging (bis 1933; im Okt. Entzug der Lehrerlaubnis); Buber gründete 1933 die „Mittelstelle für Jüdische Erwachsenenbildung".*
*In Jerusalem war er bis zu seiner Emeritierung 1951 Prof. für Sozialphilosophie an der Hebräischen Universität. In Israel gehörte er zu den führenden Mitgliedern des Ichud („Vereinigung"; gegründet 1942), der für einen binationalen Staat und die Verständigung mit den Arabern eintrat.*

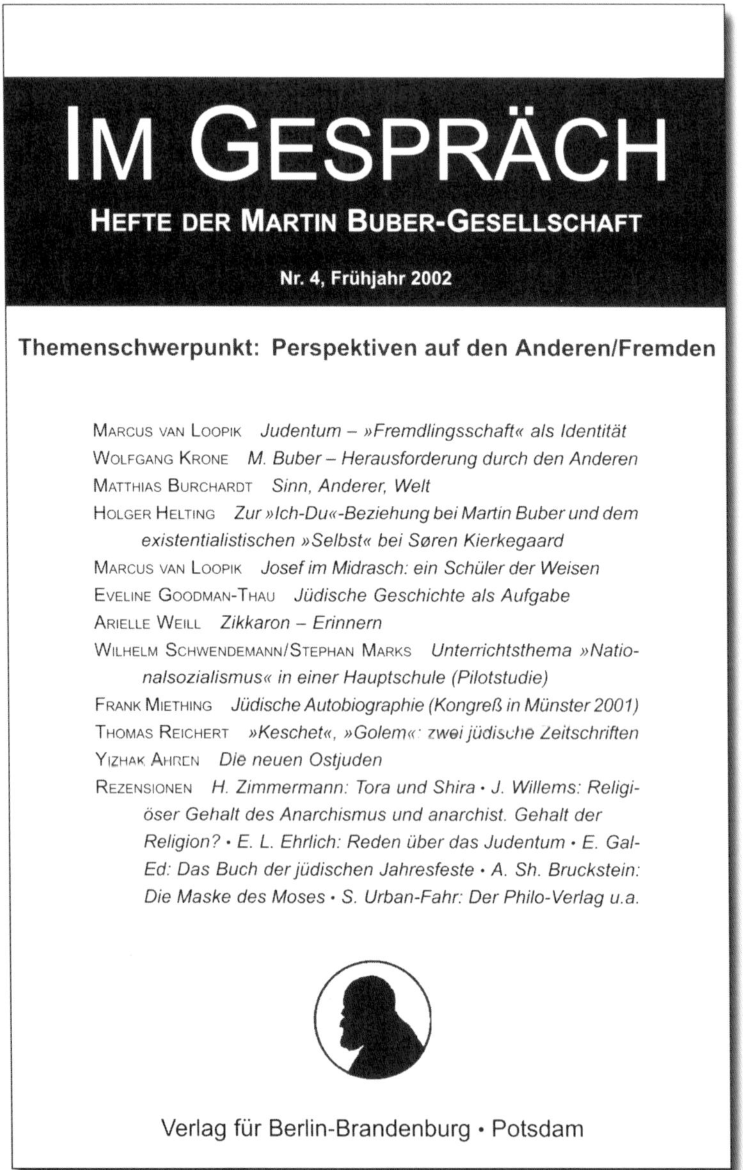

IM GESPRÄCH

HEFTE DER MARTIN BUBER-GESELLSCHAFT

Nr. 4, Frühjahr 2002

Themenschwerpunkt: Perspektiven auf den Anderen/Fremden

MARCUS VAN LOOPIK *Judentum – »Fremdlingsschaft« als Identität*
WOLFGANG KRONE *M. Buber – Herausforderung durch den Anderen*
MATTHIAS BURCHARDT *Sinn, Anderer, Welt*
HOLGER HELTING *Zur »Ich-Du«-Beziehung bei Martin Buber und dem existentialistischen »Selbst« bei Søren Kierkegaard*
MARCUS VAN LOOPIK *Josef im Midrasch: ein Schüler der Weisen*
EVELINE GOODMAN-THAU *Jüdische Geschichte als Aufgabe*
ARIELLE WEILL *Zikkaron – Erinnern*
WILHELM SCHWENDEMANN/STEPHAN MARKS *Unterrichtsthema »Nationalsozialismus« in einer Hauptschule (Pilotstudie)*
FRANK MIETHING *Jüdische Autobiographie (Kongreß in Münster 2001)*
THOMAS REICHERT *»Keschet«, »Golem«: zwei jüdische Zeitschriften*
YIZHAK AHREN *Die neuen Ostjuden*
REZENSIONEN *H. Zimmermann: Tora und Shira • J. Willems: Religiöser Gehalt des Anarchismus und anarchist. Gehalt der Religion? • E. L. Ehrlich: Reden über das Judentum • E. Gal-Ed: Das Buch der jüdischen Jahresfeste • A. Sh. Bruckstein: Die Maske des Moses • S. Urban-Fahr: Der Philo-Verlag u.a.*

Verlag für Berlin-Brandenburg • Potsdam

***Im Gespräch*** ist über den Buchhandel oder direkt bei der Martin Buber-Gesellschaft (Geschäftsstelle: Marstallstr. 13, 69177 Heidelberg) zu beziehen.
Die Hefte erscheinen 2mal jährlich. Der Einzelpreis beträgt 13,00 Euro.

## Prof. Dr. Dr. Udo Köhler im Dialog über „Jesus den Befreier"

mit Tomaso Carnetto am 20. Februar 2002 in Bad Nauheim

**Tomaso Carnetto**: Welche Rolle spielt die Person des Jesus von Nazareth – bewusst des Jesus von Nazareth und nicht des Jesus Christus— für Sie persönlich?

**Prof. Udo Köhler**: Für mich persönlich die entscheidende Rolle. Denn ich habe fast ein ganzes Leben lang gebraucht, um bis dahin vorzudringen. Es wird ja nur der Christus verkündet.

**TC**: Was heisst denn für Sie „vordringen"?

**Prof. Udo Köhler**: Vordringen, das heißt, dass ich bis zur kritisch-historischen Exegese einen langen Weg hatte. Zu meiner Anamnese: Ich komme aus dem Protestantismus, lutherischer Provenienz, bin dann nach dem Krieg unter dem Eindruck besonders von Johann Adam Möhlers „Symbolik" zur röm.-kath. Kirche konvertiert. Dann habe ich bemerkt, dass auch sie ein geschlossenes System ist, das zunächst sehr anziehend wirkt. Erst sehr viel später habe ich gemerkt, dass genau das Gegenteil richtig ist. Ein geschlossenes System ist nicht entwicklungsfähig. Dann bin ich im Zuge des Zweiten Vatikanischen Konzils durch Hans Küng und besonders durch Herbert Haag, dem nun unlängst verstorbenen Bibelexperten von katholischer Seite, auf die kritisch-historische Exegese gestoßen. Die ist ja eigentlich eine fast rein protestantische Angelegenheit. Obwohl nach dem 2. Vatikanischen Konzil auch eine ganze Reihe Manuskripte von katholischer Seite, die bisher im Verborgenen waren, kurz ans

Tageslicht kamen, um dann wieder abgedrosselt zu werden. Wir erleben ja derzeit, was sich schon unter Paul dem VI. angebahnt hat, nun aber besonders unter dem polnischen Papst deutlich wird, eine, man kann das nur so formulieren: Eine polnisch-katholische Restauration oder römisch-polnische Restauration der katholischen Kirche. Das ist vielleicht noch exakter ausgedrückt.

**TC**: Welche Rolle spielt denn für den Glauben heute diese kritisch hinterfragende Sicht auf die Figur Jesu?

**Prof. Udo Köhler**: Ja, da müssen wir zunächst einmal feststellen, dass Jesus gar keinen Glauben im kirchlichen Sinn verlangt. Das, was wir gewöhnlich als Glauben verstehen, ist ein griechisches Element, nämlich die Pistis. Jesus hat nie von irgendwelcher Pistis gesprochen. Dogmen gibt es bei ihm gar nicht. Genauso wenig wie es irgend welche Institutionen gibt. Sondern das, was Jesus schließlich ans Kreuz brachte, ist genau das Gegenteil dessen. Er hat den ganzen klerikalen Apparat und damit den Machtapparat seiner Zeit für völlig überflüssig erklärt. Und damals konnte sich der Klerus das genauso wenig leisten, wie sich das heute der Papst leisten kann. Nun kann der Papst heute niemand mehr kreuzigen, auch nicht indirekt über irgend eine weltliche Macht – glücklicherweise. Aber, es ist eben doch so, dass Repressalien ausgeübt werden.
Ich nenne nur Namen wie Küng, Leonardo Boff oder Mynarek, der das schwerste Schicksal trägt von allen, die ich kenne. Die offizielle Kirche hat das größte Interesse, solche Kritiker zum Schweigen zu bringen. Obwohl sie nach außen hin so tun, als sei die kritisch historische Forschung auch ihrer Meinung nach wichtig, ist sie es natürlich nicht! Herr Ratzinger hat ganz deutlich gesagt, dass es nicht geht, dass die Gläubigen „verunsichert“ werden.

**TC**: Worin besteht denn diese „Verunsicherung“? Liegt sie nicht darin, dass der klerikale Machtapparat – so haben sie es genannt– – in Frage gestellt wird? Ist das der Kern der Verunsicherung?

**Prof. Udo Köhler** Das ist sicher der Kern! Das war auch damals der Kern in Jerusalem. Da musste der Pontius Pilatus herhalten. Und er hat mitgespielt – damit er nicht in Rom angeschwärzt wird beim Kaiser. Menschlich sehr verständlich – nicht wahr? Heute ist es natürlich etwas komplizierter, aber auch da ist es so, dass es nur um den Machtapparat geht. Auch in konservativ-evangelischen Kreisen, die ja in mancher Hinsicht schlimmer sind als die Katholiken. Ich spreche hier nur von konservativen Katholiken, ich rede nicht von Leuten wie Hans Küng oder Leonardo Boff – natürlich nicht – die brauchen Jesus nicht zu fürchten. Aber die meisten von katholischer Seite kneifen, wenn es um die Wahrheit geht.
Und wenn sie genau hinschauen: Auch Küng kneift letztlich, obwohl er viel Mut hatte. Allerdings kneift auch – zwar begreiflicherweise – mein Freund Herbert Haag. Erst nach seiner Emeritierung erschien das Buch „Nur wer sich ändert, bleibt sich treu“ bei Herder. Ein katastrophaler Titel! Kein Mensch weiß, was das bedeutet – aber Herbert Haag war

nun einmal kein Mann der PR. Das war ihm völlig fremd. Ich hätte mir einen ganz anderen Titel gewünscht, aber was er sagt, ist natürlich ganz erstaunlich, und es hat ja auch dazu geführt, dass er Redeverbot bekam, auch in der Schweiz. Ab und zu hatte er noch in der Jesuitenkirche in Luzern gepredigt. Das hat ihm dann der zuständige Bischof untersagt. Bei seinem Tod ist nicht eine einzige Beileidsbekundung eines Bischofs dabei gewesen!

**TC**: Das spricht dafür, dass da einer dem System so nahe gekommen ist, dass das System fürchten musste, Schaden zu erleiden.
In Bezug zu Jesus bedeutet das doch, dass Jesus jemand ist, der religiöse Systeme überwindet und nicht einer, der ein neues religiöses System errichtet. Das geschieht erst wesentlich später unter griechischem Einfluss und hat eine ganz andere Ausrichtung als das, was Jesus eigentlich wollte.

**Prof. Udo Köhler**: Sehr richtig! Und das ist ja im Wesentlichen die Schuld – na ja, was heißt: Schuld?! Jedenfalls, die Ursache liegt bei Paulus. Ein pharisäisch ebenso hoch gebildeter Mann wie er griechisch gebildetet war. Er kommt aus der richtigen Ecke. Im Mithraskult hatte er das ideale Vorbild, eine neue Mysterienreligion zu entwickeln. Nichts anderes ist ja das Christentum. Das hat mit Jesus überhaupt nicht zu tun. Jesus hat genau das Gegenteil gelehrt und praktiziert.

**TC**: Was ist denn das Spezifische an der Lehre Jesu? Wie steht sie zu dem System? Wir können Jesus doch nur verstehen außerhalb eines bestimmten Systems, ohne dabei das System zu negieren. Ich habe das Jesuswort „Gebt dem Kaiser, was des Kaisers ist" immer so verstanden, dass das System sei, was das System ist, aber das Wesentliche liegt nicht im System.

**Prof. Udo Köhler**: Bei System müssen Sie unterscheiden, welches System Sie meinen. Jesus hatte nicht das weltliche System, nicht das politische System, nicht die Römer im Auge gehabt. Er sagt es ja ganz deutlich: „Gebt dem Kaiser, was des Kaisers ist." Aber es gab ja ein zweites, das andere Machtsystem, und das ist das klerikale Machtsystem, in dem alle Religionen, selbst die friedfertigsten, wie der Buddhismus, schließlich erstarrt sind. Nur beim Buddhismus ist die Gefahr nicht so groß, weil das Zentrum des Buddhismus immer noch die Meditation ist, und nun kann niemand für einen anderen meditieren. Das kann immer nur jeder Einzelne selbst. Genauso wie bei Jesus der Einzelne direkt zu Gott steht.

**TC**: Wenn man die Gleichnisse Jesu liest – Sie verweisen in Ihrem Buch „Jesus der Befreier" auf die Logienquelle als authentischste Quelle der Jesusworte – ist die Infragestellung der klerikalen Machtstruktur immer ein relevanter Bestandteil.

**Prof. Udo Köhler**: Mit Sicherheit!

**TC**: Wenn wir die Gleichnisse als auch für unsere Zeit gültig anerkennen und auf diese übertragen, ist es da nicht eine grundlegende Verpflichtung, gerade auch im Hinblick auf das, was Albert Schweitzer sagt, die herrschenden Strukturen und unser darin eingebundenes Handeln immer wieder in Frage stellen zu müssen?

**Prof. Udo Köhler**: Selbstverständlich. Das ist völlig richtig. Ich habe mir dazu etwas von Albert Schweitzer herausgesucht, und dem kann man nur voll zustimmen. Hier – im Blick auf die Kirchengeschichte schreibt er: „Was seit 19 Jahrhunderten als Christentum in der Welt auftritt, ist erst ein Anfang von Christentum". Da hat er völlig recht, denn das muss überwunden werden, damit wir zum Jesustum kommen. Der Historiker Deschner behauptet, leider habe es ein Jesustum nie gegeben. Das ist nicht ganz richtig, denn zu Lebzeiten Jesu hat es das natürlich gegeben. Denn da war er ja das lebendige Vorbild, das jedermann sehen konnte. Das bedarf keines besonderen Glaubens und war einfach ein Vorbild, zu dem man sagen konnte: Ja! oder Nein! Oder man konnte indifferent dazu stehen. Wie das immer so ist. Die Gegenwart Jesu war also das Entscheidende. Und weiter auf die Geschichte hin sagt Albert Schweitzer: „Das Christentum ist in grausiger Weise der Botschaft Jesu untreu geworden". Das hat er vollkommen richtig gesehen. Daher muss man einfach sagen, statt dem weiter zu folgen: Jesus statt Christentum. So hat er es nicht formuliert, aber so hat er es praktiziert. Er hat die Lehre Jesu ernst genommen in seinem Leben.

**TC**: Die Frage ist ja: Wie setzen wir das um? Jesu Tun zielt ja mit Sicherheit nicht auf ein neues klerikales System. Sondern es meint das persönliche Infragestellen des eigenen Standpunktes und Handelns in einem klerikalen System, ebenso in den politischen Systemen. Diese Dinge sind ja nicht ganz trennscharf...

**Prof. Udo Köhler**: ...nein, nein, das war auch damals nicht zu trennen!

**TC**: ...meint aber auch die Fragestellung nach Gott und zwar die direkte, die unvermittelte – also unvermittelt über ein System. Die Schwierigkeit, die ich darin sehe, ist, dass dies immer nur als Einzelposition geschehen kann und deswegen immer wieder auf´s Neue geschehen muss, wir können es nicht systematisieren.

**Prof. Udo Köhler**: Sehr richtig. In dem Augenblick würden wir es töten.

**TC**: Das scheint mir ein ganz wichtiger Punkt zu sein! Wir dürfen den Versuch erst gar nicht wagen, die Hinwendung zu Gott in organisierte Abläufe zu zwängen, sondern diese Anstrengungen müssen wir in einen Dialog überführen, der von Mensch zu Mensch wirksam ist.

**Prof. Udo Köhler**: Ja, und man muss das ganz klar immer wieder sagen: Bei Jesus und nach der authentischen Lehre Jesu steht jeder Mensch unmittelbar zu Gott. Da gibt es kein Dazwischen, keine Priester, keine Sakramente, keine Dogmen. Das ist völlig unmöglich, und genau das hat Albert Schweitzer gelebt!

**TC**: Darauf wollte ich hinaus: Letztlich ist die wichtigste Botschaft Schweitzers die, dass wir sehr wohl wissen, dass wir Strukturen benötigen, aber dass diese Strukturen immer die Gefahr in sich bergen, in dem Moment zu erstarren, in dem wir sie nicht mehr in Frage stellen. Und das Infragestellen muss geschehen im Hinblick auf das, was Jesus von mir erwartet. Was erwartet er von uns?

**Prof. Udo Köhler**: Ganz einfach: Nachfolge!

**TC**: Weiter gefragt: Was meint das konkret für uns? So einfach es sich ausdrücken lässt, so schwierig ist es in der Umsetzung.

**Prof. Udo Köhler**: In unsere Zeit zu transformieren, was Jesus für seine Zeit vorgelebt hat. Das waren ja damals sehr viel allgemein gültige Dinge. Und das hat Albert Schweitzer in vorbildlicher Weise getan. Oder – katholischerseits – die Mutter Theresa, beispielsweise. Obwohl – wenn sie auf religiöse Dinge zu sprechen kam, ist es geradezu schaurig, welche Vorstellungen sie hatte. Aber da steckt ihr Katholizismus drin. Doch wenn der Gutes bewirkt, dann ist das Gute um des Guten Willen zu bejahen, und alles andere fällt ins Nichtige zusammen.

**TC**: Für viele Gläubige ist es aber sehr schwierig, wenn nicht gar unmöglich, das klerikale System für nichtig zu erklären.

**Prof. Udo Köhler**: Ja sicher – nun muss man aber sagen, Systeme sollen ja nicht generell an sich verteufelt werden. Sie können auch nicht abgeschafft werden. Das ist gar nicht möglich bei sechs Milliarden Menschen. Das Gebot der Nächstenliebe muss so etwas haben, so wie es verwirklicht ist in der Caritas, in der Diakonie und dergleichen. Das alles gilt aber nicht in Glaubensdingen. Man muss immer wieder sagen: Es ist einer der größten Irrtümer zu behaupten, Jesus hätte eine neue Religion gestiftet. Davon kann doch gar keine Rede sein! Er hatte seinen Gott, und das ist der Gott der hebräischen Bibel, seiner hebräischen Bibel, den hat er als bekannt vorausgesetzt, der wird nicht hinterfragt, sondern das ist die Realität Israels. Man kann im übertragenen Sinne sagen, das ist die Realität eines jeden Menschen. Dabei ist es gleichgültig, wie man Gott benennt. Karl Jaspers hat einmal gesagt, man kann ruhig von Gott sprechen, wenn man darin nicht mehr als eine Chiffre für das Absolute sieht.

**TC**: In dieser Form verwendet auch Schweitzer den Begriff „Gott".

**Prof. Udo Köhler**: Ich kann mich erinnern an eine Anekdote. Albert Schweitzer wird einmal nach einem Vortrag von einer Dame gefragt: „Ja glauben Sie denn wirklich, dass Jesus der Sohn Gottes war?" Er hat kurz nachgedacht und gesagt: „Ja, sehr wohl – genau so wie Sie und ich." Damit ist alles gesagt.

**TC**: Ja, damit ist wohl alles gesagt. Aber genau das macht es vielen Gläubigen, die eben noch nicht die Kraft haben, sich auf die eigene Stellung zu Gott, auf die eigene Person zu besinnen, so schwer.
In vielen Gesprächen stelle ich fest, wie un-

möglich es den Menschen ist, los zu lassen von einer vorgegebenen Struktur, zumal dieser starre Rahmen ja auch Sicherheit verspricht. Wir müssen die Menschen also ganz vorsichtig in die Freiheit führen. Aber auf welchem Weg?

**Prof. Udo Köhler**: Es gibt meines Erachtens keinen anderen Weg als den, den jeder gegangen ist, der so zu Jesus gekommen ist – Sie und ich und Albert Schweitzer sowieso –, dass man eben mit Aufklärung wirken muss. Nun ist es auch ein psychologisches Problem, nämlich dass es sehr viel bequemer ist, wenn ich mir vorgesetzte Glaubenswahrheiten nachbabbele, als selber darüber nachzudenken. Oder mich gar existentiell damit auseinanderzusetzen. Diese Schwierigkeit wird immer bestehen. Schon zu Jesu Zeiten bestand sie:
„Laß die Toten ihre Toten begraben, Du aber folge mir nach!" Womit jeder Pastor, der am Grab steht, natürlich in größte Verlegenheit kommt. Aber dieses Wort sagt das Wesentliche.

**TC**: Das bedeutet doch für uns, dass wir einen ganz konkreten Bildungsauftrag haben. Das ist etwas, das mir für die Arbeit des Albert-Schweitzer-Zentrums, für die des Deutschen Hilfsvereins von besonderer Bedeutung zu sein scheint, dass wir in dem eben von Ihnen angesprochenen Sinn der Aufklärung tätig werden. Schweitzer selbst sagt: „Wir müssen denkende Menschen werden!"
Das ist der einzige Weg aus der Misere, in der wir uns befinden, überhaupt heraus zu kommen, und sei es in ganz kleinen Schritten.

**Prof. Udo Köhler**: Das sehe ich genauso. Und ich kann da nur sagen, wir müssen das transzendente Theater, wie es das Christentum seit 2000 Jahren aufführt, überwinden. Bei Jesus dagegen ist das ein immanenter Vorgang – der Bezug zu Jahwe ist – bei ihm ein ganz anderer, als bei Paulus, der Jesus mit Platons Ideenlehre in die Transzendenz geschossen hat. Das war übrigens der bequemste Weg, den unbequemen Jesus los zu werden! Denn was im Glauben an Gott zu tun ist, kann demzufolge nur der Papst oder ein autorisiertes Machsystem vorgeben.
Es ist es also ganz klar, dass man hier nur mit Aufklärung etwas bewirken kann. Ganz in der Art, wie Albert Schweitzer es formuliert, und ich kenne niemand, der heute wirklich dagegen wäre, außer denen, die etwas zu verlieren haben, nämlich ihre Machtstellung, die auf Dogmen gründet und auf sonstigen unbeweisbaren Dingen.

**TC**: Da stehen wir heute aber auch in Konflikt mit den gesellschaftlich formulierten Ausbildungszielen. Die werden maßgeblich durch die Politik vorgegeben, und im Hinblick auf die sogenannte „Leistungsgesellschaft" wird Wissen zu einem selbstreferenziellen Etwas, das dazu dient, die Nation oder die Wirtschaft oder sonst etwas – also wiederum Systeme – abzusichern. Aber Aufklärung in dem Sinne, wie ich sie verstehe, hat das Ziel, die eigene Person hin zu einem Glauben, zu einem unmittelbaren Glauben an Gott oder, was damit gleichbedeutend ist, zu meinem Wesensgrund, zu führen. Da dieses Ziel scheinbar die gleichen Methoden hat, wie das Ziel, die bestehenden Systeme abzusichern, ist es für den Einzelnen wichtig zu wissen, welchem Ziel ich folge. Wissen ist kein Selbstzweck. Warum unterziehe ich mich denn der Anstrengung und auch der Qual, die mitunter mit der Aufklärung verbunden ist?

**Prof. Udo Köhler**: Ja, wenn ich das in alten Kategorien ausdrücken soll, würde ich sagen, wenn dich beim Jüngsten Gericht Gott nach einer Sünde fragt, dann kann er dir nur eine vorwerfen, die letztlich alle Menschen trifft: „Warum habe ich dir Verstand gegeben und du hast ihn nicht gebraucht?" Das ist die größte Sünde. Den Verstand nicht zu gebrauchen ist eben das, was alle religiösen Systeme kennzeichnet, die ja letztendlich aus der Steinzeit stammen. Damals gab es keinerlei Wissenschaft. Der Mensch stand der bedrohlichen Natur hilflos gegenüber. Und er musste sie als bedrohlich empfinden, diese Gewalten. Und dann wurden die Ereignisse mit Geistern, Göttern, Dämonen und dergleichen erklärt. Das hat sich im Kern in den Hochreligionen bis heute erhalten. Das hat der Religionskritiker, Hans Albert, der Heidelberger Philosoph und Wissenschaftstheoretiker, völlig richtig formuliert. Er hat ein hoch interessantes Buch geschrieben über das „Elend der Theologie", das sich zwar speziell gegen Küng richtet, aber allgemeine Gültigkeit hat. Das muss man also sagen, dass das keinem Menschen erspart bleibt; er muss von seinem Verstand innerhalb seiner Möglichkeiten Gebrauch machen.
Der alte Gadamer, der jetzt nun 102 Jahre alt geworden ist, hat einmal gesagt, für ihn war das wichtigste Anliegen als Hochschullehrer, zu jeder Zeit und in allen Jahrzehnten seines langen Lebens, junge Menschen zu selbstständigem Denken anzuregen. Das ist das Entscheidende!

**TC**: Das ist das Entscheidende, und Sie sagen ja – wenn ich Sie recht verstehe – nur auf dem Weg der Aufklärung und nur auf diesem können wir Jesus verstandesmäßig fassen. Aber gibt es nicht noch einen anderen Weg? Einen Weg, der sich parallel, ich will nicht sagen entgegen, wohl aber parallel zum Verstand, auf Jesus hin bewegt?

**Prof. Udo Köhler**: Nun, ich will einmal sagen: Wenn Sie sich mit Jesus befassen, wird gleichzeitig immer – um in einem Bild Schweitzers zu bleiben – Verstand und Herz angesprochen. Das ist bei Jesus überhaupt nicht zu trennen. Und das ist sachlich auch nicht zu trennen. Das ist ja ein Mensch. Und beides sind Funktionen dieses Menschseins. Sowohl die intellektuelle Ebene, wie auch die seelische. Um das mal ganz primitiv auszudrücken: Ohne Großhirn und Hirnstamm gibt es weder Seele noch Geist.

**TC**: Also müssen wir diese Einheit bestehen lassen und dürfen nicht den Fehler machen zu sagen, hier ist der Verstandesmensch und da ist der so genannte Herzensmensch. Diese Teilung ist eigentlich eine ganz unnatürliche.

**Prof. Udo Köhler**: Der ganze Dualismus, der letztlich in der Steinzeit wurzelt, hat sich dann auch in der Philosophie breit gemacht. Durch Platon wurde das Seelische doch völlig getrennt vom Körperlichen. Die Idee, das eine selbstständig agierende geistige Welt existiert, die eine zeitliche Verbindung eingeht mit dem Körper, ist dann auch vom Christentum übernommen worden. Und diesen Dualismus, der ja bei uns im Abendland besonders durch Descartes gravierend verstärkt wurde, diesen Dualismus zu überwinden, ist der modernen Naturwissenschaft im vergangenen Jahrhundert gelungen. Indem klar wurde, dass beides, nämlich Energie und Korpuskel, also Materie, ein und dasselbe ist. Oder anders ausgedrückt; Zwei verschiedene Seiten derselben Münze. Das ganze ist eine Einheit, die wir aber als Einheit nicht erfassen können. Das konkret beschreibt Heisenbergs Unschärferelation.

**TC**: Wir können sie also nicht gedanklich erfassen und reden daher in Kategorien: Von Empfindungen einerseits und von intellektuellen Bewertungen andererseits?

**Prof. Udo Köhler**: Ja, und solange das heuristische Prinzipien sind, ist gar nichts dagegen einzuwenden. Aber wenn ich daraus folgere, dass das nun wirklich zwei ganz verschiedene Welten sind, dann ist das falsch. Es ist das Eine, das wir als Ganzes nicht begreifen können. Wir können es zwar mathematisch symbolisieren, aber gleichzeitig können wir es nicht wirklich verstehen. Im Gegenteil: Wenn wir das tun, die Einheit mathematisch zu symbolisieren, wie in der Heisenbergschen Unschärferelation, dann taucht etwas Wesentliches auf: Uns wird klar, das Verstehen geht nur bis zu einem gewissen Grad, nämlich nur bis zur Planckschen Konstanten der Atomphysik. Und dort ist eine Grenze. Und das ist meines Erachtens der größte Fortschritt seit den alten Griechen, seit die Wissenschaft erfunden worden ist, zu sehen, und zwar nicht weil das ein Glaubenssystem, der Papst oder sonst wer behauptet, sondern aus sich heraus zu erkennen, wie begrenzt unsere Erkenntnis ist.

**TC**: Da ich kein Wissenschafter bin, muss ich nachfragen: Das ist eine Grenze, von der Sie als Wissenschaftler annehmen, dass sie nicht so leicht zu übertreten sein wird – wenn überhaupt.

**Prof. Udo Köhler**: Nein, sie ist überhaupt nicht zu übertreten. Sie ist grundsätzlich! Es ist eine prinzipielle Grenze. Vermutlich hängt das einfach mit der Struktur unseres Gehirns zusammen, das ja auch bipolar angelegt ist.

**TC**: Setzen wir diese Aussagen in Bezug zu Albert Schweitzer, dann wird deutlich, wie sehr auch Schweitzer in wissenschaftlichen Kategorien gedacht hat. Er hat sich sehr intensiv mit wissenschaftlichen Fragen auseinander gesetzt und zwar von Jugend an. Immer wieder hat er versucht, das, was er empfunden hat, mit dem Verstand zu hinterfragen und einzuordnen Ich glaube das ist etwas, das man dann demjenigen, der Probleme hat, die erstarrten Strukturen hinter sich zu lassen, vermitteln kann, dass Empfindung und Verstand sich bedingen. Und nicht, dass das Eine gegen das Andere steht.

**Prof. Udo Köhler**: Nein, nein, keineswegs, sondern das ist eine Einheit. Was dem Menschen dabei am schwersten fällt, ist, seine Begrenztheit anzuerkennen: Er kann die zugrunde liegende Einheit nicht erfassen. Und das ist die große Gefahr, denn da setzen dann die Geschäftemacher ein. Die behaupten, obwohl die Grenze unüberschreitbar ist,

darüber Bescheid zu wissen. Natürlich ist auch für den Papst und auch für Herrn Ratzinger diese Grenze unüberschreitbar gegeben. Dennoch behaupten sie, über dieses Geheimnis, das ja per Definitionem nicht lösbar ist, sonst ist es kein Geheimnis, sondern ein zu lösendes Rätsel, etwas Definitives sagen zu können, um dann den Menschen vorzuschreiben, das und das habt ihr zu glauben.

**TC**: Das heißt dann für eine wie auch immer geartete Gotteserkenntnis, dass die Erkenntnis lediglich darin besteht: Gott ist das Geheimnis, das wir definitiv nicht entschlüsseln können.

**Prof. Udo Köhler**: Er ist das Geheimnis des Absoluten, des Ewigen und Unendlichen. Das sind ja Begriffe, mit denen man nicht denken und auch mathematisch nicht operieren kann.

**TC**: Auch Schweitzer verwendet diese Begriffe, um Gott zu beschreiben. Er sagt: Je tiefer wir in das Wissen eindringen, um so stärker begreifen wir, dass wir das Geheimnis des Lebens, den Ursprung des Lebens nicht erfassen werden, und Buber verwendet den Begriff der „verhüllten Gegenwart Gottes“. Über Gott können wir also nichts aussagen.

**Prof. Udo Köhler**: Im Zusammenhang mit Buber sollte man auch auf das Alte Testament hinweisen: Zweites Buche Moses, zweites Gebot: Du sollst Dir kein Bild und Gleichnis machen! Das ist ja richtig! Das können wir nämlich gar nicht. Und deswegen dürfen wir es auch nicht. Das ist es, was das zweite Gebot, das ja eigentlich ein Verbot ist, aussagt.

**TC**: Wenn wir in Anbetracht dessen, was wir bisher gesagt haben, den Versuch von Küng betrachten, einen Weltethos über den Dialog der Religionen herbei zu führen, müssen wir da nicht letztlich feststellen, dass das zweifelsohne ein sehr ehrenwerter Versuch ist, aber dass er in gewisser Weise schon dadurch zum Scheitern verurteilt ist, weil er die einzelnen Religionsformen nicht wirklich in Frage stellt?

**Prof. Udo Köhler**: Sehr richtig! Da haben Sie vollkommen Recht. Dass so etwas sein muss, wie ein Weltethos, ist ganz selbstverständlich. Darüber braucht man eigentlich gar nicht nachzudenken. Das sollte in einer sich zunehmend globalisierenden Welt eine Selbstverständlichkeit sein, über die man gar nicht diskutiert. Alles scheitert aber letztlich, auch das Gespräch der Religionen, weil jede Partei behauptet, sie alleine besitze die Wahrheit. Was immer das ist – aber sie behauptet das eben. Und dieser Absolutheitsanspruch ist völlig unvereinbar mit dem Ziel. Es geht nur in der Demut des Moses: Du sollst dir kein Bildnis machen! Oder im Wissen der modernen Physik, dass man das gar nicht kann. Sondern dass Gott eben das ewige Geheimnis des Seins bleibt. Da sind wir dann wieder bei Albert Schweitzer.

**TC**: Selbstverständlich! Das ist tatsächlich der einzige gangbare Weg zum Miteinander, so schwierig er auch ist, weil er sich eben nicht systematisieren lässt. Der Weg, den Jesus von Nazareth vorgibt: Die klerikalen Setzungen, egal welche es sind, in Frage zu stellen und statt dessen, eine unmittelbare Zuwendung zu der Person mir gegenüber zu wagen. Egal ob sie Moslem ist oder Buddhist ist, ob sie Jude ist. Das darf doch in dem Versuch, wirklich gemeinsam etwas zu entwickeln, gar keine Rolle spielen.

**Prof. Udo Köhler**: Und sehen Sie, was ist denn international? Nicht irgend eine Religion, obwohl sie weltweit verbreitet sind, zumindest die großen. International sind sie im Grunde gar nicht.
Aber die Wissenschaft ist es und die Kunst, auch die ist es. Ich brauche das niemandem zu erklären. Für die Wissenschaft ist es völlig belanglos, ob das ein Inder sagt, ein Hindu, ein Christ oder ein Moslem. Das spielt überhaupt keine Rolle, sondern die Wahrheit an sich wird bezeugt innerhalb gewisser Grenzen, nämlich die der Wissenschaft. Aber die absolute Wahrheit, was immer das sei, ist sowieso ein Geheimnis.

**TC**: Die Wissenschaft ist ja ein System, das sich selbst immer wieder in Frage stellt und davon und dadurch weiter existiert. Die Kunst übrigens genauso. Das Kulturschaffen im künstlerischen Sinn ist ja im 20. Jahrhundert kaum noch zu trennen von der Entwicklung der Wissenschaft. Ich hatte Ihnen ja gesagt, dass mein Weg zu dem Grundverständnis der Wirklichkeit Jesu nicht der wissenschaftliche war. Ich bin kein Wissenschaftler. Aber durch die Auseinandersetzung mit der Literatur und der bildenden Kunst bin ich zu dem gleichen Ergebnis gekommen.

**Prof. Udo Köhler**: Überall in tausendfacher Weise begegnet man derselben Fragestellung. Und es kommt immer wieder dasselbe dabei heraus: Wir müssen den Mut haben, unsere Begrenztheit anzuerkennen, aber auch den Mut haben, unseren Verstand zu gebrauchen, bis man zu dieser Grenze kommt. Nun muss man leider sagen, davon sind die meisten sehr, sehr weit entfernt.

**TC**: Das meine ich auch und deswegen ist es so wichtig, offen auszusprechen: Wir müssen die Dinge in Frage stellen! Nicht um der Infragestellung Willen, sondern um zu begreifen, dass das der einzige Weg zur geistigen Freiheit ist, und genau die brauchen wir, um den Willen Jesu zu erkennen. Auch die Wissenschaft zeigt, dass das so ist, dass darüber nicht diskutiert werden muss. Sie belegt das durch die praktische Verwertbarkeit ihrer Ergebnisse sehr eindrucksvoll. Und das Kulturschaffen, das ästhetische Schaffen zeigt es genauso. Das ästhetische und das wissenschaftliche Schaffen der letzten vier, fünf Jahrhunderte belegen, dass diese Infragestellung der einzige Weg ist, Neues zu entwickeln. Und gleichzeitig müssen wir uns immer wieder fragen, wie wir die Freiheit nutzen, um der Entwicklung eine menschliche Richtung zu geben.

**Prof. Udo Köhler**: Natürlich. Und wer nicht fragt, kann nicht erwarten, dass er eine Antwort bekommt. Worauf denn?

**TC**: Das Fragen schließt immer auch die Infragestellung der eigenen Position mit ein.

**Prof. Udo Köhler**: Ja natürlich! Das gehört ja dazu!

**TC**: Und Bewusstmachen: Ich habe hier eine Position und muss davon absehen, dass diese Position eine absolute ist.

**Prof. Udo Köhler**: Sehen Sie, das ist ja auch in der Wissenschaft so. Die Wissenschaft wird nicht gezwungen, sich zu hinterfragen. Es ist in ihr angelegt. Neue Befunde kommen und die lassen das Alte wieder in einem anderen Licht erscheinen. Heisenberg hat einmal gesagt, dass das Ganze sich in etwa verhält wie ein System konzentrischer Kreise. Der jeweils größere Kreis schließt – wenn er der Richtige ist – den jeweils untergeordneten wieder ein. Und so ist das auch:
„Ich lebe mein Leben in wechselnden Ringen, die sich über die Dinge ziehen. Den letzten werde ich vielleicht nicht vollbringen, aber versuchen will ich ihn", sagt Rilke.

**TC**: Was ich mich häufig frage: Die nächsten notwendigen Schritte scheinen doch so eindeutig zu sein, dass man sich immer wieder wundern muss, warum sie bis heute nicht in Angriff genommen wurden? Was meinen Sie, woran das liegt? Es ist ja nichts, was man mit dem Verstand nicht greifen, emotional nicht nachempfinden könnte – und trotzdem...

**Prof. Udo Köhler**: Einmal ist es das riesige Gewicht der Tradition, der religiösen beispielsweise. Davon wird der Mensch einfach erdrückt. Wer kommt schon auf den Gedanken, darüber nachzudenken? Die Leute finden etwas erbaulich, sagen sich bestenfalls: Das könnte stimmen, was da gepredigt wird. Denken aber gar nicht wirklich darüber nach. Wozu auch? Sie wollen ja nicht nachdenken, sondern sie wollen zunächst etwas, wovon sie leben können. Sagen wir das mal so: Eine Kraft empfangen. Und die empfangen sie auch. Dass aber eine viel größere Kraft ihnen gegeben ist, wenn sie den Verstand gebrauchen, das kann sich nur durch eine sehr langfristige Entwicklung vollziehen, so wie auch die Wissenschaft sich sehr langsam entwickelt hat.

**TC**: Und Sie sehen Chancen, dass das geschieht?

**Prof. Udo Köhler**: Ja – zumindest soll man es versuchen. „Ich werde den letzen vielleicht nicht vollbringen, aber versuchen will ich ihn!" Das sollte man auf jeden Fall!

**TC**: Eine Erfahrung des modernen Menschen, und zwar aus der wissenschaftlichen Erfahrung heraus, ist das Bewusstsein der Kontingenz. Drewermann drückt das etwa so aus: Bei dem, was wir erkannt und erlitten haben, können wir nicht mehr davon ausgehen, dass es einen allwissenden, allgütigen, allgegenwärtigen Gott gibt. Das Gottesbild, das traditionelle, ist im 20. Jahrhundert vollkommen zerstört worden. Aber was tritt an seine Stelle?

**Prof. Udo Köhler**: Tja – was tritt an diese Stelle?

**TC**: Das Nichtwissen?

**Prof. Udo Köhler**: Ich würde sagen: Ja – das Wissen um das Nichtwissen. Da wären wir bei Sokrates. Das ist auch heute noch gültig und genau so richtig wie vor zweieinhalbtausend Jahren. Wenn Sie sich Jesus als Vorbild nehmen, können wir das Positive darin sehen. Jesus hat doch keine Orthodoxie gelehrt, keinen Glauben, sondern eine Orthopraxie. Er hat gesagt: So musst du dich verhalten, damit es eurem Vater gefällt – so ausgedrückt, in dem Bild seiner Zeit. Völlig richtig! Gar nichts dagegen einzuwenden. Wir können auch sagen, damit die Naturgesetze sich erfüllen. Das ist ja schließlich Gottes Wille, der dahinter steckt. Kein Mensch hat die Naturgesetze erfunden. Ob wir sie immer richtig deuten, ist eine ganz andere Frage. Und ob wir alle kennen, ist eine noch weitere Frage. Aber jedenfalls hat keiner sie erfunden, und keiner kann so tun, als wüsste er darüber genau Bescheid. Und aus der sogenannten Offenbarung, mit der die Theologen schnell bei der Hand sind, wenn sie nicht mehr weiter wissen, kann man gar nichts ablesen. Jesus hat sich nämlich überhaupt nicht dazu geäußert, ob Gott Geist ist oder ob er das nicht ist. Sondern es war einfach eine Selbstverständlichkeit, Gott ist der Urgrund des Seins, und das wird bei Jesus voraus gesetzt mit dem Bild des Vaters, so wie es Jesus erlebt hat, nämlich als liebender Vater. Ob man nun Gott nach Auschwitz auch noch als liebenden Vater in einer verabsolutierten Form fassen kann, ist eine ganz andere Frage. Jesus hat Gott sicher auch nicht absolut gedacht, das war gar nicht Gegenstand seines Denkens. Gott war einfach eine Selbstverständlichkeit, und nach der hat er gelebt. Und wenn das richtig ist, dann sollte man das auch so tun. Es gibt ein apogryphes Wort das besagt: „Hast du deinen Bruder in Liebe angesehen, dann hast du Gott gesehen".

**TC**: Nehmen wir dieses Wort – faktisch haben wir die Schwierigkeit, dass wir den Menschen, die in der Tradition noch stark verhaftet sind, sagen müssen: Das Gottesbild, das Ihr habt, ist so nicht aufrecht zu erhalten. Natürlich nicht in dieser brutalen unmittelbaren Art und Weise – sondern vorsichtig durch menschliche Annäherung. Dennoch müssen wir sagen: Das Nichtwissen, das müsst Ihr akzeptieren. Da ist die Kontingenz, die Ihr akzeptieren müsst. Ihr seid geworden und nicht gemacht, das „Gemachtsein", zumindest nicht in der Form, wie es sich in den traditionellen religiösen Auslegungen darstellt. Das müssen wir deutlich formulieren.

**Prof. Udo Köhler**: Dabei muss man vor allem sagen, dass, wenn man überhaupt von Gott spricht, dann sollte man das im Sinne von Albert Schweitzer oder auch Karl Jaspers tun: Gott ist das Geheimnis. Punkt! Und ein Geheimnis kann man nicht lösen, es muss aber verehrt oder geehrt werden. Wie es auch Goethe sagt: „Das höchste Glück der Erdenkinder ist, das Erforschbare erforscht zu haben und das Unerforschliche still zu verehren". Dass das allerdings nicht im Sinne von Herrn Ratzinger & Co ist, das ist ganz selbstverständlich.

**TC**: Das ist zweifelsohne richtig. Aber diese Herren verfolgen auch eine andere Intention. Nämlich, dass man die Macht Jesu, was immer das dann konkret sein mag, nur durch Machtsysteme erhalten kann. Das zeigt sich in vielem. Es ist schwierig, das zu überwinden, denn es hat eine große Attraktivität, da es vielen Menschen eben ein System der Sicherheit vermittelt. Unter diesen Schirm können sie sich stellen und aus diesem Schirm heraus treten, heißt ja in letzter Konsequenz, mit der Kontingenz, mit der Tatsache, dass ich all dem alleine gegenüber stehe, fertig werden zu müssen. Diese Einsamkeit, die mit dieser Erkenntnis verbunden ist, die müssen wir abfangen.

**Prof. Udo Köhler**: Genau! Das ist aber die Schwierigkeit überhaupt, dass der Mensch sich seiner Personalität bewusst wird. Der Mensch hat evolutiv bedingt einen Herdentrieb. Damit ist ja seit der Steinzeit erfolgreich Geschäft gemacht worden – bis heute. Und nicht nur die Religionen werden da tätig, auch die sogenannten Ideologien. Zwischen beiden gibt es ja gar keine wesentliche Grenze. Das ist doch im Grunde dasselbe, nur mit anderen Inhalten.
Ein Beispiel: Ich habe das ja noch miterlebt; wie konnte es möglich sein, dass Hitler die absolute Mehrheit der Stimmen aller deutschen Wahlberechtigten bekam? Das ist mir heute vollkommen unbegreiflich. Damals, als junger Mensch, hat man darüber nicht so nachgedacht. Nun hatte ich das Glück, dass mein Vater völlig immun war. Im Gegenteil, er musste voll in Deckung gehen, weil er einer Freimaurerloge angehörte. Dadurch bin ich von vornherein in einem liberalen Geist groß geworden und nicht anfällig gewesen, sondern die Entwicklung in Deutschland hat mich existenziell berührt, als eine tödliche Gefahr. Diese Begeisterung der Massen, die auch die Jugend ergriff, alles musste marschieren, alles hatte Uniform. Da waren doch die meisten begeistert, die sollen doch hinterher nicht so tun, natürlich waren sie begeistert.

**TC**: Das ist auch nachvollziehbar...

**Prof. Udo Köhler**: Selbstverständlich!

**TC**: Hitler bot doch ein System des absoluten Aufgehobenseins und der Sicherheit. Alles, was Nietzsche in Frage gestellt hat, alles, was Schopenhauer vor ihm in Frage gestellt hat, wurde plötzlich beantwortet. Hitler hatte eine Antwort darauf. Zwar eine primitive, doch die hatte einen entscheidenden Vorteil, sie war für jedermann nachvollziehbar. Der Faschismus hatte die Antwort auf die Fragen der Moderne. Wir dürfen nie vergessen: Der Faschismus gehört ins Zeitalter der Moderne, ist ein Teil derselben. In der Unsicherheit und Bedrängung des beginnenden 20. Jahrhunderts suggerierte der Faschismus absolute Sicherheit und Stärke. Und das Volk strömte ihm zu. Und heute dürfen wir doch nicht einfach davon ausgehen, dass sich das in unserer Zeit nicht in ähnlicher Form wiederholen kann.

**Prof. Udo Köhler**: Selbstverständlich, es braucht bloß der richtige Mann wiederzukommen. Nur hätte der es heute allerdings etwas schwieriger. Die Massenmedien verhindern schon sehr viel. Das Klima steht viel mehr auf Dialog und Diskussion als auf blinden Gehorsam oder Glauben. Die Gefahr sehe ich heute nicht sehr groß bei allen Gefahren, die von rechts und links auf dieser Erde sein mögen.

**TC**: Nein, ich glaube auch nicht, dass sich der Faschismus derzeit wieder politisch konstituiert, jedenfalls im Moment nicht: Aber die Gefahr für das Individuum, sich einer totalitären Ideologie anzuschließen, ist überaus groß.

**Prof. Udo Köhler**: Ja, natürlich! Sehen Sie mal, welcher Reiz der Buddhismus im Abendland, insbesondere in Amerika auf die Menschen ausübt.
Nun kennt natürlich kein Mensch den Buddhismus wirklich. Dabei gibt es dort Bestrebungen, die geradezu furchtbar sind.
Die Trimondis haben ein Buch geschrieben: „Der Schatten des Dalai Lama". Insbesondere betrifft das den tandrischen Buddhismus. Beim Buddhismus wird überhaupt nicht unterschieden, da wird gar nicht verstanden, dass das ein ganz heterogenes Gebilde ist. Da

wird ja immer nur der Mahajana-Buddhismus in den Vordergrund gestellt, aber dass es da noch viele andere Richtungen gibt, das wird verschwiegen, und das wissen die Leute auch nicht. Die haben da ganz dusselige Vorstellungen.
Der Dalai Lama mit seinem ewig asiatischen Lächeln hat ganz ohne Zweifel für solche Leute ein hohe Anziehungskraft. Kein Mensch fragt doch, was der eigentlich lehrt. Diese ganzen Einweihungsriten, die bis in die höchste Geistlichkeit sich vollziehen, sind zum Teil so furchtbar, dass man sich nur wundern kann, wie viel Pyschophatologie da drin steckt.

**TC**: Ja, aber das spielt auf dem modernen Supermarkt der Glaubensmöglichkeiten gar keine Rolle.

**Prof. Udo Köhler**: Da wird einfach unkritisch konsumiert.

**TC**: Ich will abschließend noch einmal auf das Individuum zurückkommen und auf die Schwierigkeit, die der Einzelne hat, angesichts der Infragestellung, der notwendigen Infragestellung des traditionellen theologischen Gottesbildes.
Angesichts dieser Infragestellung muss dem Einzelnen bewusst werden, er ist alles, was er hat, er selbst – kein System, keine Organisation, kein Dogma – er alleine trägt in sich alle Möglichkeiten. Damit einher geht gleichzeitig eine tiefe Empfindung von Einsamkeit. Diese wiederum beruht wesentlich auf der Gewissheit, dass alles, was ich habe und bin, verschwinden wird. Ich werde aufhören zu sein.

**Prof. Udo Köhler**: Darauf würde ich entgegnen: Es verschwindet ja doch nicht die Mitmenschlichkeit. Jeder Mensch hat doch noch irgend ein Du gegenüber, im Sinne von Buber. Das ist doch einfach ein Faktum, das man gar nicht weg diskutieren kann, und deswegen sehe ich gar keinen Grund zum Pessimismus. Man muss das nur kanalisieren, dass das Du eben keine Institution ist, auch keine tote Dogmatik oder sonst irgend etwas ist, sondern etwas real Lebendiges.

**TC**: Als Pastor hat Albert Schweitzer seiner Gemeinde genau das zu vermitteln versucht. In kleinen Schritten, in fassbaren Schritten ist er vorgegangen. Das gleiche Bemühen findet sich auch bei Martin Buber. Ich finde es sehr wichtig, dass man diese beiden zusammen nimmt.
Buber hatte eine bestimmte Sprache, den Weg zu dem Du gegenüber zu beschreiben. Eine Sprache literarischer Natur, die Schweitzer nicht zur Verfügung stand. Schweitzer verfügt über eine Gedankenschärfe, der Buber nicht folgen will oder kann, aber letztlich spielt das keine Rolle. Denn bei beiden wird deutlich: Das Wesentliche der Selbstentfaltung geschieht im Hinblick auf das Du.

**Prof. Udo Köhler**: Sehr richtig!

**TC**: Und dass wir so und nur so die Erfüllung des Individuums begreifen müssen, ganz im Sinne des Jesus von Nazareth.

**Prof. Udo Köhler**: Sicher! Hast du deinen Nächsten in Liebe gesehen, dann hast du Gott gesehen!

**TC**: Das ist ein wunderbares Schlusswort. Herr Prof. Köhler, ich danke Ihnen sehr für dieses Gespräch!

Den Suchenden und Liebenden in aller Welt hat Udo Köhler sein 1990 erschienenes Buch „Jesus der Befreier – von Religion, Magie und Ideologie" gewidmet.
Das Buch ist erschienen im Verlag Haag + Herchen, Frankfurt am Main
ISBN 3-86137-514-1

## Professor Mais Wirken für das Albert-Schweitzer-Hospital
# Engagement für Lambarene

Prof. Dr. Dietrich G. Palm

Der folgende Text wurde als Vortrag am 10. März 2002 anlässlich der Feier zum 1. Todestag von Professor Mai in Münster gehalten.

Prof. Mai im Albert-Schweitzer-Spital in Lambarene

Sehr verehrte, liebe Frau Mai, liebe Familie Mai, liebe Freunde, meine sehr geehrten Damen und Herren!

Zunächst möchte ich mich für die Hilfestellung, die mir von vielen Seiten für meinen Bericht gegeben wurden, bedanken. Von ganz besonderer Bedeutung waren aber die Schilderungen von Prof. Mai selbst, die er in vielfältigen Mitteilungen niedergelegt hat.

Bemerkenswert bei der Lektüre der Berichte ist, dass man das Wort „ich“ darin kaum findet. Er hat seinen ganz entscheidenden Anteil am Fortbestehen des Hospitals immer unter den Scheffel gestellt. Das Zurückstehen der Person vor der Verpflichtung gegenüber der Sache war auch hier stets sein Prinzip.

Ich sehe drei Schwerpunkte:

1. Die Arbeit zusammen mit Schweitzer in Lambarene
2. Sein Engagement für die Fortführung und den Ausbau des Hospitals nach Schweitzers Tod
3. Seinen unermüdlichen Einsatz als Werber und „Bettler" für den Hilfsverein

Am Anfang standen Untersuchungen über das Vitamin D und die Aktivierung des Provitamins durch UV-Strahlen. Sie veranlassten ihn zu vergleichenden Studien in Island sowie in mediterranen Regionen über den Anteil des UV-Lichtes im Spektrum der örtlichen Sonneneinstrahlung, was unter anderem die unterschiedliche Häufigkeit der Rachitis in diesen Gebieten erklärt. So plante er 1955 auch Untersuchungen im Äquatorial-Gebiet, in Lambarene. Seine sehr vorsichtige erste Anfrage wurde von Schweitzer, wie wir wissen, zunächst mit der sehr lapidaren Randbemerkung abgetan: „soll im nächsten Jahr noch einmal schreiben" und ad acta gelegt. Beim nächsten Vorstoß war die Antwort aber dann sehr fürsorglich. Schweitzer schrieb: „Lieber Kollege, kommen Sie wann Sie wollen und so lange Sie wollen. Sie logieren bei uns. Sie brauchen nur etwas Geld für die Reise...und die Kleidung betreffend: Das älteste Europakleid, das Sie besitzen, den ältesten Filzhut, alten Lodenmantel... u.s.w."

Für Herrn Prof. Mai war die zunächst fach- und forschungsorientierte Reise ein Ereignis, das seinen späteren Weg bis zum Schluss ganz wesentlich bestimmte. Aus der ersten vorsichtigen Anfrage wurde eine enge Freundschaft und spätere Nachfolge. Prof. Mai ist nach dem ersten Aufenthalt 1956 während der Semesterferien und später als Emeritus immer wieder dort gewesen. Insgesamt war es zusammengenommen wohl mehr als vier Jahre. Er baute zunächst die Kindersprechstunde und später eine gut funktionierende Kinderklinik auf.

Schweitzer selbst verkörperte in diesen Jahren mehr den teilnehmenden, beratenden und beruhigenden Erfahrungshintergrund. So begleitete er als Beobachter schwierigste Operationen im OP-Saal oder empfahl technische Schritte bei Reparaturen oder Neubauten. Oft hörte man von Schweitzer damals, so Mai, den Satz: „das müsst ihr nach mir Kommenden entscheiden."

Prof. Mai hat in Lambarene die ganze Breite der Tropenmedizin mit Malaria, die er auch selbst durch machte, Lepra, der Schlafkrankheit, bei Kindern besonders die kritischen Zoonosen und lebensbedrohlichen Dyspepsien, oft auch kritische Vergiftungen und Unfälle erlebt und zu behandeln gehabt. So wie wir ihn als Studenten und Assistenten in der Klinik kannten: teilnehmend am Schicksal von Patienten, Eltern, Schwestern und Assistenten, so war es für ihn in Lambarene eine Selbstverständlichkeit etwa bei schwerst kranken Tetanuskindern die Nachtwache zu übernehmen, um die beanspruchten Pflegerinnen zu entlasten. Auch hat er sich nicht gescheut, nach Kinderarzt- und Großvaterart Säuglingspflege zu betreiben. In besonderer Weise nahm er, wie Schweitzer, die üppige Natur in all ihrer Vielfältigkeit wahr. Es gab für ihn außerhalb seiner ärztlichen Tätigkeit, wie er schreibt, des Bewundernswerten genug zu erleben, wobei ihm die Wunder der Natur bei weitem mehr gaben, als die so genannten Wunder der Technik, unter deren Lärm, Geruch und Hektik man in der europäischen Stadt zu leben gezwungen ist. Nicht vorenthalten möchte ich Ihnen die Beschreibung seiner kleinen Patienten:

„Immer blicken mir die bezaubernden, großen Kinderaugen mit reizvollen Farbkontrasten entgegen, die schwarze Pupille und tief dunkle Iris inmitten der grell weißen Umgebung. Dieses Bild wird bei meinen kleinen Patienten besonders verstärkt sichtbar, wenn sie mich...mit Bangnis, doch vielfach in vertraulich-kindlicher Freundlichkeit anblicken. Die blitzend weißen Zähnchen verstärken jenen Farbkontrast, der uns am Antlitz des kleinen Afrikaners immer wieder entzückt."

Aber nicht nur Prof. Mai, sondern auch Sie, liebe Frau Mai, sind mehrfach mit in Lambarene gewesen. Hat Ihnen Schweitzer noch im Anfang zum ersten Bericht Ihres Mannes gedankt für die Freizügigkeit, ihn nach Lambarene ziehen zu lassen, so waren Sie später als Krankengymnastin, aber auch als Anstreicherin in der Zahnklinik oder Geschenktante bei Biafra-Kindern als Multifunktionstalent im Einsatz. Die von Ihnen behandelten Unfallpatienten dankten Ihren Einsatz sehr und meinten: „der Professor solle doch alleine heimreisen und Sie mögen bleiben."

Der Einsatz Ihres Mannes für Lambarene und den Geist Albert Schweitzers hat sich nicht nur in der Familie, sondern auch in Geist und Haltung der Klinikmannschaft niedergeschlagen und ist, glaube ich, noch heute wirksam. Ich denke an die Entwicklungshilfe in Kenia, an die Hilfe für die Biafra-Kinder, an Einsätze von Schwestern und Ärzten in Kambodscha und Somalia, in Kalkutta und Kolumbien oder aber auch an den Förderverein für das Hospital in Asikuma, der sich gestern getroffen hat.

Ein besonderes Datum für Prof. Mai war der Besuch von Albert Schweitzer in

Münster im Oktober 1959. Die Fakultät hatte ihm unter dem Dekanat von Prof. Mai 1958 den Dr.med.h.c. verliehen. Auf seiner letzten Europareise ließ er es sich nicht nehmen, ein Jahr später in einer Feierstunde von der Fakultät die Urkunde selbst in Empfang zu nehmen. Am gleichen Tag besuchte er die Klinik, um das neu erbaute Albert-Schweitzer-Haus, jetzt Institut für Arbeitsmedizin, einzuweihen. Ein Ereignis, an das sich sicher viele von uns noch lebhaft erinnern.

In den 60er Jahren geriet Schweitzer und das Urwaldhospital angesichts der immer moderner werdenden Medizintechnik in die Kritik der Öffentlichkeit in der westlichen Welt. Flüchtige Besucher glaubten, Mängel, Primitivität und Rückständigkeit zu sehen. Mai als Kenner der Situation konnte solche Einwände nüchtern und ohne Emotionen durch sachliche Berichte relativieren. Sicher war ihm, wie letztlich auch Schweitzer, bewusst, dass die Verbesserung technischer und therapeutischer Möglichkeiten vor dem Hospital nicht halt machen konnten und sollten. Es entspann sich, insbesondere nach dem Tod Albert Schweitzers am 4. September 1965, eine heftige Diskussion um die zukünftige Gestaltung der Hospitalanlage. Einerseits waren es die Traditionalisten, wie Prof. Mai sie nannte, die zwar die Ausbesserung der einen oder anderen hinfällig gewordenen Baracke planten, insgesamt dem Hospital aber mehr einen musealen Charakter geben wollten. Andererseits waren da die energischen Planer, zu denen auch Prof. Mai gehörte, eines ganz neuen Hospitalkomplexes in der Nachbarschaft zur alten Anlage. Nach einem Jahrzehnt quälerischer Sorgen um die Finanzierbarkeit fiel schließlich 1974 die Entscheidung für einen vollkommen neuen Gesamtaufbau. Eingeleitet wurde dieser Neuaufbau schon Jahre zuvor mit der Errichtung der Kinderklinik. Anfänglich gab es nur eine ganz kleine, hoffnungsvoll überfüllte, nicht ausbaufähige Einheit.

Während der kriegerischen Auseinandersetzungen in Nigeria Ende der 60er Jahre waren Tausende von Biafra-Kindern aus dem Kampfgebiet in verschiedene Länder ausgeflogen worden. An die Hundert davon kamen auch ins Hospital. Durch umfangreiche Sammlungen in den deutschen Kirchen beider Konfessionen konnte ein solides, geräumiges Steingebäude errichtet werden, das später in eine gut funktionierende Kinderklinik umgewandelt werden konnte. In diese Zeit fiel die Emeritierung von Prof. Mai. Unmittelbar nachdem er hier im Februar 1970 seine Abschiedsvorlesung gehalten hatte, brach er erneut nach Lambarene auf und zog seine Frau und andere Helferinnen in diesem Jahr für die Biafra-Kinder nach. Im Jahr 1971 hat er auch über

10 Jahre den 1. Vorsitz im Deutschen Hilfsverein für das Albert-Schweitzer-Spital in Lambarene übernommen und war bis zu einem Ableben Ehrenvorsitzender. Unermüdlich sammelte und bettelte er, um das, wie er sagte, ewig hungrige Unternehmen zu füttern. Anschaulich schildert er seine Bittgänge. Er verweist auf die Bibelstelle vom Scherflein der armen Witwe und ist manchmal erbost über die Verstocktheit von Wohlhabenden. Ganz überwiegend kann er aber voller Dankbarkeit über beträchtliche Geldsummen und sehr konkrete Gaben berichten. So z.B. von einem OP-Tisch oder über die Pumpanlage für die Wasserversorgung etc., die die hiesige Friedensgemeinde in MS-Gremmendorf aufbrachte, wo er immer wieder die Predigt zum Ernte-Dank-Gottesdienst hielt.

Trotzdem reißen die Sorgen nicht ab. Die schwerste Krise, die nur durch das ganz persönliche Engagement Prof. Mais bewältigt wurde, ereignete sich wohl 1975/76. Der mit vielen Erwartungen angetretene deutsche Chefarzt auf Lebenszeit brach seine Tätigkeit, noch nicht einmal ein Jahr im Amt, unvermittelt ab. Er verbreitete auch bei den Mitarbeitern Untergangsstimmung. Mit der Regierung von Gabun verhandelte er ultimativ und fordernd, was nur zu verhärteten Fronten führte. In dieser für die Existenz des Hospitals bedrohlichen Krise entschloss sich Prof. Mai im Frühjahr 76, selbst die ärztliche Leitung im Lambarene zu übernehmen. Unter den unerhört belastenden tropischen Verhältnissen extremer Luftfeuchtigkeit und Schattentemperaturen von mehr als 40° ist der inzwischen 74jährige bis an die Grenzen der Belastbarkeit Tag und Nacht im Einsatz. Zusammen mit der sehr rührigen Schwester Greet van Wijk, dem schweizer Arzt Dr. Weibel sowie dem beharrlichen Verhandlungsführer Max Caulet gegenüber der gabunesischen Regierung gelingt es, die Krise zu überwinden. Angesichts der aufopfernden Tätigkeit des europäischen Teams verpflichtet sich die Regierung in Libreville zusammen mit den europäischen Hilfsvereinen, das Finanzdezifit zu decken und die Neubauplanungen zu realisieren. Prof. Mai verließ Ende 1976, nachdem bei diesem Aufenthalt wieder mehr als 6000 „seiner afrikanischen Kinder" bei ihm gewesen waren, so schrieb er, „das Spital voller Zuversicht. Die Versorgung ist gesichert, am Neubau wird tüchtig gearbeitet."

Meine sehr geehrten Damen und Herren, es würde zu weit führen, das inzwischen sehr differenzierte Albert-Schweitzer-Hospital mit chirurgischer und allgemeinmedizinischer, mit geriatrischer und psychiatrischer Abteilung, einer Kinder- und Frauenklinik, einem Forschungsinstitut für Tropenkrankheiten usw. usw. darzustellen.

Sicher ist, dass Prof. Mai mit seinem Engagement für das Albert-Schweitzer-Hospital ganz entscheidend zu dieser Entwicklung beigetragen hat. Er hat uns in bewundernswertem Einsatz das von ihm selbst ausgesprochene Bekenntnis vorgelebt:

„Den ‚Geist Albert Schweitzer' bekommt man nicht verliehen und nicht geschenkt. Man muss sich sehr um ihn bemühen – auch heute und morgen. Es ist keine süße Wonne, sondern eine harte Pflicht."

Die Tochter Albert Schweitzers, Frau Rhena Schweitzer-Miller, schrieb Anfang des Jahres anlässlich des 100. Geburtstages von Prof. Mai an seine Frau: „dass Ihr nach Lambarene gekommen seid, war ein Segen für das Spital. Für mich war er ein Vorbild für Vieles, für das ich immer dankbar sein werde."

Ich meine, dem ist nichts hinzuzufügen. Ich danke Ihnen.

## Mein Aufenthalt als Medizinstudentin im Praktischen Jahr im Urwaldspital Lambarene, 1999

# Auf den Spuren Albert Schweitzers und die Begegnung mit einer neuen Kultur

Maria Nürnberg

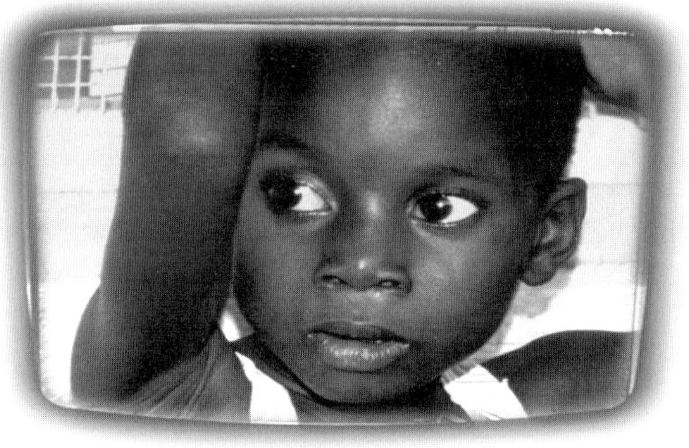

Als Schweitzer 1913 mit seiner Frau Helene nach Lambarene kam, war sein erster Konsultationsraum ein Hühnerstall - so heisst es. Nun, von diesem Hühnerstall ist heute nichts mehr geblieben. Statt dessen steht man, wenn man erst den Palmenhain vor den Toren des Hospitals durchquert hat, vor einem Gelände mit für hiesige Verhältnisse recht modernen Flachbauten. Ein Krankenhaus mitten im Busch - die Stadt Lambarene liegt etwa in 5 km Entfernung - direkt am Flusse des Ogouee. Dieser grösste Strom Gabons zieht sich über eine Distanz von 1200 km durch das Land. Immer noch flößt man Stämme riesigen Ausmaßes den Fluss hinunter, stellt das Tropenholz doch eine der wichtigsten Einnahmequellen dar. Sieht man die Männer mit ihren Einbäumen, den „Piroguen", den Ogouee hinunter fahren zum Fischfang, so möchte man meinen, die Zeit sei seit Albert Schweitzers erster Ankunft nicht fortgeschritten. Dort, wo das erste „Spital" gestanden haben soll, ist heute nur noch eine Kirche mit einem kleinen Friedhof zu sehen. Und wie mir zu Ohren gekommen ist, soll nach der großen Überschwemmung während meines Aufenthaltes in Lambarene auch deren Turm endgültig in eine Ruine zerfallen sein.

Alle zehn Jahre, so sagt man in Lambarene, verlässt der Ogouee sein Flussbett und tritt über die Ufer. Und in diesem Jahr sind nach dem letzten Hochwasser 1989 wieder zehn Jahre um. Die Regenzeit bricht bald nach meiner Ankunft an und ich kann mich mit eigenen Augen von der Gewalt der Natur überzeugen. Mein Zimmer befindet sich in dem sogenannten „prison“, dem Haus direkt neben dem heutigen Albert-Schweitzer-Museum, in direkter Nachbarschaft zum alten Spital und der einstigen Glocke, die noch heute zum Gebet rufen soll. Das Grab Schweitzers und seiner Frau Helene liegt ebenfalls in unmittelbarer Nähe und des abends, wenn ich mich noch für eine ruhige Minute an den Ogouee setze, gehe ich oft daran vorbei. Ein herrlicher Ausblick bietet sich mir aus dem Fenster auf den Fluss. Nebenan wohnt eine Familie mit drei Kindern, die bald meine besten Freunde werden. Doch die Holzwände sind dünn und des morgens werde ich von den Kleinen spätestens um 6.00 Uhr geweckt. Das Leben auf engstem Raum sind die Menschen hier gewohnt. Am Wochenende gehen oft Touristen an unseren Zimmern vorbei, wenn sie bei einer Führung den Weg zum alten Spital passieren. Am eindrucksvollsten sind die Führungen mit der alten Köchin aus der refectoire, die noch persönliche Erinnerungen an „le grand blanc“ hat.

## Was erwartet mich außer den Spuren Albert Schweitzers im Urwaldspital?

Am Anfang fühle ich mich fremd und allein und so vollkommen in einer anderen Welt, dass ich denke, nicht mehr zurückkehren zu können von hier. Mit der Zeit aber gewöhne ich mich an die Verhältnisse. Solange ich arbeite, kann ich die Anpassungsschwierigkeiten ganz gut bewältigen. Dabei werde ich von den neuen Eindrücken vollkommen eingenommen. Die Menschen leben hier tatsächlich unter den einfachsten Verhältnissen, und dabei gilt Gabon dank seiner Resourcen an Erdöl, Tropenhölzern und Bodenschätzen noch als das reichste Land unter den Ländern Zentral- und Westafrikas. Bei der Ankunft ist man zunächst über die medizinische Versorgung im Vergleich zu der unserer hochentwickelten westlichen Apparatemedizin erschrocken, aber mit der Zeit bekommt man einen Einblick, wie auch mit einfachen Mitteln geheilt werden kann. Ich werde hier lernen, die Welt mit anderen Augen zu sehen, und dies nicht nur im medizinischen Bereich - das wird mir von

Anfang an bewusst. Die Verhältnisse am Krankenhaus sind recht einfach, verglichen mit deutschen oder europäischen Kliniken. Es ist erschreckend, in welchem Krankheitsstadium die Patienten manchmal im Krankenhaus erscheinen, nachdem sie alle Wunderheilmittel der traditionellen „Medizinmänner“, der sogenannten Ngangas ausprobiert haben. Auf der anderen Seite sieht man natürlich auch Fälle, bei denen nur noch die traditionelle Heilkunst geholfen hat. Vieles wird im Denken der Einheimischen und auch in der Heilkunst der Ngangas sicher schleierhaft bleiben für uns Europäer, die wir vollkommen anders aufgewachsen sind und die Geheimnisse der hiesigen Kulte und Bräuche nicht kennen. Tourismus gibt es hierzulande kaum. Die Normalbevölkerung ist zu arm, die Transportbedingungen schlecht. Trotzdem leben die Menschen glücklich von einem Tag auf den nächsten, von der Hand in den Mund. Weil die Natur ihnen das gibt, was sie brauchen, braucht zwar keiner zu hungern, aber sie leben dennoch in einfachen Hütten, wie wohl kaum ein den Wohlstand gewohnter Europäer es sich vorstellen könnte. Die Natur, die Vegetation in ihrer Vielfalt, ist überwältigend und mutet exotisch an in den Augen eines „geborenen Nordländers“- Palmen, Papaya, Mangos, Bananen Kokosfrüchte, Hibiskuspflanzen- und Oleandersträuche. Die ursprüngliche Vielfalt und Eigenart der Tropen ist einfach faszinierend.

Hier am Krankenhaus arbeiten viele Ausländer, sogenannte „Expatriérs“, ungefähr zehn an der Zahl ( Deutsche, Franzosen, Engländer, Amerikaner, Schweizer ). Das Spital kann ungefähr 130 Patienten aufnehmen. Täglich werden etwa 120 Konsultationen und neun bis zehn chirurgische Eingriffe vorgenommen. Ich arbeite zunächst auf der Chirurgie. Dort gibt es zwei Chirurgen und sechs Schwestern, darunter nur ein Pfleger mit staatlicher Krankenpflegerausbildung. Die Mehrzahl des Pflegepersonals wird direkt am Spital ausgebildet. Im Operationstrakt arbeiten dann jeweils zwei Schwestern und ein Anästhesiepfleger bzw. -schwester pro Operationssaal. Ich assistiere zunächst und darf im weiteren Verlauf kleinere Eingriffe selbst übernehmen. Aber alles geschieht mit Ruhe und viel Geduld, was mir anfänglich recht schwer fällt. In der Ultraschalldiagnostik möchte ich Fortschritte machen. Und Dr. Heinz Gyger aus Kehl sowie der gabunesische Dr. Justin haben mir dabei ihre Hilfe zugesagt. Als Abwechslung gibt es abends ab und an eine Ausfahrt ins Kino. Dabei wundert man sich, dass es hier im Busch sozusagen ein Kino gibt, aber das gehört zu den absoluten Gegensätzen des Landes. Meist fahren wir mit dem Jeep vom Forschungslabor in die Stadt. Hinten auf dem Wagen zu fahren ist besonders spannend, zumal an den Autos allgemein hierzulande nichts vollkommen sicher zu funktionieren scheint. Wegen des starken Regens nachts kann man oft kaum schlafen. Da kommt es schon vor, dass man in der Frühe um 6.45 noch nicht ganz ausgeschlafen auf der chirurgischen Station zur Visite erscheint. Die morgendliche kalte Dusche gilt unter hiesigen Verhältnissen als ein rechter Luxus. Das Frühstück wird für die „Expatriérs" in der refectoire, dem Speisesaal vorbereitet. In diesem Speisesaal nehmen wir, die „Ausländer" unser Essen meist gemeinsam ein. Um 7.30 Uhr erscheint das chirurgische Team zur Visite. Das heißt so ungefähr um diese Zeit (die Afrikaner nehmen es da nicht so genau ...). Es gibt drei chirurgische Stationen, zwei allgemeine und eine für gynäkologische Fälle und Geburten. Die beiden Chirurgen stammen aus Togo und Gabon selbst. Wie dereinst zu Albert Schweitzers Zeiten werden die Kranken immer noch von ihren Familien versorgt und bekocht. Lediglich die medizinische Versorgung obliegt dem Pflegepersonal und den Ärzten. Die hygienischen Vorschriften sind auf der Station nur schwer einzuhalten. Erstaunlicherweise treten trotzdem nur wenige Komplikationen infolge von Wundinfektionen auf. Um 10.00 Uhr steht das chirurgische Team für den Operationsplan bereit. Es gibt drei Operationssaäle. Zwei Anäshesiepfleger überwachen den Verlauf der Operation, und zwei Schwestern werden pro Eingriff als Assistenz benötigt. Die Hygiene wird im Operationstrakt strikt eingehalten. Das hätte man unter diesen Umständen nicht erwartet. Es wird ebenso auf Sterilität geachtet wie bei uns. Auch die Überwachung und Ausrüstung während der Operationen entsprechen fast europäischem Standard. Leistenbruchoperationen stehen erstaunlich häufig auf dem Programm. Auch eine Hysterektomie oder etwa eine Myomektomie sowie Salpingoplastiken aus dem gynäkologischen Spektrum können ohne Probleme gemeistert werden. Zusätzlich gibt es meist noch kleine Interventionen wie Panaritien, Ulcera, Abszesse und Kuerrettagen zu versorgen. Diese werden später auch von den Studenten bewältigt. Meine ersten Fortschritte in der chirurgischen Assistenz bestehen in der Ausführung von Hautnähten und sonstigen assistierenden Fertigkeiten. Obwohl die beiden Chirurgen Dr. Kwasi und Dr. Patrick der Meinung sind, dass es außer dcr Chirurgie keine wahre Medizin gibt und mich noch davon überzeugen wollen, habe ich bisher nicht vor, Chirurgin zu werden. Zu Mittag wird gemeinsam in der refectoire gespeist. Das Essen wird von einheimischen Frauen zubereitet. Täglich gibt es neue afrikanische Gerichte - so insbesondere auf der Basis von Maniok, Bananen und Kartoffeln. Mit einer der netten Köchinnen, Nadja, schliesse ich schnell Freundschaft. Ihre Kinder sind später oft bei mir willkommene Gäste. Nachmittags hält jeder der Ärzte am Krankenhaus seine Sprechstunde für die zum Teil weitgereisten Patienten. Zwar reisen diese jetzt nicht mehr 100 km zu Fuß wie zu Schweitzers Zeit, aber der Transport ist immer noch beschwerlich. Nicht immer können alle Patienten am selben Tag noch empfangen werden, so dass oft mehrere Tage für einen Arztbesuch eingeplant werden müssen. Die Studenten assistieren in der Regel zunächst bei einem der Ärzte, bevor sie dann ihre eigene Sprechstunde übernehmen. Bei fachlichen Fragen sind die Internisten um einiges zugänglicher als die Chirurgen. Neben mir arbeiten anfänglich noch zwei amerikanische Studenten im letzten Studienjahr aus Boston an der Klinik. Auch sie absolvieren hier drei Monate jeweils im Bereich der inneren Medizin und in der Chirurgie. Sie sind mir willkommene Gesprächspartner in wichtigen Fachfragen. Ich bewundere sie in ihrer Arbeit mit den Patienten. Sie versichern mir jedoch, dass ich nach einer gewissen Eingewöhnungsphase ebensoviel dazugelernt haben werde wie sie und durchaus in der Lage sein werde, selbst Patienten in der Sprechstunde zu behandeln. In dieser Art arbeiten die schweizer und amerikanischen Studenten hier seit einigen Jahren. Für sie wird dieser Studienabschnitt von der Universität organisiert und auch finanziert. Ich muss mich erstmals daran gewöhnen, eigene Verantwortung zu übernehmen für die Patienten, die ich behandele und auf mich selbst gestellt zu sein.

Ich assistiere freitags und mittwochs Dr. Heinz Gyger in der Ultraschallsprechstunde. Später darf ich immer öfter selbst den Schallkopf auflegen. Die Ultraschalldiagnostik ist gerade hier von unschätzbarem Wert - eine preiswerte und aussagekräftige Methode bei geringen Wartungskosten.

Da es viele gynäkologische Patienten gibt, sind vaginale Untersuchungen und Ultraschall besonders bei diesen Patienten an der Tagesordnung. Serologische Untersuchungen gibt es im hiesigen Labor nicht. Für bakteriologische Abstriche kann nur eine Gramfärbung als Differenzierung dienen. Antibiotika werden als verdachtsspektrumspezifisch (empirisch sozusagen auf gut deutsch) angesetzt. Zu den Haupterregern zählen im gynäkologischen Bereich Chlamydien aber auch andere sexual transmitted diseases STD. Myome teilweise riesigen Ausmaßes, Extrauteringraviditäten, Aborte (selbst induzierte oder spontane), Frakturen, Appendizitiden und Hernien jeglichen Ausmasses gehören in den Verantwortungsbereich der Chirurgen.

Refluxösophagitiden oder Dyspepsie unklarer Genese, Hochdruck, Diabetis mellitus, Harnwegsinfektionen, Durchfallerkrankungen meist parasitärer Genese sind für den internistischen Bereich von Bedeutung. Eine große Rolle spielen hier auch Tuberkulose, Malaria und HIV/Aids. Patienten mit Neoplasien sind selten. Sei es, dass die Patienten nicht so alt werden oder die Carcinome aufgrund mangelnder Diagnostik erst gar nicht erkannt werden, sei es, dass hierzulande tatsächlich weniger onkologische Erkrankungen auftreten. Schockierend ist die große Anzahl an HIV-infizierten Patienten, die im Durchschnitt sehr jung sind. Deren Prognose ist erschreckend. Und es fällt schwer, ihnen die Diagnose mitzuteilen, mangelt es doch teilweise an Bildung für das Krankheitsverständnis. Auf dem Gebiet der Prävention und Aufklärung ist noch viel zu wenig getan worden. Und das ist erschreckend, wenn man bedenkt, dass nach Schätzungen bis zu 20 % der Bevölkerung als HIV-infiziert gelten. Es gibt eine Krankenhausapotheke mit einer festgeschriebenen Medikamentenliste. Die Medikamente müssen von den Patienten zu einem Teil selbst getragen werden. Die Angestellten des Krankenhauses werden teils vom Staat teils aus Spendengeldern und Fonds der Albert-Schweitzer-Stiftungen bezahlt. Pro Krankenhaustag ist eine Pauschale zu entrichten. Die Krankenhauskosten werden in Form dieser Pauschbeträge pro Tag von den Patienten getragen. Wenn nach Einschätzung des Arztes ein Patient tatsächlich nicht zahlungsfähig ist, wird derjenige umsonst behandelt auf Krankenhauskosten. Ein Krankenversicherungssystem scheint nicht zu existieren. Wer ohne Geld kommt, muss später seine Schulden bezahlen. Bei erwiesener Mittellosigkeit wird hier jedoch im Gegensatz zu einigen anderen Kliniken in der Hauptstadt niemand abgewiesen. Unabhängig vom Krankenhaus existiert auf dem Gelände der Klinik ein separates Forschungslabor für Malaria, welches namhafte Publikationen auf dem Gebiet der Malariaforschung aufweisen kann. Hier arbeiten abwechselnd Studenten aus Tübingen, Holland (Leiden), England (London) und Frankreich. Das vermittelt den Eindruck einer wirklich internationalen Gemcinschaft in dem kleinen Urwaldspital. Die Studenten aus Tübingen sind unter der Leitung von Prof. Kremsner tätig, den ich ebenfalls persönlich während meines Aufenthaltes kennenlerne. Unter Zusammenarbeit mit dem Krankenhaus werden Studien zu Malaria bei Kindern – Medikamentenstudien mit Tafinoquine, Malorone und anderen Präparaten, die noch in der Erprobung sind – in Abhängigkeit von der Schwere der Malaria durchgeführt. Als Bestandteil ihrer Doktorarbeit leisten die Studenten einen wichtigen Schritt in der Weiterentwicklung der Behandlungsstrategien von Malaria. Aus Interesse lasse ich mir in einer freien Minute Tips und Infos geben oder Blutausstriche unter dem Mikroskop zeigen oder lese in den neuesten Ausgaben der Zeitschrift „Journal for infectuous diseases".

Mir scheint, als sei ich schon ein Jahr hier, so fern sind die Erinnerungen an Deutschland, so groß ist die Umstellung mit meinem Weggehen hierher in den Busch. Manchmal, besonders bei Personalmangel wegen Krankheitsausfall, helfe ich eher den Krankenschwestern auf der Station beim Verbände versorgen als im Operationssaal zu assistieren. Es gibt genug zu tun für einen Vormittag, und nachmittags halte ich meine ersten eigenen Sprechstunden. Gabunesische Freundschaften schließe ich erst später, unter anderem zu der Familie des Personalchefs mit seinen drei Kindern, meinen Nachbarn, die mich jedes mal mit einem begeisterten Jubeln von der Arbeit empfangen. Da mich auch das Gebiet der Inneren Medizin interessiert, bitte ich um Erlaubnis, auch in diesem Bereich für vier Wochen arbeiten zu dürfen. Nach der Abreise der amerikanischen Studenten arbeite ich nun mit zwei Studenten aus der Schweiz, von der Universität Bern zusammen. Sie praktizieren in der Inneren Medizin und der Kinderheilkunde.

Ein besonderes Ereignis ist die feierliche Ehrung der Verwalterin des Krankenhauses, die hier 25 Jahre lang tätig war. Der französische Botschafter ist bei dem festlichen Empfang im Albert-Schweitzer-Museum zugegen, und das Krankenhauspersonal hat ein traditionelles Mahl sowie einige Tanzvorführungen vorbereitet.

Das Reisen ist hierzulande nicht einfach - ein Straßennetz existiert in dem Sinne, wie wir es verstehen, nicht. Die größte Straßenverbindung von Libreville über Lambarene bis in das benachbarte Kongo-Zaire ist erst vor zwei Jahren fertiggestellt worden - eine grosse Erleichterung für jeglichen Transport. Ab und zu ergibt sich trotz der Transportschwierigkeiten eine Möglichkeit zu reisen, so zum Beispiel in Richtung der Hauptstadt Libreville. So fahre ich „en taxi brousse" (mit dem Buschtaxi) zusammen mit Studenten aus dem Forschungslabor am Wochenende ans Meer nach Libreville. Von dort setzen wir hinüber auf die Insel „la pointe Denis". Man mochte kaum glauben, dass dieses Fleckchen Erde ebenso zu Gabon gehört wie Lambarene im Landesinneren. Überall kleine Häuschen von ansässigen Franzosen mit Surfbooten und Segelschiffen, dazu ein herrlicher Strand. Wie auch in der Wirtschaft bemerkt man hier noch die Reste der Kolonialverwaltung. Nur wenige Einheimische können sich ein solches Paradies leisten.

Ich werde noch einiges und habe schon vieles dazugelernt, sowohl was das Studium betrifft als auch für meine sonstigen Lebenserfahrungen. Es ist eine vollkommen andere Lebensart, wie die Menschen hier leben - ich habe viele neue Erfahrungen mit der gabunesischen Kultur und den Menschen gemacht. Wie anders sind doch die Erwartungen an das Leben und seine Werte als hierzulande in Deutschland! Zwischendurch nagt es an meiner physischen Kondition. Man mag es kaum glauben aber auch in den Tropen kann man an einer Grippe erkranken, mitten in der Hitze bei Temperaturen um die 30 °C.

Im Ultraschall fange ich langsam an, die wichtigsten Notfälle zu erkennen. Induzierte Aborte, Extrauteringraviditäten, Ovarabszesse zählen hier zu den häufigsten Indikationen dieser Untersuchungsmethode. Die Art, wie die Kranken hier behandelt werden von den Chirurgen, erscheint mir zuerst von oben herab und distanzlos. Später wird deutlich, dass dies auch im Zusammenhang mit dem mangelnden Krankheitsverständnis steht. Besondere Krankheitspräventionsstrategien stehen noch in den Anfängen. Bei Mangel an finanziellen Mitteln ist die Compliance der Patienten denkbar schlecht. Ein manches Mal muss man in der Sprechstunde einen Dolmetscher unter den Schwestern herbeirufen, bei der Vielzahl an Sprachen und ethnischen Gruppen ist dies nicht verwunderlich. Die Kommunikation ist im Vergleich zu Lebzeiten Albert Schweitzers erheblich verbessert. Dennoch versucht man besonders während der Regenzeit oft verzweifelt das Telephonnetz zu benutzen. Die Kräfte der Natur erweisen sich hier einmal mehr als stärker als die vom Menschen erschaffene Technik. Stromausfälle sind keine Seltenheit. Dann erweisen sich die durch Solarenergie betriebenen Außenlaternen auf dem Krankenhausgelände um so nützlicher. Ganz Lambarene steht währenddessen oft vollkommen im Dunkel. Der Fluss Ogouee ist weiter gestiegen, seit meiner Ankunft etwa zehn Meter. Wenn ich noch länger bleibe, wird mein Zimmer im Wasser stehen. Viele Straßen in der Umgebung werden fast vom Regen weggeschwemmt. Das Wasser steigt und steigt ... In Lambarene haben schon einige Bewohner ihre Hütten verlassen müssen wegen des Hochwassers.

Meine neue Entdeckung ist eine heruntergekommene Bar am Hafen bei Jaques, einem Deutschen, der schon seit 1981 hier lebt. Von ihm erfahre ich vieles Interessantes über Land und Leute. In der letzten Zeit fahre ich öfter in die Stadt und auf den Markt. In der Zwischenzeit habe ich in der Kunst des Handelns, wie es hier üblich ist, einige Fähigkeiten bewiesen und scherze mit den Marktfrauen, die mich mittlerweile schon kennen. Für sie gehört man als Weißer automatisch zur „famille Schweitzer". Einige von ihnen erkenne ich sogar aus meiner Sprechstunde wieder.

Einmal alle zwei Wochen nutze ich die Gelegenheit, mit der PMI, einem Projekt für Kinder- und Mütterkrankheitsprävention aufs Land zu fahren. Besonders wichtig ist das Impfprogramm für die Kinder vom Säuglingsalter an. So begleite ich Dr. Heinz den Fluss abwärts in das Gebiert der Großen Seen nach Ngomo, einem Dorf am Ufer des Ogouee etwa 50 km von Lambarene entfernt. Dort gibt es eine Krankenstation für die umliegenden Dörfer an den Großen Seen, einen sogenannten „dispensaire". Dieses System der Gesundheitsversorgung ist in Afrika weit verbreitet. Hier arbeiten in der Woche sogenannte medizinische Helfer mit vier Jahren Ausbildung an der Universität (im Vergleich dazu sieben Jahre Medizinstudium hier in Gabon). Zur Grundversorgung der Bevölkerung einmal pro Woche oder alle zwei Wochen kommt der zuständige Arzt für die Region vorbei, um Probleme zu besprechen, Impfaktionen zu überwachen, den Medikamentennachschub zu organisieren etc. Die Fahrt auf dem Fluss offenbart mir den unwegsamen, undurchdringlichen Regenwald zu beiden Seiten des Stromes. Die kleinen Siedlungen, z. T. nur zwei oder drei Hütten, sind oft nur vom Wasser aus erreichbar. Ngomo zählt vielleicht 30 Einwohner und wurde Ende des letzten Jahrhunderts von evangelischen Missionaren gegründet. Seither steht hier noch eine kleine Kirche auf der Anhöhe mit einigen ehemaligen Internatsgebäuden für die einstige Schule. Jetzt gibt es hier nur noch wenige Kinder auf dem Land um die Großen Seen. Die Leute zieht es in die Stadt. Urbanisierung heißt das Schlagwort der Geographen - wie in vielen anderen Ländern Afrikas. Trotzdem werden wir, kaum angekommen, von einer Schar kreischender Kinder und deren Müttern begrüßt. Es sind Ferien und deshalb sind viele Familien aus der Stadt aufs Land gezogen. Sie kommen entweder zur Impfung oder zur ärztlichen Konsultation sowie zur Schwangerenberatung. Der Kinderreichtum als ideeller Wert scheint immer noch ungebrochen, wenn man jedoch näher nachfragt, ist außer einer zum Kinderreichtum ermutigenden Familienpolitik auch ein Mangel an Aufklärung über Verhütungsmaßnahmen schuld daran, dass die durchschnittliche Frau nach wie vor acht und mehr Kinder zu versorgen hat. Sie sind es auch, die Frauen, die die kleinen Plantagen zur Eigenversorgung der Familie bestellen - sie tragen die Last auf ihren Schultern.

Das hopital general in Lambarene besuche ich, um zu sehen, wie die Zustände dort sind. Hier gibt es oft Mangel an Medikamenten und vor allem an medizinischem Fachpersonal. Als ich in Libreville die Gelegenheit bekomme, die Universitätsklinik zu besichtigen, bin ich über deren Standard angenehm überrascht. Allerdings scheint auch hier wie in den Privatkliniken die medizinische Versorgung eine Frage des Geldes zu sein. Und einmal mehr wird mir in diesem Zusammenhang die Lebensdevise Albert Schweitzers in Erinnerung gerufen - „Ehrfurcht vor dem Leben !"

Afrikas Zauber hat mich letzten Endes doch gepackt. Einen Abend und eine Nacht habe ich bei einem Wunderheiler verbracht, einem Nganga. So bekomme ich die Gelegenheit, einer sogenannten „veillée" beizuwohnen. Auf diesen traditionellen Versammlungen werden oft Kranke geheilt. Durch Ahnenbeschwöhrung treten die Initiierten in Verbindung mit der Welt ihrer Vorfahren und Verstorbenen. Das ist faszinierend und zugleich angsteinflößend – Trommel-, Zitharspiel und Rasseln, dazu der Gesang und Tanz der geschmückten und bemalten Frauen – eine verschwörerische Mischung von Klängen, die durchaus in Trance versetzen kann. Bei vielen von der modernen Medizin geprägten Europäern trifft diese Art der Heilung auf Unverständnis, hierzulande wird sie jedoch immer noch häufig praktiziert. Jede Art der Medizin hat ihre Grenzen und Indikationen.

Die Zeit fliegt dahin, und dabei beginne ich erst jetzt, viele Dinge mit offenen Augen zu sehen, Zusammenhänge zu verstehen und meine Erfahrungen schätzen zu lernen.

Meine Stelle wird nach meiner Abreise von einer weiteren Studentin aus Deutschland übernommen. So kann ich ihr noch einige Ratschläge mit auf den Weg geben und sie durch das Krankenhaus und das Museum führen.

Auf der Suche nach den Spuren Albert Schweitzers habe ich mir eine neue medizinische Sichtweise zu eigen gemacht. Die Konfrontation mit der afrikanischen Kultur hat mir die Augen geöffnet für viele kleine in Vergessenheit geratenen Werte, für die in unserer europäischen Welt verloren geglaubten Schätze des Lebens.

## Als Forscher in Lambarene
# Zwischen Mambas und Malaria

Dr. med. Larsen Seydel

Jedes Jahr erkrankt fast eine halbe Milliarde Menschen an Malaria. Mehrere Millionen sterben daran. Überall auf der Welt suchen Mediziner nach neuen Mitteln oder Impfstoffen, mit denen diese Krankheit bekämpft werden kann. Dr. med. Larsen Seydel ist einer von ihnen. Er berichtet von seinen Erfahrungen, die er bei einem Forschungsaufenthalt am von Albert Schweitzer gegründeten „Urwald-Hospital" in Lambarene gesammelt hat.

Ich brauche Blut. Blut aus der Nabelschnur eines Neugeborenen. Über zehn Stunden habe ich im Gebärsaal des Hôpital Regionale im zentralafrikanischen Lambéréné auf eine Geburt gewartet. Die Klimaanlage ist wieder mal ausgefallen. Schon beim trägen Herumsitzen läuft mir der Schweiß herunter. Die werdende Mutter ist sechzehn und bekommt zum ersten Mal ein Kind. Leider ist bei Erstgebärenden der Zeitpunkt der Niederkunft recht schwer vorhersagbar. Immer wieder schien es so weit zu sein. Doch die Stunden vergingen. Jetzt ist das Kind geboren und abgenabelt. Ich warte auf die Plazenta. Die Sechzehnjährige ist mit der Probenentnahme einverstanden, und gleich werde ich die Nabelschnur punktieren und versuchen, in Heparin-Monovetten so viel Nabelschnurblut wie möglich zu gewinnen.

## Aus der Ambulanz in die Tropen

Seit ein paar Monaten arbeite ich im Forschungslabor des Albert-Schweitzer-Hospitals in Lambaréné an einer Studie darüber, wie Nabelschnurblutzellen auf den Kontakt mit Malaria-Antigenen reagieren. Nach meinem Medizinstudium habe ich zunächst als AiP in einer neurologischen Klinik gearbeitet. Schon während des Studiums habe ich mich aber auch für die Tropenmedizin interessiert, und der Wunsch, in diesem Fachgebiet noch mehr Erfahrungen zu sammeln, hat mich nie losgelassen. Deswegen war ich nach dem AiP ein Jahr in der Ambulanz des Tropeninstituts der Universitätsklinik Tübingen tätig. Hier lernte ich Prof. Peter Kremsner, den Chef des Forschungslaboratoriums am Albert-Schweitzer-Hospital, kennen. Nach dem Ende meines AiPs ermöglichte er mir ein Forschungsstipendium für eine Studie in Lambarene.

## Studienthema: Malaria im Mutterleib

Mit meiner Studie möchte ich herausfinden, ob und wie Immunzellen von Föten reagieren, wenn man sie mit Malaria-Antigenen stimuliert. Aus früheren Studien weiß man, dass Malaria bei Kindern der Provinz Moyen-Ogooué sehr unterschiedlich verlaufen kann. Diese Unterschiede äußern sich nicht nur in der Schwere der Erkrankung, sondern auch in der Häufigkeit der Reinfektionen. Dabei spielen einige genetische Faktoren eine Rolle, wahrscheinlich aber auch erworbene Immunreaktionen. Inwieweit auch der Kontakt des Kindes mit Plasmodien-Antigenen während der Schwangerschaft eine Rolle spielt, ist nicht bekannt. Möglicherweise werden durch diesen Kontakt spezifische Immunzellen aktiviert und Gedächtniszellen gebildet, die später eine schnellere Abwehr erneuter Infektionen ermöglichen. So ist durchaus denkbar, dass die Malaria einer Schwangeren nicht nur Nachteile hat, sondern für das Kind auch Vorteile bringt. Bisher weiß man allerdings nicht einmal, ob Immunzellen von Föten überhaupt in der Lage sind, auf die Stimulierung mit Plasmodien-Antigenen oder unspezifischen Reizstoffen mit einer Zellvermehrung und der Bildung von Zytokinen zu reagieren. Wenn man besser über diese Vorgänge Bescheid wüsste, könnte dies vielleicht bei der Entwicklung eines Impfstoffes helfen.

## Probleme bei der Beschaffung von Studienmaterial

Deswegen bin ich immer fleißig auf der Suche nach Gebärenden, um Blutproben aus den Nabelschnüren abzunehmen. Leider ist das aber schwieriger, als ich es vorher erwartet habe. Ein Problem war zunächst die Abstimmung mit den Hebammen, auf deren Information und Mitarbeit ich angewiesen bin. Inzwischen aber klappt unsere Zusammenarbeit besser und besser. Auch die Hebammen im etwa 5 km entfernten staatlichen Hôpital Generale sind sehr freundlich. Da es dort jedoch leider kein Telefon gibt, muss ich immer extra hinfahren, um herauszufinden, ob eine Geburt ansteht. Wenn ja, warte ich einfach, bis es so weit ist. Die laboreigenen Autos, mit denen ich diese Touren unternehme, sind allerdings nicht gerade taufrisch. Das eine hat momentan eine lädierte Hupe, dafür funktioniert die Bremse noch hervorragend. Beim anderen ist es zur Zeit umgekehrt. Erst wenn beides ausfallen sollte, dürfte es wirklich kritisch werden. Aber zum Glück gibt es in Lambarene ja fleißige Handwerker.

## Zwischen ELISA und Termiten

Wenn ich erfolgreich war, eile ich flink ins Labor. Hier trenne ich das Nabelschnurblut auf. Die Immunzellen werden kultiviert und mit Parasitenlysaten, die im Prinzip aus kleingehäckselten Erregern bestehen, zur Vermehrung und Produktion von Zytokinen angeregt. Die Zytokine messe ich im ELISA, und die Zellen versehe ich mit radioaktiv markiertem Thymidin, das sie bei der Vermehrung einbauen. Später kann man dann über die verbliebene Radioaktivität die Zellvermehrung beurteilen. Außerdem schaue ich, ob sich im Plazenta- oder Venenblut der Mutter Malariaerreger befinden.

Unser Forschungslabor befindet sich auf dem recht gut gepflegten Hospitalgelände, das auch eine kleine Ansiedlung umfasst und malerisch am Nordufer des palmengesäumten Ogooué liegt. Der Ogooué ist der Hauptstrom Gabuns und an seiner breitesten Stelle mehrere Kilometer breit. Trotzdem fahren auf diesem recht ruhigen Fluss nur einige Pirogen. Das sind Einbäume mit Außenbordmotor – Konstruktionen also, die Steinzeit – und Neuzeittechnologie ohne Zwischenstufe vereinen. Für mich und meine Forscherkollegen – Ärzte, Biologen und Medizinstudenten – ist das Labor der Lebensmittelpunkt. Hier trifft sich auch das ganze übrige Hospitalpersonal, wenn abendliche Unternehmungen geplant sind. Direkt unterhalb des Labors wohne ich mit drei Kollegen. Unser Haus besteht aus zwei Zimmern, Küche und Bad. Zu zweit bewohnen wir jeweils ein Zimmer, das durch ein Regal und einen Schrank in zwei Räume geteilt ist. Die Eingänge zu diesen Räumen sind durch Bettlaken verhängt. Ein Zimmer ist zudem ein Durchgangszimmer. Das andere beherbergt noch eine kleine Sitzecke mit einem Esstisch zum gemeinschaftlichen Gebrauch. Insgesamt ist alles ein wenig spartanisch, aber es lässt sich gut aushalten, da wir uns prima verstehen. Außerdem haben wir schätzungsweise noch etwa eine Million ungebetener Mitbewohner in Form von Spinnen, Geckos und Termiten, die sich langsam aber sicher das Holz der Wände einverleiben.

## Viele Dialekte und Charaktere

Die Mitarbeiter des Hospitals sind eine bunte Mischung aus allem, was man sich an Nationalitäten und Charakteren vorstellen kann. Zurzeit sind hier Ärzte aus Ghana, Nigeria, Togo, Gabun, Frankreich, Deutschland, der Schweiz, Österreich, Georgien und Holland, eine Studentin aus den USA, die aber eigentlich eine Kanadierin ist, zwei Dentisten aus dem Kongo und ein Pharmazeut aus Südafrika. Es herrscht eine wahrlich babylonische Sprachverwirrung, aber irgendwie kommen wir immer zurecht. So wohnen zwei Schweizer zusammen in einem Haus, die sich nicht verständigen können, weil der eine aus Bern kommt und deswegen nur Schwyzerdütsch spricht und der andere aus der Westschweiz stammt und nur Französisch kann. Neulich haben wir eine Unterhaltung geführt, indem ich versuchte, das Schwyzerdütsch des Berners zu enträtseln und ins Englische zu übersetzen (mein Französisch ist leider noch nicht ganz perfekt). Die amerikanische Studentin hat das Resultat dann für den Westschweizer ins Französische übertragen und umgekehrt. Es hatte ein bisschen was von „Stiller Post". Dann haben wir noch einen Österreicher, der ursprünglich aus Uruguay stammt, dessen Familie aber in der Schweiz lebt, wo auch er sich zuletzt aufhielt. Mit der Amerikanerin kann er sich auf Spanisch unterhalten. Der Pharmazeut aus Südafrika hält sich nur für wenige Wochen in Lambaréné auf und spricht kein Wort Französisch, was ihm einige Probleme bereitet. Seine Muttersprache ist aber nicht Englisch, sondern Afrikaans, sodass er sich mit unserem Kollegen aus den Niederlanden mit etwas verständigen kann, das entfernt an Holländisch erinnert. Richtig exotisch wird's, wenn Badri Sebaschwili aus Georgien loslegt. Wir haben große Augen gemacht, als er sich mit unserem Ostberliner Kollegen in einer Sprache unterhielt, die im Regenwald nun doch etwas fremd wirkt: Russisch. Als ob dieser Mischmasch an Nationalitäten nicht schon ausreichend verwirren würde, kommt noch die Sache mit den Religionen hinzu: Hier ist alles vertreten, von Katholiken und Protestanten über Baptisten, Anglikaner, Juden, Moslems und Atheisten bis hin zu Anhängern von Naturreligionen, die sich mehr oder weniger „outen".

## Freizeitgefahren durch Schlangen und Ebola

Leider kann man in seiner Freizeit weniger unternehmen, als man sich wünschen würde. In den umgebenden Tropenwald kommt man nicht richtig hinein. Er ist fast undurchdringlich und neben dem Panther lauern dort auch Schlangen wie die Gabunviper oder die grüne Mamba, die angeblich die giftigste Schlange der Welt ist. Jedenfalls betrete ich die Trampelpfade zwischen den Häusern nachts sicherheitshalber nur noch mit einer Taschenlampe. Eine vor langer Zeit begonnene neue Straßenpiste bietet die einzige Möglichkeit zu einem Spaziergang oder Waldlauf. Das Klima ist hier nicht gerade gnädig mit Sportlern – trotzdem wagen wir es von Zeit zu Zeit.

Wer Abwechslung sucht, kann natürlich auch in die Stadt fahren. Dort gibt es einige nette Restaurants, wo man so leckere Sachen wie Antilope, Stachelschwein, Python, Krokodil oder Affe essen kann. Krokodil schmeckt echt super, von Pythonfleisch bin ich nicht so begeistert. Vom Affen haben wir bisher alle die Finger gelassen. Zum einen weiß man ja nie, ob man sich da nicht vielleicht einen Ebola-Überträger auf den Teller lädt. Und zum anderen sind wir der Ansicht, dass man seine nahen Verwandten nicht aufessen sollte.

## Die Klinik des „Urwalddoktors"

Lambarene ist größer, als man auf den ersten Blick denkt. Es liegt in einem hügeligen Gelände und die Ansiedlungen aus einstöckigen Häusern oder Hütten, die sich ohne jede Ordnung oder gar Stadtplanung in alle Richtungen in den Wald hineinfressen, sind in diesem Gelände nicht überschaubar. Immerhin ist Lambarene die viertgrößte Stadt Gabuns und sogar auf manchen Weltkarten verzeichnet. Das liegt aber nicht an der Größe Lambarenes, sondern daran, dass die Karte sonst an dieser Stelle bis auf die grüne Hintergrundfarbe komplett leer wäre und an der Bekanntheit des Ortes durch das Wirken Albert Schweitzers. 1913 gründete er hier sein berühmtes Tropenhospital. Aus diesem kleinen Spital ist heute eine große Klinik geworden, in der jährlich über 2.000 Operationen durchgeführt werden und die für zentralafrikanische Verhältnisse hervorragend ausgerüstet ist. Nach wie vor ist das Hospital eine private Einrichtung, die zum größten Teil von einem weltweit organisierten System von Unterstützervereinen finanziert wird.

Die Einwohnerzahl Lambarenes wird auf 25.000 geschätzt. Sie genau festzulegen, dürfte schwer sein, da viele Frauen zwischen 16 und 40 hier praktisch ständig schwanger sind und Kinder gebären. Den Rekord in meiner Studie trug eine Frau, die ihr Alter auf 33 Jahre schätzte, 10 Kinder hatte und an diesem Tag ihre 15. Schwangerschaft beendete.

## Histopräparat oder Fetisch?

Bei der Probengewinnung habe ich mit regionalen Traditionen zu kämpfen. So wäre es mir vorher im Traum nicht eingefallen, dass Plazenta und Nabelschnur für die Menschen hier keine Abfallprodukte sind, für die sich außer mir keiner interessiert. Vielmehr werden diese Schwangerschaftsüberbleibsel in heimischem Boden beerdigt. So stehen bei der Geburt meist die Großmütter schon ganz nervös mit einem Plastikeimerchen bereit, um die Plazenta zu ergattern. Daneben stehe auch ich – ähnlich nervös –, um ihnen die Plazenta vor der Nase wegzuschnappen, sobald sie herausflutscht. Da sind Geistesgegenwart, gute Reflexe und Ellenbogen gefragt. Zum Glück bleibe ich meistens Sieger, aber natürlich nur mit Hilfe der Überzeugungskraft und nicht der Muskeln. Auch die Entnahme würfelgroßer Plazentabiopsien kann Probleme machen, wenn von Verwandten geargwöhnt wird, dass man diese Gewebsstückchen als Fetisch einsetzen könnte. Bisher konnte ich diesen Verdacht immer erfolgreich von mir weisen und gegen den Willen der Familienangehörigen geschieht natürlich nichts. Aber nicht nur die Traditionen bereiten Probleme. Die meisten Frauen nehmen hier zur Prophylaxe einer Malaria während der Schwangerschaft Chloroquin ein. Für die Frauen ist das eine sinnvolle Maßnahme. Andererseits brauche ich natürlich für meine Studie nicht nur Nabelschnurblut von Neugeborenen von gesunden, sondern auch von infizierten Müttern.

## Mit Plazenta im Köfferchen

Im Hôpital Regionale läuft heute alles wie am Schnürchen. Keine Großmutter mischt sich ein. Die Nachgeburt kommt bald, ich punktiere die Nabelschnurgefäße und kann ohne Probleme 20 ml Blut aufziehen. Die Biopsie der Plazenta ist leider eine recht blutige Angelegenheit. Das macht die Sache etwas prekär, weil es heute kein fließendes Wasser gibt. Deswegen bin ich beim Ausziehen der blutverschmierten Handschuhe besonders vorsichtig. Schutzkleidung trage ich nicht, das wäre viel zu warm. Diesen Mangel an Schutz muss man durch konzentriertes Arbeiten ausgleichen. Ich tratsche noch ein wenig mit den Hebammen, dann schnappe ich mein Köfferchen, in dem ich die Proben untergebracht habe, und mache mich auf ins Labor. Vielleicht stellt sich ja heraus, dass dieser neue kleine Erdenbürger, dessen Blut ich mit mir herumtrage, die Malaria, die er sicher bald bekommen wird, besser überstehen kann, weil seine Mutter während der Schwangerschaft eine Plasmodieninfektion durchgemacht hat.

## Neuigkeiten aus der medizinischen Forschung am Albert-Schweitzer-Hospital Lambarene

Im Rahmen der Prüfung neuer Medikamente zur Behandlung und Verhütung der Malaria durch Chemoprophylaxe, d.h. die Einnahme von Malariamedikamenten in der Absicht, eine Erkrankung durch Vorbeugung zu verhindern, wurde kürzlich die Eignung eines neueren sogenannten ‚Kausalprophylaktikums' durch das Team am Forschungslabor des Albert-Schweitzer-Krankenhauses getestet. Während fast alle herkömmlichen Malariamedikamente nur die Blutformen des Parasiten nach Ausbruch der Erkrankung angreifen können, gelingt es mit dem neuen Wirkstoff, schon vor Ausbruch der Erkrankung die Parasiten im frühen Stadium der Infektion abzutöten. Zu diesem Zeitpunkt verstecken sich die Malariaerreger noch in der Leber des Menschen vor dem abwehrenden Immunsystem. Durch dieses frühe Angreifen eignet sich die Substanz mit Namen Tafenoquin besonders gut zur Malariaprophylaxe. Bei einer Anwendung durch über 2000 freiwillige Studienteilnehmer in und um Lambarene konnte durch das Wissenschaftlerteam um Professor Peter G. Kremsner die gute Wirksamkeit und Verträglichkeit dieser neuen Substanz nachgewiesen werden. Die Ergebnisse der Studie wurden in der angesehenen medizinischen Fachzeitschrift ‚The Lancet' publiziert.

Die meisten der nach Schätzung der Weltgesundheitsorganisation WHO jährlich an der Malaria tropica versterbenden 2 Millionen Menschen sind Kleinkinder in Schwarzafrika. Bei der Diagnosestellung einer im Kindesalter oft lebensbedrohlichen Malaria tropica kommt es gerade bei begrenzter Anzahl von Hospitalbetten und wenigen Möglichkeiten zur Intensivmedizin darauf an, mit einfachen Mitteln gleich bei Erkrankungsbeginn jene Kinder zu identifizieren, bei denen es binnen Stunden mit hoher Wahrscheinlichkeit zu einer dramatischen Zustandsverschlechterung mit Eintrübung des Bewusstseins (‚zerebrale Malaria') und Tod kommt. Ein wichtiges Hilfsmittel hierzu ist das im mikroskopischen Präparat (‚Dicker Tropfen') bei Diagnosestellung zu erkennende sogenannte Malariapigment, das durch die Verdauung des roten Blutfarbstoffes Hämoglobin durch die Malariaparasiten entsteht. In einer grossen Studie, die die fünf großen Malariaforschungseinrichtungen in Afrika südlich der Sahara in Gabun, Gambia, Ghana, Malawi und Kenia gemeinsam miteinander durchführen, wird gegenwärtig die genaue Bedeutung dieses Phänomens und seine Wertigkeit zur Verbesserung von Diagnose und Therapie schwerkranker Kinder unter einfachen Bedingungen erforscht. Die Erkennung des Malariapigmentes wird in Lambarene derzeit durch ein modernes, auf Lasertechnologie beruhendes Blutzellanalysegerät erleichtert. Die Vernetzung der Forschungsinstitute über den afrikanischen Kontinent hinweg und die vereinfachte Verknüpfung der erhobenen Daten binnen kürzester Zeit wird durch die Installation eines Satellitenkommunikationsnetzes und die Dateneingabe in handliche Kleincomputer (‚Palm Tops') direkt am Krankenbett ermöglicht. Hierbei kommt dem Forschungslabor am Albert-Schweitzer-Krankenhaus die Vorreiterrolle zu, in dem sich die Dateneingabe mittels Kleincomputer bereits in der Erprobungsphase befindet.

Ein weiteres aktuelles Forschungsprojekt widmet sich nichts geringerem als der Frage, warum die genetische Ausstattung mancher Menschen die Entwicklung einer schweren Malaria begünstigt, andere hingegen nur leicht oder gar nicht betroffen sind. Die Untersuchung dieser Frage wird durch neuere Biotechnologien und die Zusammenarbeit verschiedener Forschungseinrichtungen im Rahmen des internationalen Genomforschungsnetzwerkes und innerhalb der Universität Tübingen (‚TübinGENOM') ermöglicht. Eine Pilotstudie des Projektes in Lambarene und in Libreville, der Hauptstadt Gabuns, ist Ende des vergangenen Jahres angelaufen.

Neben der Forschung widmet sich die Kooperation zwischen dem Tübinger Tropenmedizinischen Institut der Eberhard-Karls-Universität und dem Forschungslabor in Lambarene im Sinne der nachhaltigen Entwicklung auch in besonderem Maße der Aus- und Weiterbildung junger Kolleginnen und Kollegen:
Anfang Februar hatte eine Gruppe von Tübinger Medizinstudenten Gelegenheit, unter der Betreuung von Tropenmedizinern und Forschern das Krankheitsspektrum in Lambarene sowie Methoden der Epidemiologie und klinischen Forschung intensiv unter realen Bedingungen zu studieren und die zuvor im Hörsaal erworbenen theoretischen Kenntnisse um reale Erfahrungen in den Tropen zu erweitern und zu vertiefen. Der Kurs wurde von den Studierenden als ‚hervorragend' bewertet. Derzeit wird geprüft, ob ein regelmäßiges Anbieten dieses außergewöhnlichen Praktikums sowie ein entsprechendes Angebot ‚in Gegenrichtung' für afrikanische Kollegen finanzierbar ist.
Die Doktoren Akim Adegnika, Thierry Bagaphou, Arnaud Dzeing und Pierre Blaise Matsiegui belegten unter den kürzlich promovierten Ärzten der Medizinischen Fakultät der Universität von Libreville die ersten Ränge unter allen erfolgreichen Absolventen der letzten beiden Jahrgänge. Ihre Doktorarbeiten zu verschiedenen Aspekten der Malaria erstellten alle unter der gemeinsamen Betreuung von Frau Professor M. Kombila (Universität Libreville) und Professor P. G. Kremsner (Albert-Schweitzer-Hospital Lambarene/Universität Tübingen) im Forschungslabor am Albert-Schweitzer-Krankenhaus.
Herzlichen Glückwunsch!

# dialog-project.net

Das Dialog-Projekt des Internationalen Albert-Schweitzer-Netzwerks

In internationaler Kooperation wird derzeit ein Dialog-Projekt entwickelt, das sich zum Ziel gesetzt hat, mit dazu beizutragen, dass eine neue Humanitätsgesinnung im Geiste Albert Schweitzers Wirklichkeit werden kann.

**„Die große Frage ist: Wie kommen wir heraus aus dem Elend, das unser Schicksal bestimmt?**
**Auf keine andere Art, als dass wir uns der Humanitätsgesinnung wieder zu ergeben wagen. Humanitätsgesinnung ist der höchste Erwerb der Erkenntnis, ... die dem Wesen des Menschen entspricht.“**
Albert Schweitzer, 1951

Einer der Hauptgründe für Konflikte – im Kleinen wie im Großen – ist die immer weiter wachsende Sprachlosigkeit zwischen den Menschen. Obwohl die Medien uns täglich über alles informieren, wissen wir doch von einander immer weniger. Das Gespräch wird zunehmend zur Floskel. Unser Wissen mehr und mehr zur Farce. Die Einsamkeit nimmt stetig zu und mit ihr die Angst. Wir sind einander Fremde geworden.

## Wie können wir dazu beitragen, die Humanität, „das Vermögen des Mitempfindens und des Miterlebens“, von Mensch zu Mensch zu verbreiten?

Indem wir die uns zu Verfügung stehenden Möglichkeiten nutzen, Dialog und Begegnung zwischen den Menschen zu fördern. Diese Möglichkeiten sind:

1. Entwicklung und Begleitung der Dialogarbeit vor Ort (in Schulen, Gesprächskreisen, Jugendarbeit)

2. Vernetzung der Dialogarbeit (durch Einbindung von Begegnungsstätten und Austausch über Internet)

3. Mediale Aufbereitung und publizistische Unterstützung der Dialogarbeit

Mit dem „Dialog-Projekt" werden wir uns auf eine zeitgemäße Art darum bemühen, Jugendliche vor Ort unter einander, mit älteren Menschen und mit anderen Jugendgruppen ins Gespräch und Zuhören kommen zu lassen. Thema der Gespräche sind die Wirklichkeit, die den Einzelnen bestimmt und die Wertvorstellungen, nach denen er strebt.

## Wie bringen wir Einzelne und Gruppen miteinander ins Gespräch, damit wirkliche Begegnung stattfinden kann?

1. Die wichtigste Arbeit erfolgt mit den Jugendlichen vor Ort. In Schulklassen, kommunal oder konfessionell sowie frei geführten Jugendgruppen, wird die Aufgabe gestellt, im Dialog die eigene Wertvorstellung und Lebenssituation zu beschreiben.

2. Mit Unterstützung von Studenten aus den Bereichen der Mediengestaltung werden die einzelnen Gruppen befähigt, ihre Wert- und Situationsbeschreibungen aufzubereiten und im Internet unter: www.dialog-project.net zu veröffentlichen.

3. In Begegnungsstätten treffen sich Jugendgruppen aus unterschiedlichen Regionen, Ländern und Kontinenten. Sprachlich und inhaltlich wird das Treffen der Jugendgruppen von der jeweiligen Begegnungsstätte begleitet.

## In welchen Schritten wird die Dialogarbeit umgesetzt?

1. Schritt
Den beteiligten Jugendgruppen wird eine erste Aufgabe gestellt:
Heimat (wo und wie lebe ich heute?)
Die Aufgabe besteht darin, gemeinsam den Ort, an dem man lebt, in Bildern, kurzen Texten und evtl. Videosequenzen vorzustellen. Jeweils zwei Personen arbeiten an einem Thema (z.B. Geschichte/Ausbildung/Arbeit/Freizeit: bei kleineren Orten auf die Kommune bezogen, in Städten auf die jeweiligen Stadtteile).
Dabei ist der individuelle Blickwinkel der einzelnen Teilnehmer zu fördern. Eine entsprechende Strukturvorgabe wird gestellt. Die Auseinandersetzung mit der Thematik geschieht innerhalb der jeweiligen Gruppen.

2. Schritt
Die zweite Aufgabe führt schrittweise zur Beschäftigung mit eigener Identität und Werten:
Ziel (wo und wie will ich in Zukunft leben?)
Die Aufgabe besteht darin, mit beliebigen anderen Jugendlichen (u.a. älteren Personen) des Ortes ein Interview/Gespräch zum Thema „Alltag, Glaube und das Glück" zu führen. Eine entsprechende Anleitung für die Interviewführung wird den Teilnehmern zur Verfügung gestellt.

3. Schritt
Sobald das Material vorliegt, nimmt die Gruppe an einem 3- bis 4tägigen Seminar für Internetgestaltung teil.

Die Seminare werden von Studenten der Fachbereiche Kommunikations- und Mediendesign, Film und Journalistik durchgeführt. Ziel der Seminare ist es, den Teilnehmern die unabhängige Aufbereitung der erarbeiteten Inhalte zu ermöglichen.
Im Anschluss kann die eigenverantwortliche Gestaltung (gemäß den strukturellen Vorgaben für die Einbindung in das Angebot: www.dialog-project.net) der Seiten erfolgen.

4. Schritt
- Laufende Aktualisierung und Ergänzung (Interviews) der Inhalte
- Kontakt zu anderen Gruppen/einzelnen Teilnehmern
- Thematisierung der verschiedenen Inhalte und Einbindung der Ergebnisse in die Jugendarbeit vor Ort

5. Ergänzung
Ergänzt wird die Projektarbeit durch temporäre, d.h. in Freizeiten eingebundene Aktivitäten. Durch Freizeiteinrichtungen und Begegnungsstätten können Treffen der verschiedenen Gruppen organisiert oder Besuchsfahrten mit dem Ziel angeboten werden, Dialog und Gespräch zwischen Gästen und Gastgebern zu fördern.
Analog zu der langfristig angelegten Dialogarbeit mit den Gruppen vor Ort werden auch die zeitlich begrenzten Aktivitäten in den Begegnungsstätten medial dokumentiert und publiziert.

## Wie wird der Dialog inhaltlich unterstützt?

Um den Dialog zu erleichtern und zu unterstützen werden humanistische Basistexte zeitgemäß umgesetzt und den Teilnehmern als grundlegende Positionen für den Diskurs über Werte zur Verfügung gestellt.
Die Umsetzung und Gestaltung der Texte erfolgt durch
- Studenten der Fachrichtungen Mediengestaltung, Film und Grafik
  (als Semesteraufgaben an verschiedenen Fachhochschulen unter dem Stichwort: „source-code-project“
  Aufgabe ist die Erstellung von Kurzfilmen auf Basis eines der vorgegebenen Texte Dauer: min. 2,5 Min. und max. 15 Min.)
- Mediengestalter und Regisseure

Geeignet sind Inhalte, die gemeinsame Grundwerte verdeutlichen, ohne dabei die kulturellen Unterschiede zu nivellieren.
Geeignet sind alle medialen Formen, die eine Identifikation mit den Inhalten und damit eine aktive Teilnahme provozieren.
Das Albert-Schweitzer-Netzwerk stellt im Internet eine Textauswahl (historisch und zeitgenössisch) bereit. Die Textauswahl wird regelmäßig ergänzt. Textvorschläge sind willkommen. Die Unterstützung durch Verlage wird angestrebt.
Ziel ist, dass sich aus der aktiven Teilnahme neue Inhalte entwickeln, die für die Zielgruppe aufbereitet dann wiederum als Mittler zwischen weiteren Teilnehmern und Gruppen den Dialog unterstützen.

Die Betreuung und Anleitung der Projektarbeit erfolgt im Rahmen

- kommunaler Jugendarbeit
- kirchlicher Jugendarbeit
- der Schulklassen, Jahrgangsstufen 8 - 12
- von Freizeiteinrichtungen
- freier Jugendgruppen
- von Begegnungsstätten

Koordiniert wird die Dialogarbeit über das Deutsche Albert-Schweitzer-Zentrum in Frankfurt am Main in Zusammenarbeit mit dem Albert Schweitzer Komitee in Weimar. Weitere Auskünfte erteilt das Deutsche Albert-Schweitzer-Zentrum:

Deutsches Albert-Schweitzer-Zentrum
Stichwort: Dialogarbeit
Neue Schlesingergasse 22 - 24
D 60311 Frankfurt am Main

Aktuelle Informationen finden Sie unter:
**www.dialog-project.net**

## Liste der Projektpartner

(Stand Mai 2002)

1. Albert-Schweitzer-Gedenk- und
Begegnungsstätte
Kegelplatz 4
99423 Weimar

2. Albert-Schweitzer-Kreis, Lahn-Dill
c/o Kirchengemeinde Leun
Pfarrgasse 11
35638 Leun

3. Begegnungsstätte Albert Schweitzer
17, rue du cimetiére militaire
Niederbronn-les-Bains, Frankreich

4. Deutsches Albert-Schweitzer-Zentrum
Neue Schlesingergasse 22 - 24
60311 Frankfurt/Main

5. Studentische Vereinigung
Albert Schweitzer
Crnotravska 11/6
11040 Beograd, Jugoslawien

6. Frankfurter Akademie für
Kommunikation und Design
Ostparkstraße 47 – 49
60385 Frankfurt/Main

7. Frankfurter Institut für Bildung und
Medienentwicklung GmbH
Ostparkstraße 10
60385 Frankfurt/Main

8. Zentrum für Kunst und Medientechnologie
Lorenzstraße 19
76135 Karlsruhe

Studenten gründen neuen Kreis in Jugoslawien

## Albert Schweitzer Vereinigung in Belgrad

Im Januar 2002 haben Studenten der medizinischen Fakultät in Belgrad einen Albert-Schweitzer-Kreis ins Leben gerufen.
Im März wurde der Zusammenschluss dann unter dem Namen **Studentische Vereinigung Albert Schweitzer** offiziell eingetragen. Die erste Veranstaltung des Vereins fand am 15. Januar 2002 unter dem Titel „Tribune Dr. Albert Schweitzer" statt.

Im Einladungstext zu der ersten öffentlichen Veranstaltung heißt es:
„Wir möchten aufzeigen, woran es in unserer medizinischen Ausbildung fehlt, um ein wirkliches „Reifezeugnis" zu erlangen. Gerade das Fehlende ist häufig von besonderer Bedeutung für unsere zukünftige Tätigkeit. Unser Projekt ist inspiriert durch Albert Schweitzers selbstlose Arbeit. Er kam zu Medizin, indem er die Bedeutung der Ehrfurcht vor allem Leben erkannte.
Wir wollen ein „gesundes" Leben propagieren, das ist; ein Leben im Geist der Humanität, in Einfachheit und Bescheidenheit.
Zu diesem Zweck organisieren wir Veranstaltungen, um Studenten (vor allem angehende Mediziner) unsere Ideen zu vermitteln."
Im März fand dann die zweite Veranstaltung statt. Die Vorsitzende des Vereins, Maria Delibasic, schrieb uns:
„Wir haben gerade die zweite Veranstaltung beendet und sind sehr zufrieden mit dem Besuch.
Wir hatten einen speziellen Gast aus Kroatien ( Zagreb) - **Zlatko Pejic**, der 1993 den **Earth Day International Award**, bekommen hat.
Das Thema unserer Veranstaltung war: „**Integrales Bewusstsein, integrale Gesundheit und integrale Medizin**", ganz im Geist von Albert Schweitzer. Der Saal war bis auf den letzten Platz gefüllt, auch viele Journalisten waren dabei und wir haben die Rundbriefe, die Sie mir geschickt haben, verteilt."
Für das laufende Jahr sind weitere Veranstaltungen geplant. Darüber hinaus möchte die **Studentische Vereinigung Albert Schweitzer** eine Albert-Schweitzer-Ausstellung organisieren, die in allen medizinischen Fakultäten des Landes gezeigt werden soll.

Seit den Anfängen im Januar pflegen die **Studentische Vereinigung Albert Schweitzer, Belgrad** und das **Deutsche Albert-Schweitzer-Zentrum, Frankfurt** einen engen Austausch. Uns hat natürlich interessiert, wie die Medizinstudenten auf die Idee kamen, eine Albert Schweitzer Vereinigung zu gründen. Dazu Maria Delibasic:
„Ich möchte auf Ihre Fragen antworten: Wie ich Albert Schweitzer kennenlernte? Also unser Professor Vuk Stambolovic (soziale Fragen der Medizin) hat mit uns über Schweitzer gesprochen und uns einige Bücher von ihm gegeben. Uns gefiel der Inhalt sehr, und so kamen wir auf die Idee, das Wirken Schweitzers auch bei uns bekannt zu machen.
Bei uns gibt es nicht viele Bücher von Schweitzer zu finden. Was wir haben ist: „Mitteilungen aus Lambarene", „Zwischen

Wasser und Urwald", „Albert Schweitzers Leben, Werk und Denken"."

Albert Schweitzers Werk in Osteuropa zu verbreiten ist ein wichtiger Schritt zu einer gemeinsamen Wertgrundlage. Die geplante Ausstellung könnte sehr hilfreich sein, für die fehlt allerdings Geld. Zwar können wir unsere Jubiläumsausstellung zur Verfügung stellen, doch die muss selbstverständlich übersetzt werden.

Aber die Finanzen sind nicht einmal das dringlichste Problem. Wichtiger noch ist, dass wir die Arbeit in Belgrad in unser Netzwerk einbinden und damit deutlich machen, dass wir gemeinsam ein gemeinsames Ziel verfolgen.

In ihrer ersten Email an mich bat uns Maria Delibasic: „Wir würden froh sein, wenn sie uns in Form von Lesestoffen, Ratschlägen oder einen Besuch unterstützen könnten!"

Für uns ist das gar keine Frage; wir werden die Belgrader Aktivitäten nach Kräften unterstützen!

Sehr gefreut hat uns auch, dass die **Studentische Vereinigung Albert Schweitzer** sich mit großem Engagement bereit erklärt hat, an dem Dialog-Projekt teilzunehmen.

Auch das ist keine Frage, nur in internationaler Kooperation und dem Bemühen, den Dialog über alle Grenzen hinweg zu führen, kann die Gesinnung der Humanität, kann die Gesinnung Albert Schweitzers verbreitet werden.

In Belgrad ist ein wichtiger Schritt dahin getan.

Tomaso Carnetto

Dem Aufruf gefolgt

## Neuer Freundeskreis in Berlin

Nach dem Aufruf, neue Albert-Schweitzer-Kreise ins Leben zu rufen, erreichte uns folgendes Schreiben von Frau Ilse Schneider aus Berlin. Wir danken ihr für das persönliche Engagement und den Einsatz:

Sehr geehrte Frau Böhnert!

Wie Sie sehen, bin ich dem Aufruf des letzten Rundbriefs gefolgt und möchte einen Albert-Schweitzer-Kreis gründen.

Wir sind mittlerweile sechs Personen und haben im Seniorenkreis Hermsdorf die Möglichkeit für regelmäßige Treffen gefunden. Dieser Kreis gehört zur Kirchengemeinde Hermsdorf, tagt aber nicht in deren Räumen, sondern im Seniorenzentrum.

Ich habe im Laufe der letzten vier Jahre mehrere Lichtbildervorträge gehalten, darunter waren 4 Veranstaltungen über Albert Schweitzer, wofür Sie freundlicherweise immer wieder Material zur Verfügung gestellt hatten.

Es waren folgende Aktionen:

1. Dia-Vortrag über „Albert Schweitzer in Lambarene"
2. Filmvorführung (Video) von V3 und V4
3. Erlebnisbericht von Frau Sonja Poteau anlässlich ihres Berliner Aufenthalts im Januar 2000
4. Dia-Vortrag über „Freude, Leid und Leben mit Tieren bei Albert Schweitzer"

Nun habe ich mit meinen Mitgliedern im Seniorenkreis jährlich zwei Schweitzer-Treffen vereinbart, zum Geburtstag im Januar und zum Todestag im September.

Die nächsten Schwerpunkte werden sein:
1. Lichtbildvortrag „Albert Schweitzer und seine Zeit“
2. Helferinnen im Spital, mit Lebensbildern einzelner Frauen

Ich hoffe, dass das Interesse weiter so rege bleibt wie bisher und dass anderen Menschen damit Freude gemacht werden kann. Ihnen danke ich für das Vertrauen, das Sie mir und den anderen entgegengebracht haben und hoffe, dass es in jedem Fall belohnt werden wird.
Mit freundlichen Grüßen

Ilse Schneider, Berlin

Albert-Schweitzer-Kreis in Leun

## Eine neue Facette im Gemeindeleben

Leun an der Lahn ist ein typischer Ort – für Hessen und machen andern Ort in Deutschland. Und das in vielfacher Weise. Schon früh wurde dieser Ort protestantisch, in der Folgezeit gewann der Pietismus großen Einfluss, was noch heute spürbar ist. Eine katholische Gemeinde kam erst mit den Flüchtlingen nach 1945 hierher. Ländlich gelegen war der Marktflecken, der 1664 Stadtrechte erhielt, doch nie ausschließlich durch die Landwirtschaft geprägt. Neben Handwerkern, die u.a. für die nahe gelegenen Fürsten zu Solm-Braunfels tätig waren, sind es vor allem die vielen Arbeiter in der umliegenden Eisenerzbergwerken gewesen, die das Bild der Gemeinde prägten. Mit der Industriealisierung fanden viele ihr Auskommen dann in der nahegelegenen Industriestadt Wetzlar.
Dem aufmerksamen Beobachter wird Leun wie ein scharf geschliffenes Prisma erscheinen, in dem sich viele der großen Probleme und Aufgaben im Kleinen widerspigeln. Das war in der Vergangenheit so und gilt auch heute. Der hier im Januar ins Leben gerufene Albert-Schweitzer-Kreis also mit den konkreten Notwendigkeiten unserer Gesellschaft konfrontiert.
Angebunden an die evangelische Gemeinde sehen wir unsere Hauptaufgabe darin, die Sprachlosigkeit zwischen den Menschen zu überwinden, indem Räume geschaffen werden, in denen es möglich ist, einander in gelebter Ethik zu begegnen und gemeinsam zu handeln.

Tomaso Carnetto

Vorgestellt:

## Albert-Schweitzer-Freundeskreis Augsburg

Wir sind eine kleine Gruppe – kein Verein –, von rd. 6-8 Leuten und treffen uns seit März 1996 einmal im Monat ganz zwanglos, um uns in verschiedenster Art mit dem vielseitigen Leben, Werk und Denken Albert Schweitzers zu befassen und ihn wieder in Erinnerung zu bringen. Besonders möchten wir uns in Zukunft an Lehrer, Schüler und Jugendliche wenden.
Auch freuen wir uns über Kontakte mit älteren Menschen, für die Albert Schweitzer schon immer ein Begriff und Vorbild war!

Wir treffen uns monatlich, jeweils am zweiten Montag im Monat um 19 Uhr im Augsburger Zeughaus Raum Nr. 108 / 1. Stock (Heintz-Zimmer)
Gäste sind herzlich willkommen!

**Das bieten wir an, und das tun wir:**

- Verleih von Büchern, Videos, Tonkassetten, CD (auch CD-ROM) u.a.
- Gedankenaustausch, Gespräche
- Video-Abende
- Vorbereitung und Durchführung von kleinen Aktionen (z.B. Infostände, Dia-Vorträge, Ausstellungen, Faltblätter)
- Gemeinsames Lesen von Texten
- Infomaterial, Rundbriefe, Broschüren u.ä. zum Lesen bzw. zur Weitergabe
- Kontaktpflege mit dem Albert-Schweitzer-Komitee Weimar, dem Albert-Schweitzer-Zentrum in Frankfurt/M. u.a. Organisationen und Einzelpersonen
- Vermittlung von Unterrichtsmaterial für Schulen u.a. Interessierte (Dia-Serien, Videos, Folien, Unterrichtsblätter, CD, Infomaterial u.a.)
- Kostenlose Weitergabe von A.S.-SW-Postkarten (eig. Druck, keine Werbung)
- Kostenlose Weitergabe der CD „Stimmen zu unserer Zeit“ (4 Texte im Originalton: Albert Schweitzer, Martin Niemöller, Gustav Heinemann u. Helmut Gollwitzer)

**Rückblick, Vorschau, Termine:**

Rückblick: 2001 haben wir unser 5-jähriges Bestehen genutzt und versucht, Albert Schweitzer durch kleine Aktionen wieder etwas aufleben zu lassen. Dia-Vortarg, Video-Abend, Infostand und eine gut frequentierte Ausstellung im Landratsamt Augsburg fanden im März bis April statt. • Im Mai durften wir uns mit Ausstellung und Infostand beim Pfarrfest St. Andreas beteiligen, welches unter dem Thema „Albert Schweitzer“ stand. • Im Februar, Juni und September besuchten wir unsere Zeitzeugin Frau Edith Fischer und kehrten jedesmal wieder bereichert heim! • Drei weitere „gut gelaufene“ Infostände hatten wir im März (Frühlingssamstag), Juni (Freiwilligenzentrum) und September („Augsburg-Tag“). • Am Kirchentag in Frankfurt (Juni) wurden durch uns in einer Aktion mit dem Herausgeber der CD „Stimmen zu unserer Zeit“ – worauf u.a. Albert Schweitzer sein „Wort an die Menschen“ spricht, 3000 Stück CDs kostenlos verteilt. • Je zwei Besuche beim Frankfurter A.S. Zentrum und in Weimar beim A.S. Komitee (mit neuen, zeitgemäßen Ausstellungsräumen) halten den Kontakt zu den „großen“ Vereinen, der sehr wertvoll ist. • Und im November Videoabend mit erfreulichen 17 Gästen! Für das kommende Jahr gibt es nun folgende Anregungen:

- Besuche bei „unserer" Zeitzeugin Frau Edith Fischer (89J., Treuchtlingen)
- Teilnahme am A.S.-Johannistreffen in Günsbach/Elsaß (15./16. Juni)
- Orgelfabrik-Führung in Oettingen – Firma Orgelbau C.F. Steinmeyer
- Besuche in Weimar und Frankfurt
- Infostände am 23. März (Frühlingssamstag) und „Augsburg-Tag", 29. Sept.
- Videoabend im November

Für weitere Ideen und Vorschläge ist wieder alles offen!

Es soll und wird jedoch auch dieses Jahr nicht in übermäßige Aktivität ausarten. Unsere Treffen sollen wieder möglichst ein ruhiger Austausch von guten Gedanken und Gesprächen im Geiste Albert Schweitzers sein und Anregung und Kraft für eigenes „Tun" geben.
Ich werde mich also freuen, wenn wir auch im Jahre 2002 wieder gemeinsam (in unserer sympathischen Runde) einige gute „Albert-Schweitzer-Abende" verbringen können.

Gabi Richter

Ansprechpartnerin:
Gabriele Richter, Gartenstraße 15,
86152 Augsburg, Telefon: 0821/2581-336
(Diensttelefon, nur Mo-Fr tagsüber, ich habe kein Privattelefon)
E-Mail: gabriele.richter@shbaau.bayern.de

Experiment auf dem Land

## Albert-Schweitzer-Ausstellung im Dorf

Lippramsdorf, ein Dorf im Außenbereich von Haltern, am nördlichen Rand des Ruhrgebietes. Die evangelische Gemeinde ist eine Diaspora-Gemeinde in einem vorwiegend katholisch geprägtem Umfeld. Die für das Münsterland typischen Nachbarschaften ermöglichen jedoch ein gutes Miteinander. Entsprechend steht das evangelische Gemeindezentrum in Lippramsdorf nicht nur der Kerngemeinde, sondern auch der übrigen Bevölkerung als Mittler zur Verfügung. Eine Veranstaltungsreihe des Gemeindezentrums, die sich für alle öffnet, ist die Reihe „Lippramsdorfer Vorträge und Seminare". In diesem Rahmen wurde der Wunsch geäußert, eine Ausstellung über Albert Schweitzer und seine Bedeutung für unsere Zeit zu organisieren.
Der 11. September und die Sorge um die Erhaltung des Friedens beschleunigte die Bemühungen. Wie so oft traf die Initiative auf unerwartete Möglichkeiten. Nach einer Begegnung mit alten Bekannten im Albert-Schweitzer-Haus in Königsfeld und einem kurzen Blick ins Internet eröffnete sich der Kontakt zum Albert-Schweitzer-Zentrum in Frankfurt/Main. Wir einigten uns darauf, dass die Ausstellung „Albert Schweitzer – Tatsachen" im Februar 2002 für das Gemeindezentrum Lippramsdorf zur Verfügung steht.

Es war eine Experiment. Eröffnet wurde die Ausstellung mit einem Gottesdienst und einem verspäteten Neujahrsempfang. In Haltern und Umgebung wurden 36 Schulen angeschrieben, eingeladen und zur Vorbereitung mit Material über Albert Schweitzer versorgt. Um im Multimedia-Zeitalter die Erwartungen zu befriedigen, wurden zusätzlich Filme über Albert Schweitzer auf die Leinwand projiziert und im Ausstellungsraum die Bildtafeln durch eine Dia-Schau ergänzt. Ein Vortrag von Dr. Roland Wolf über „Das Albert-Schweitzer-Spital in Lambarene heute" und ein weiterer von Dr. Paul Sunder-Plassmann zum Thema „Man darf nicht alles, was man kann – Fragen zur Bioethikdebatte" brachten den Bezug zur Gegenwart.

Wie groß war der Erfolg? Wer die Bevölkerungsdichte nimmt und mit Prozenten rechnet, wäre bestimmt enttäuscht worden. Von 36 angeschriebenen Schulen haben nur 4 Schulen einige Schulklassen mit ihren Lehrern geschickt und einige Pfarrer haben offensichtlich nach wie vor Schwierigkeiten mit der Theologie Albert Schweitzers. Um so erfreulicher sind die zahlreichen Eintragungen ins Gästebuch. Ein Schüler vom Religionsunterricht einer Realschule schreibt:
„Es war interessant, so viel über das Leben Albert Schweitzers zu erfahren! Obwohl ich vorher nicht mal was mit dem Namen verbinden konnte"; ein älterer Besucher hingegen:
„Diese Ausstellung hat das Gedankengut Albert Schweitzers wieder in mir wachgerufen. Ich bin immer wieder verblüfft, wie aktuell seine Gedanken noch heute sind".

Es war wichtig, dass Herr Dr. Wolf zeigen konnte, dass sich das Spital in Lambarene zu einem vorbildlichen Klinikum entwickelt hat, das in der Region eine Vorbildfunktion hat. Für viele war mit Albert Schweitzer auch die Urwaldklinik Geschichte geworden.
Nein – wir wurden nicht enttäuscht. Die Gespräche während und nach der Ausstellung zeigen, dass Albert Schweitzers Denken und Handeln auch heute noch verstanden, und dass er nicht als Utopist eingestuft wird.
„Eine sehr informative Ausstellung über Albert Schweitzer, über einen großen, vielseitigen Menschen, dessen gute Gedanken auch noch für uns und kommende Generationen Gültigkeit haben sollten. Schön, dass diese Veranstaltung hier in Lippramsdorf stattfinden durfte. ..." (Zitat aus dem Gästebuch).
Wir sagen uns: „Auch von einem Dorf können positive Informationen in die Region verteilt werden, und es gibt viele Dörfer".

Gotthold Baumann

Albert Schweitzer Forum Königsfeld

## Podiumsdiskussion zum Thema "Aktive Sterbehilfe"

Am Sonntag, 17. Februar 2002 wagte sich das Albert Schweitzer Forum Königsfeld und die Hospizbewegung Schwarzwald-Baar-Kreis e.V. auf umstrittenes Terrain. In einer Podiumsdiskussion im vollbesetzten Kirchensaal der Herrnhuter Brüdergemeine diskutierten Prof. Dr. Dr. h.c. mult. Walter Jens aus Tübingen, Prof. Dr. Ernst Luther aus Halle und Frau Ruth Lapide aus Frankfurt am Main über dieses brisante Thema. Die Moderation dieser viel beachteten Veranstaltung übernahm Werner Schwarzwälder, Redakteur des SÜDKURIER.

„Zwischen Barmherzigkeit und Missbrauch" – „Suche nach dem humanen Tod" – „Gedanken über das Ende" – so überschrieben die Tageszeitungen ihre Berichte zu dieser Veranstaltung, die unter dem geistigen Erbe des Königsfelder Ehrenbürgers Albert Schweitzer stand. „Am Grab einer Frau suchte der Arzt und spätere Friedensnobelpreisträger Albert Schweitzer im Jahr 1901 tröstliche Worte und zitierte den Evangelisten Matthäus - Selig sind, die da Leid tragen, denn sie sollen getröstet werden. Das körperliche und seelische Leid in der letzten Stunde zu lindern war ganz nach Schweitzers Sinn: Niemand habe das Recht, Leben auszulöschen, befand er, denn jedes Leben ist heilig, auch das der Tiere und Pflanzen." So berichtet der Südkurier in seiner Nachlese.

Ihre provokante Wirkung haben die Thesen bis heute behalten, die Walter Jens, Schriftsteller und emeritierter Rhetorikprofessor, zusammen mit dem Theologen Hans Küng Anfang der 90er-Jahre aufstellte. Ihr Buch „Menschenwürdig sterben" (Piper-Verlag) entfachte eine breite Debatte, die bis heute nicht abebbt. Jens tritt mit Nachdruck für das Selbstbestimmungsrecht des Patienten ein. Er allein darf entscheiden, ob dem eigenen Leiden ein Ende gesetzt werden soll, so das Jens'sche Credo.

Aber für viele grenzt aktive Sterbehilfe an Tötung, wenn nicht gar an Mord. Ein striktes Nein zur Sterbehilfe sprechen auch die katholische und evangelische Kirche. Damit finden sie klaren Zuspruch auch bei dem Medizin-Ethiker Ernst Luther und der an der Evangelischen Fachhochschule Nürnberg lehrenden Theologin Ruth Lapide. Der bekennende Atheist aus Halle, Mitglied der Enquete-Kommission des Deutschen Bundestages zu Recht und Ethik der modernen Medizin, fordert ein Umdenken, das schon „bei uns" einsetzen muss. Er sieht einen humaneren Umgang mit dem Sterben in der Stärkung der Schutzrechte des Patienten. Luther fordert in der Tradition der Hospizbewegung einen Ausbau der Sterbebegleitung.

Für Ruth Lapide, die als Kind die Verfolgungen der Nazizeit erlitt und 1939 mit ihren Eltern aus Mittelfranken nach Palästina floh, stellen sich mit der aktiven Sterbehilfe zu viele ungeklärte Fragen. Etwa die, was mit den vielen Tausend „nichteinwilligungsfähigen Patienten" würde, die zum Beispiel an Alzheimer erkrankt sind. Die aktive Sterbehilfe stellt für sie keinen Ausweg dar. Vielmehr fordert sie von der Politik einen Ausbau der Hospizbewegung, die aus der Ecke

des Ehrenamtlichen herauskommen muss. Lapide beruft sich auf ihren Glauben: „Unser Körper ist von Gott gegeben. Wir sollten ihn pflegen, damit wir den schönen Körper dereinst zurückgeben."
Ruth Lapide studierte an der Hebräischen Universität in Jerusalem Judaistik, Geschichte und Politologie. An der Seite ihres Mannes, des Religionsphilosophen Pinkas Lapide, kehrte sie nach Deutschland zurück. Die Historikerin und Theologin begleitete die Arbeit ihres Mannes für die jüdisch-christliche Verständigung und führt sie seit seinem Tod im Jahr 1997 fort.

Zu Besuch in Königsfeld

## Albert-Schweitzer-Kirche, Tübingen

Anfang Mai besuchte ein Teil der Gemeinde erstmals das neue Museum im Albert Schweitzer-Haus in Königsfeld. Dr. Peter Munk, der uns zunächst die Herrnhuter Brüdergemeine nahegebracht hatte, nahm sich dann viel Zeit, uns in das Albert-Schweitzer-Haus und seine Geschichte einzuführen. Mit großem Interesse betrachteten wir die wunderschön gestalteten Ausstellungsräume und fühlten uns zurückversetzt in die Zeit unseres berühmten Namenspatrons.
Ein kleiner Kreis der Albert-Schweitzer-Kirche trifft sich einmal im Monat zu Gesprächen über Albert Schweitzer und über Themen, die ihm wichtig waren, und die heute wieder ganz aktuell sind. Eine sehr anregende Runde! Auch wir freuen uns über neue Teilnehmer.

Annemarie Gleis, Tübingen

Seit 1977 in Königsfeld

## Dr. Peter Munk aktiv für Lambarene und das geistige Werk

Wir danken herzlichst Herrn Dr. dent. Peter Munk, der unlängst seinen 200. Vortrag über Albert Schweitzer gehalten hat. Seit 1977 hält der frischgebackene Achtzigjährige vor den Patienten der Albert-Schweitzer-Klinik in Königsfeld Diavorträge und sammelt dabei auch stets Spenden. In all den Jahren hat er auf diese Weise u. a. große Spendensummen für das Spital in Lambarene zusammen getragen. Im letzten Jahr hatte er Gelegenheit, bei seiner Lambarene-Reise sein theoretisches Schweitzer-Wissen an der Realität zu überprüfen und ist nun in der glücklichen Lage, seiner Zuhörerschaft von seinen eigenen Erfahrungen hautnah zu berichten. Sein Engagement hat auch maßgeblich zum Entstehen des Königsfelder Albert-Schweitzer-Hauses - Forum für Information & Kommunikation – beigetragen.
Dr. Munk veranstaltet Führungen, um die Gäste Königsfelds mit der Brüdergemeine und Albert Schweitzer in Berührung zu bringen. Bei all seinen Aktivitäten lässt er stets den Eindruck entstehen, dass diese freiwillig geleisteten Dienste für die Gemeinschaft nicht zugleich einen Verzicht an Freizeit, sondern vielmehr einen Gewinn und Freude für ihn persönlich sind.

Wir wünschen Ihnen auch weiterhin viel Freude, lieber Herr Dr. Munk!

Marlies Böhnert,
Leiterin des Deutschen Albert-Schweitzer-Zentrums, Frankfurt am Main

Eine gute Tat für Lambarene

## Verband Christlicher Pfadfinderinnen und Pfadfinder – Stamm Albert Schweitzer

Die Mitglieder des Pfadfinderstammes Albert Schweitzer in Lambsheim/Pfalz vom Verband christlicher Pfadfinder feierten ihr 25jähriges Jubiläum im vergangenen Jahr mit vielen verschiedenen Aktionen und Veranstaltungen.

Neben Filmbeiträgen, Vorträgen und der Albert-Schweitzer Ausstellung wurde mit einer Spendenaktion unter dem Motto „Eine gute Tat für Lambarene" von vielen kleinen und großen Helfern ein wichtiger Beitrag für das Fortbestehen des Spitals und der Idee der Ehrfurcht vor dem Leben geleistet.
Dr. Roland Wolf, der im DHV für das Spital in Lambarene aktiv ist, konnte am 5. Mai einen Scheck für die Arbeit dort in Empfang nehmen und berichtete über die aktuelle Situation im Albert-Schweitzer-Hospital.

Herzlichen Dank an alle, die zu diesem tollen Ergebnis beigetragen haben!

Albert-Schweitzer Fördergemeinschaft
Hans Stellmacher

## Hans Stellmacher erhält das Kavalierkreuz der Republik Polen

Konsulin Dr. Dorota Lewandowska, Hans Stellmacher, Generalkonsul Dr. Andrzej Kremer, und Ehefrau Helga Stellmacher

„Ich helfe Menschen und damit mir". Das ist das Motto des gebürtigen Lüneburgers Hans Stellmacher, der heute in Itzehoe wohnt. Jetzt ist der 55-Jährige für sein Handeln ausgezeichnet worden. Der polnische Generalkonsul Andrzej Kremer überreichte Stellmacher in Hamburg im Auftrag von Staatspräsident Aleksander Kwasniewski die höchste Auszeichnung, die das Land an Ausländer zu vergeben hat, das Kavalierkreuz der Republik Polen.
Damit würden Stellmachers zahlreiche Hilfsaktionen gewürdigt, die polnischen Krankenhäusern und Kinderheimen sowie durch die Oderflut-Katastrophe betroffenen Dörfern und Städten zu Gute gekommen seien, sagte der polnische Generalkonsul.

In seiner Dankesrede bezeichnete es der 55-Jährige als sein Leitmotiv, Denken und Tun in Hilfe für Menschen in Not umzusetzen. Seine jüngste Aktivität ist mit dem Namen des großen Urwaldarztes und Friedens-Nobelpreisträgers Albert Schweitzer verbunden. Mit Vorträgen, dem Verleih von Diaserien und Videofilmen sowie durch Ausstellungen soll Schweitzers humanitäre Lehre der Ehrfurcht vor dem Leben verbreitet werden. Mit Geldspende ermöglicht es die „Albert-Schweitzer-Fördergemeinschaft Hans Stellmacher", dass 100 werdende Mütter im Albert-Schweitzer-Hospital in Lambarene (Gabun/Afrika) ihre Kinder per Kaiserschnitt auf die Welt bringen können, um die Neugeborenen vor der Infektion mit Aids zu schützen. Schirmherrin der Fördergemeinschaft ist die parlamentarische Staatssekretärin im Bundesinnenministerium, Dr. Cornelie Sonntag-Wolgast. Wenn es um das Sammeln von Spenden geht, ist Stellmacher geradezu ein Genie. Hilfsgüter – wie Prothesen für beinamputierte Kinder aus Bosnien, die Opfer von Landminen geworden waren, medizinische Geräte für Krankenhäuser in Litauen, Fahrräder für russische Kinder in St. Petersburg – gingen neben Polen in viele andere osteuropäische Länder sowie unter anderem nach China, Usbekistan, Japan und Indonesien. Aber auch zahlreiche Einrichtungen in Deutschland – Senioren- und Kinderheime in Stellmachers Geburtsstadt Lüneburg ebenso wie etwa das Frauenhaus in seinem Wohnort Itzehoe – erhielten Zuwendungen. Alles in allem erbrachten von Stellmacher initiierte Benefizveranstaltungen seit 1989 Geld- und Sachspenden im zweistelligen Millionenwert. Ordensträger Stellmacher selbst gab sich bescheiden. Er dankte seiner Frau Helga, Freunden und Institutionen für „hilfreiche Unterstützung bei den Hilfsaktionen".

Aktiv für die Albert-Schweitzer Fördergemeinschaft

## Gemeinsam helfen!

Die Fördergemeinschaft hat sich folgende Aufgaben gestellt:

- Bekanntmachung des Werkes von Albert Schweitzer und Unterstützung des Urwaldhospitals in Lambarene
- Hilfslieferungen und Hilfstransporte in Zusammenarbeit mit der Humanitären Hilfe Osteuropa
- Kultur und Sport gegen Gewalt
  Veranstaltet werden Sport- und Kinderfeste, sowie Rock- und Klassikkonzerte in verschiedenen Städten
- Prothesenhilfen für Kinder, die durch Mienen oder Krankheiten Arme oder Beine verloren

Dass es Hans Stellmacher gelingt, diese vielfältigen Aufgaben zu bewältigen, verdankt er besonders der tätigen Mithilfe verschiedener Personen und Organisationen. Zu diesen zählt auch die Ju-Jutsu Sportgruppe „RAN" Kellinghusen (Abb. unten), deren Ehrenmitglied Stellmacher ist.

Die Sportgruppe hat sich der Fördergemeinschaft angeschlossen, und die Mitglieder sind unter dem Motto „Jugend hilft Jugend" aktiv daran beteiligt, das Werk Schweitzers zu erhalten und zu verbreiten.

## Die Martin Buber-Gesellschaft und die Zeitschrift „Im Gespräch"

Martin Buber (geb. 1878 in Wien, aufgewachsen in Lemberg/Lwów, gest. 1965 in Jerusalem) hinterließ ein vielfältiges Werk: Einige Jahre in der zionistischen Bewegung aktiv, stand er zeitlebens, wie in vielen Schriften niedergelegt, für eine Verständigung mit den Arabern; er übersetzte (bis 1929 mit Franz Rosenzweig) die hebräische Bibel ins Deutsche, schrieb zur Bibel, zum Judentum, speziell zur ostjüdischen Bewegung des Chassidismus, zum utopischen Sozialismus; er war einer der bekanntesten Vertreter einer dialogischen Philosophie – bei ihm eng mit seinem Verständnis des Judentums verbunden –, die er auch für Pädagogik und Psychotherapie fruchtbar machte.

Sich mit Martin Buber zu beschäftigen heißt, sich mit dem zu beschäftigen, worum es Buber ging. Buber hat keine Lehre entwickelt, bei der es Sinn machte, sie nur für sich zu studieren – er zielte auf Lebenspraxis. Seine Bücher bedeuten eine Infragestellung des Einzelnen in seiner jeweiligen Lebenshaltung und -praxis. Die Frage „Wo bist du in deiner Welt", die, wie Buber erzählt, der chassidische Rabbi Schnëur Salman stellt, weist in Richtung dieser Infragestellung. Man kann das, worum es Buber ging, verschieden beschreiben: etwa mit dem auf Dt 22,3 fußenden Satz „Du sollst dich nicht vorenthalten" aus seinem Aufsatz „Was ist zu tun?" (1919). Dabei ist dieses „Nichtvorenthalten" für Buber die Antwort des Menschen darauf, dass er vom Anderen angesprochen wird, dass er *darin* von seinem „ewigen Du" angesprochen wird: wie aus Sicht des Judentum die Welt, die Schöpfung, dem Menschen zugesprochen ist, damit er in all seinem Tun auf diese Anrede antworte, damit er dem Schöpfer antworte.

Aus Bubers Denken ergeben sich viele Fragen und Anstöße, die in verschiedenen heutigen Diskursen relevant sind. Etwa für den *Bereich der Psychotherapie*, aber auch die *Pädagogik*: Was ist seelische Gesundheit, was ist das gesunde, heile Menschsein, zu dem dem Patienten verholfen werden soll bzw. welches das Kind entwickeln soll? Und welche Haltung setzt dies beim Therapeuten bzw. den Eltern, dem Erzieher voraus? Geht es in der Erziehung um die Vermittlung des rechten Normengerüsts oder vielleicht um Grundlegenderes, nämlich von klein auf erfahrene Menschlichkeit und Bestätigung im je eigenen Menschsein, um die Entwicklung existentiellen Vertrauens? Solche Gedanken sind auch relevant bei der Frage, wie Gewalt entsteht bzw. vielleicht zu verhindern (gewesen) wäre: man kann hier an die Gewalt von Skinheads und Neonazis und an die Gestörtheit ihrer Weltwahrnehmung denken oder an Menschen wie den Amokschützen von Erfurt am 26. April. – Oder zur *Rolle des Fremden/des Anderen*: Ist der Andere derjenige, der die freie Selbstentfaltung stört, ihr Grenzen setzt, oder kann er mit Buber (und anderen) als der gesehen werden, der in der Begegnung dem Ich gerade eine sonst unerreichbare menschliche (existentielle) Dimension eröffnet? – Oder zur *Frage der Religiosität bzw. des Sinns von Religion*: Im Judentum und bei Buber ist die Zuwendung zu Gott, „Glaube", nicht denkbar ohne die Zuwendung zum anderen Menschen. Umgekehrt kann man fragen, ob eine Ethik, welche die Verantwortung gegenüber dem Anderen herausstellt, nicht letztlich gegründet sein muss im Bezug zu einem „ewigen Du“, von dem die überpersönliche Gültigkeit der Wahrheit kommt. – Oder, ein letzter Bereich: Denkt man an die – *Erinnerung der deutschen nationalsozialistischen Vergangenheit und der Menschen*, die zu Opfern gemacht wurden, so stellt sich von Buber her die Frage, ob man den Dialog auf die Lebenden beschränken kann, ob sich aus einer dialogischen *Haltung* nicht notwendig ergibt, dass Vergangenheit erinnert wird und die Toten in den Dialog (die Vergegenwärtigung des Anderen) einbeschlossen sind.

Diese Bemerkungen verweisen nur auf einen Teil der Fragen, mit denen es eine Gesellschaft zu tun hat, die sich nach Martin Buber benennt und mit seinem Leben und Werk befasst, aber sie vermitteln einen ersten Eindruck von dem Rahmen, in dem unsere Arbeit steht. Die Martin Buber-Gesellschaft wurde im Februar 2000 in Heidelberg auf Initiative von Lothar Stiehm (von Ende 1970 bis 1991 Verleger des Lambert Schneider Verlags, in dem damals die meisten Bücher Bubers erschienen) und Hans-Joachim Werner (Prof. für Philosophie an der PH Karlsruhe) gegründet. Bisher hat die Gesellschaft ca. 170 Mitglieder, v.a. in der Bundesrepublik Deutschland, aber auch in Österreich, der Schweiz und anderen europäischen Ländern. Zwischen der Buber-Gesellschaft und anderen Initiativen wie dem Deutschen Hilfsverein/Albert Schweitzer Zentrum, der Hermann Cohen-Akademie, den Freunden von Neve Shalom/Wahat al-Salam ist gegenseitige Mitgliedschaft vereinbart.

Es geht der Martin Buber-Gesellschaft zum einen um die Erforschung der Bereiche von Bubers Werk und Wirken wie seines lebensgeschichtlichen Umfelds. Themen, die hier berührt werden, sind etwa: Bubers Verhältnis zum Judentum und zur jüdischen Tradition; Bubers Rezeption (Anverwandlung? Abwandlung?) des ostjüdischen Chassidismus; seine Bezüge zu anderen Persönlichkeiten (etwa Franz Rosenzweig, Albert Schweitzer, Hugo Bergman); Parallelen zu anderen Denkern und Traditionen (zu anderen Philosophen aus dem Judentum, aber auch z.B. dem Zen-Buddhismus); Bubers geschichtliches Umfeld (also etwa das Ostjudentum, später das deutsche Judentum, dann Israel); Buber und der Zionismus, Buber und Israel; Buber und der religiöse Sozialismus/gesellschaftliche Utopie; die Wirkungsgeschichte von Buber in den verschiedenen Bereichen seines Werks.

Eine weitere Aufgabe ist, Bubers Denken zu verbreiten bzw. die aktuellen Anstöße, die daraus kommen, aufzunehmen; außerdem soll, mittelfristig, eine Wanderausstellung organisiert werden und sollen Veranstaltungen stattfinden – so war die Buber-Gesellschaft im vergangenen Jahr an einer Vortragsreihe im Buber-Haus in Heppenheim beteiligt, und für den Herbst 2002 ist, gemeinsam mit dem Albert Schweitzer-Zentrum und dem Evangelischen Regionalverband Frankfurt, ein Symposion zum Thema "Ethische Bildung/Wege zum Dialog" geplant.

Es versteht sich, angesichts der Vielfalt der Aufgaben, von selbst, dass wir mit deren Verwirklichung noch recht am Anfang stehen. Ein wichtiger Schritt war die Gründung einer pädagogischen Sektion am 22./23. März anlässlich einer Tagung in Heppenheim, die zu Bubers Erziehungsdenken arbeiten will; eine philosophische und eine psychotherapeutische Sektion sind geplant. – Ein anderer Schritt ist das Erscheinen der Zeitschrift *Im Gespräch* im Verlag für Berlin-Brandenburg, herausgegeben von der Buber-Gesellschaft. Seitdem das erste Heft im November 2000 veröffentlicht wurde, erscheinen jährlich zwei Hefte im Umfang von je gut 90 Seiten. *Im Gespräch* ist von der Konzeption her nicht speziell Mitgliederzeitschrift; Mitglieder erhalten sie im Rahmen ihrer Mitgliedschaft, sie kann aber auch völlig unabhängig davon beim Buchhandel oder Buber-Gesellschaft/Redaktion bestellt werden (ISSN 1616-6094; Preis je Heft 13 Euro, im Abo 23 Euro); für den Inhalt, die Zusammenstellung der Aufsätze, Berichte, Rezensionen ist die Redaktion verantwortlich, der Francesca Albertini, Dominik Klenk, Wolfgang Krone und Thomas Reichert angehören. Das Programm der Zeitschrift ist dem der Gesellschaft parallel, aber freier, d.h. kann weiter über die Person Bubers hinausgehen; so bringt sie etwa Aufsätze zu jüdischen Philosophen, mit denen sich die Buber-Gesellschaft natürlich nicht speziell und für sich befassen kann. Eine Art Leitlinie sind für uns Bubers bekannte Sätze aus seiner „Antwort" auf Beiträge zu seinem Werk in dem Band *Martin Buber* (hrsg. von Schilpp/Friedman, Stuttgart 1963): „Ich habe keine Lehre. Ich zeige nur etwas. Ich zeige Wirklichkeit, ich zeige etwas an der Wirklichkeit, was nicht oder zu wenig gesehen worden ist. [...] Ich habe keine Lehre, aber ich führe ein Gespräch." In der Konsequenz dieses Satzes kann es (sollte es) keine „Buberianer" geben, wie es „Kantianer" oder „Hegelianer" gibt. Es geht letztlich nicht um Bubers „Lehre" (nicht darum, in Anschluss an ihn eine „Lehre" zu propagieren), sondern um die Wirklichkeit, auf die er abzielte. Auf diese Wirklichkeit – eine Beziehungswirklichkeit, eine grundlegende ethische Haltung, aus der das Handeln kommt und in der es steht – weisen Menschen verschiedener kultureller und religiöser Traditionen hin, und entsprechend können (über Buber hinaus) verschiedene Traditionen Thema von *Im Gespräch* sein bzw. können Beiträge aus Sicht verschiedener Traditionen wiedergegeben werden.

Die größte Bedeutung hat für uns aber die Tradition, aus der Buber kam und von der her auch seine Philosophie motiviert war: das Judentum. Anders als Zeitschriften aus dem Spektrum christlich-jüdischer Verständigung gehen wir nicht vom Christentum als Basis und Grundeinstellung aus, um uns von da aus dem Judentum zuzuwenden (was nicht heißt, dass nicht Autorinnen und Autoren aus diesem Spektrum mitarbeiteten und wertvolle Beiträge liefern würden). Wir möchten, dass die ungeheuer reiche philosophische und religiöse Tradition des Judentums wie auch seine Gegenwart in unserer Zeitschrift eine Stimme (bzw. über viele Autorinnen und Autoren viele Stimmen) hat.

Darüber hinaus wird es Beiträge im ganzen o.g. Umfeld von Bubers Werk geben; zeitgeschichtliche und Gegenwartsthemen haben einen Platz; manche Hefte werden in der

Zusammensetzung heterogener sein, manche werden einen Themenschwerpunkt haben; so hatte Heft 2 den Schwerpunkt „Religion als Dialog“, Heft 4 „Perspektiven auf den Anderen/Fremden“ und ist für Heft 5 (Herbst 2002) ein Schwerpunkt zu jüdischer (mittelalterlicher wie neuzeitlicher) Philosophie geplant. Nun einige Beispiele aus den bisherigen Heften:

Beiträge zum Judentum kamen bisher etwa von Eveline Goodman-Thau (zu Buber u. dem ethischen und religiösen Auftrag Israels, Heft 3; zu jüdischer Geschichte als Aufgabe, Heft 4), Francesca Albertini (zum dialogischen Prinzip als Grund der sinaitischen Offenbarung bei Rosenzweig u. Buber, Heft 2), Michael Löwy (zu Scholem, Heft 2) oder Evelyn Adunka (zur Wiener liberalen Jüdischen Gemeinde Or Chadasch, Heft 3). Marcus van Loopik schrieb u.a. über „Josef im rabbinischen Midrasch“ (Heft 4), Frank Miething zu Lévinas' Talmud-Lesungen (Heft 1), Wilhelm Schwendemann zur Ethik des Maimonides (Heft 3).

Um den politischen und gesellschaftlichen Bereich ging es in Aufsätzen von Siegbert Wolf (zu Landauer und Buber, Heft 2), Michael Löwy (zu Bubers' „Utopie der Gemeinschaft“, Heft 3) oder Hermann Sieben (über das Friedensdorf Neve Shalom/Wahat al-Salam in Israel). Andere Ansätze dialogischen Denkens stellten Petra Plieger (zu Gadamer u. Ferdinand Ebner, Heft 2), Holger Helting (zu Kierkegaard, Heft 4) und Matthias Burchardt (zu Eugen Fink, Heft 4) vor, Bubers Wirkung auf die evangelische Theologie beschrieb Martin Leiner („Martin Buber und Friedrich Gogarten“, Heft 3). Darstellungen von Bubers Denken gaben Wolfgang Krone (unter verschiedenen Aspekten in Heft 1 u. 4) und Bernhard Schleißheimer (zu Freiheit u. Verantwortung bei Buber, Heft 1), ein Forschungsprojekt zur Auseinandersetzung mit Antisemitismus und Nationalsozialismus im Schulunterricht stellten in verschiedenen Beiträgen Wilhelm Schwendemann, Georg Wagensommer und Stephan Marks vor (in Heft 2 u. 4). – Dazu kommen Berichte von Veranstaltungen, eine annotierte Bibliographie und Rezensionen sowie umfassendere Literaturberichte, etwa zur Neuausgabe von Mendelssohns Tora-Übersetzung (Francesca Albertini), zu Benno Jacobs Exodus-Kommentar (Wilhelm Schwendemann), zu Eleonore Lappins Buch über Bubers Zeitschrift *Der Jude* (Lothar Stiehm; alle Heft 3), zu Literatur über die neuen Ostjuden (Yizhak Ahren), zum ersten Band der neuen Buber-Werkausgabe (T. Reichert; beide Heft 4).

Die Zeitschrift hat – was auch für die Buber-Gesellschaft gilt – ein zentrales Anliegen: auf eine grundlegende Humanität hinzuweisen, die Auftrag ist für alle Menschen (aller Kulturen, aller Religionen) und gegenüber allen Menschen (aller Kulturen, aller Religionen) und die in keiner Situation ausgesetzt werden kann. Dieses Anliegen, das in den Beiträgen unserer Hefte implizit enthalten ist, mag heute als altmodisch erscheinen – es bleibt gleichwohl zeitlos gültig.

Thomas Reichert

Adresse Buber-Gesellschaft: c/o Lothar Stiehm, Marstallstr. 13, 69117 Heidelberg;
Adresse Redaktion: c/o Thomas Reichert
Gehenbühlstr. 21, D-70499 Stuttgart,
E-Mail: thj.reichert@t-online.de

Heinz Röhr über das neue Buch von Werner Zager

## Bergpredigt und Reich Gottes

Neukirchener Verlag,
Neukirchen-Vluyn, 2002, 145 S

Der Band enthält 6 Vorträge und einen umfangreichen RGG-Artikel (= Religion in Geschichte und Gegenwart, 4.Aufl., 2000, s.v. „Gericht Gottes"). Die Vorträge wurden in Günsbach bei den „Internationalen Seminartagen" des Albert-Schweitzer-Zentrums (3), auf der Ebernburg, in Bochum und bei der Jahrestagung des Bundes für Freies Christentum in Bremen 1999 gehalten. Der Beitrag „Was kann Reich Gottes für uns heute bedeuten?" ist bewusst als „Dialog mit A. Schweitzer" konzipiert. Aber auch sonst ist Schweitzer allenthalben in dem Buch als Bezugspunkt gegenwärtig (8mal).

Der 1. Beitrag („Die Ethik der Bergpredigt") ist eine exzellente Analyse des Spruchgutes, das Matthäus in seinem Grundbestand aus der Logienquelle (Q) übernommen und zu einer literarisch streng gegliederten Redenkomposition verarbeitet hat. Freilich ist Schweitzers Auffassung zu korrigieren, der bekanntlich an der These fest hielt, das Mt.-Evangelium habe eine „bis in die Einzelheiten zuverlässige Überlieferung" bewahrt.
In der Einzelanalyse werden die Seligpreisungen, sowie die Bibelworte vom Salz und vom Licht ausgelegt. Ferner werden die sog. 6 Antithesen (5, 21-48) unter die Lupe genommen. Zu 5, 39 („Dem Übel nicht widerstreben") zitiert Zager aus A. Schweitzers früher Predigt von 1919 („Was sollen wir tun?"): „Lerne das große Vergeben der Nichtbeachtung". Und zum Thema „Feindesliebe" lesen wir bei Schweitzer einen seiner schönsten Texte, der in dem „unscheinbaren Wort" endet: „... nicht schädigend in sein Dasein eingreifen". (bei Zager S. 9).

Im 2. Beitrag („Weisheitliche Aspekte in der Bergpredigt") werden alle wichtigen Stellen aufgeführt, die sich gedanklich und sprachlich auf jüdische Weisheit zurück führen lassen. Ein Gipfelpunkt weisheitlicher Rede in der Bergpredigt ist der berühmte Spruch Mt. 5, 45: „... er lässt seine Sonne aufgehen über die Bösen und die Guten", ein Wort, in welchem mein verehrter Lehrer Georg Wünsch (weiland Präsident des Bundes für Freies Christentum) die Summe des Evangeliums Jesu eingefangen sah.
Der tiefschürfende Vortrag will die Frage: „Jesus – ein Weisheitslehrer?" beantworten. Zagers Ergebnis lautet: „Der historische Jesus trat nicht als Weisheitslehrer, sondern als endzeitlicher Prophet auf, der den Anbruch der eschatologischen Gottesherrschaft proklamierte." Die Affinität Jesu zur Weisheit lässt sich (nach Zager) in dem Satz zusammen fassen: Jesus verkündigte „eschatologische Weisheit im Horizont des Reiches Gottes" (W. Grundmann).

Der 3. Vortrag („Reich Gottes in der Verkündigung und im Wirken Jesu") beginnt mit A. Schweitzers „Plädoyer für ein wahrhaftiges Christentum". Jesus und der Täufer, Reich Gottes als Leitbegriff der Verkündigung Jesu, Gottesherrschaft als „endzeitlicher Prozess" sind die weiteren Themen. Auch in diesem Beitrag vereinigen sich exakte Einzelexegese mit einer vorzüglichen sprachlichen Form. (Gute Lesbarkeit ist eines der Hauptmerkmale von Zagers theologischer Arbeit insgesamt – darin ist er unbewusst ein „Schüler“ A. Schweitzers.)

Der 5. Beitrag erörtert Schweitzers Auffassung von der „Ablösung der Naherwartung des Reiches Gottes durch die Fernerwartung“ (in der frühen Kirche).

Für die neuzeitliche Reich-Gottes-Theologie macht Zager (unter Hinweis auf A. Ritschl, J. Weiss und A. Schweitzer) das „Engagement für das zu verwirklichende Reich Gottes“ als Hauptmerkmal aus. Und der Abschnitt endet mit dem Hohenlied auf die „Nachfolge Jesu als Dienst am Reich Gottes“ und einem Schweitzer-Zitat (aus einem Brief an Erica Walch von 1955): „Das, worauf es ankommt ist, dass der Geist Jesu von uns Besitz ergreift und unser Sinnen und Denken aus dieser Welt heraushebt, dass es in uns Reich Gottes werde.“ (Zager, S. 80)

Der Band enthält ferner eine Abhandlung über „Die Einzigartigkeit Jesu“ in der neutestamentlichen Wissenschaft und die Frage nach christlicher Identität.“ Behandelt werden die theologischen Ansätze von F.C. Baur, H.J. Holtzmann, W. Bousset und E. Troeltsch. (Also einmal nicht Bultmann!)

Und er schließt mit dem Bremer Vortrag: „Welcher Jesus ist für das Christentum unverzichtbar?“

Werner Zager hat uns mit diesem Buch ein schönes Geschenk gemacht. Danke!

Heinz Röhr

## Hinweis

**Unsere aktuelle Bücherliste und die aktuelle Liste der Referenten finden Sie im Internet unter:**

**www.albert-schweitzer-zentrum.de**

Wir senden Ihnen die Bücherliste auch gerne zu. Bitte wenden Sie sich an das

**Deutsche Albert-Schweitzer-Zentrum**
**Neue Schlesingergasse 22/24**
**60311 Frankfurt am Main**

**info@albert-schweitzer.net**
**Telefon (069) 28 49 51**
**Telefax (069) 2 97 85 25**

Zeugnisse aus dem Nachlass Emma Hausskknechts komplettieren das Bild von Lambarene

## „Wir hatten Verehrung für sie"

Nicht jeder Nachlass ist „eine Offenbarung" wie es die Briefe Albert Schweitzers an seine Braut Helene Bresslau für die gemeinsame Tochter Rhena Schweitzer-Miller nach Jahrzehnten waren. Sie belegten ja - noch vor dem Buch von Verena Mühlstein[1] - die bedeutende Rolle, die Schweitzers Ehefrau von Anfang an für das Gelingen von Lambarene innehatte[2]. Hermann und Almut Reichenbecher, letztere eine Nichte und Patentochter Emma Haussknechts, hoben nun den kleinen Schatz eines anderen, bisher unbekannten Nachlasses und stellen Verbindungen her zu schon publizierten oder etwa im Schweitzer-Archiv in Günsbach vorhandenen Zeugnissen. Bei der Sichtung des Nachlasses von Emma Haussknecht, einer der wichtigsten Helferinnen Albert Schweitzers, kommen Sensationen nicht zutage - das ist angesichts der zahlreichen Frauen, die Schweitzer zur Seite standen, auch schon eine Nachricht - aber doch farbige Details, welche das bereits gut rekonstruierte Lambarene-Mosaik ergänzen. Der Titel der kollageartigen Darstellung mit Bild- und Textdokumentation lautet:

### Emma Haussknecht 1895 – 1956 30 Jahre mit Albert Schweitzer in Lambarene.

Eine Biographie, zusammengetragen von Almut und Hermann Reichenbecher,
Kurpfälzischer Verlag, Heidelberg, 2001
ISBN 3-924566-16-X, 216 S., Preis: Euro 18,-

Als die elsässische Pfarrerstochter und alleinstehende Lehrerin Emma Haussknecht 1925 erstmals nach Lambarene kommt, ist sie 30, Schweitzer 50 Jahre alt. Helene Schweitzer-Bresslau, tuberkulosekrank, darf sich dem tropischen Klima nicht zu lange aussetzen, muss mit Rhena in Europa bleiben, eine schwere Prüfung. Auf einer Postkarte mit imponierend kraftvollem Foto-Porträt im Seitenprofil vermerkt der einsame Kapitän des afrikanischen Unternehmens: „Emma Haussknecht zu ihrem ersten Geburtstag in Afrika 14. Nov. 25 vom Pater Superior des Spitals in Dankbarkeit Albert Schweitzer". Vieles kommt darin zum Ausdruck, Wertschätzung, Keuschheit der Beziehung, feine Ironie. Das Buch beginnt nüchtern mit einem tabellarischen Lebenslauf, Familienfotos, Jungmädchenpoesie, und zeichnet dann anhand von Kalendereinträgen, tabellarischen Aufstellungen der Chef-Wirtschafterin in Lambarene nach, wie die gelernte Lehrerin sich einarbeitete in ihr höchst umfangreiches Tätigkeitsfeld im nichtärztlichen Bereich. Mit englischsprachigen Lichtbildervorträgen, die vom Leitmotiv der „Ehrfurcht vor dem Leben" handeln, wirbt sie in den USA Spenden ein. Am Tag der Beisetzung in Lambarene (31.Mai 1956) vermerkt Albert Schweitzer im Gästebuch des Spitals nach einem detaillierten biographischen Überblick: „Sie diente dem Werk nicht nur in arbeitsmäßiger Hinsicht, sondern auch geistig. Sie hatte Einfluss auf uns genauso wie auf die Eingeborenen. Wir hatten Verehrung für sie." Den folgenden Satz hat Schweitzer, der in der „Wir"-Form für alle zu sprechen in Anspruch nimmt, sicher nicht oft gesagt und nicht an alle gleichermaßen zu richten vermocht, er erklärt aber, warum das Werk wachsen konnte: „Wir haben ihre Bemerkungen, ihre Ratschläge, ihre Urteile, ihre Kritik, ihre Aufmunterung, die von ihrem Verstand diktiert und von ihrem Herzen geleitet war, akzeptiert."

Koautorin Almut Reichenbecher hat noch zu Lebzeiten Albert Schweitzers in Lambarene als Kinderkrankenschwester mitgearbeitet. Ihrem psychologisch ausgebildeten Ehemann und Mitautor hat sie es erlaubt oder durchgehen lassen, auch etwas despektierliche Anmerkungen zur Verteilung von Rollen in dem Beziehungsgeflecht der Arbeit im Spital unterzubringen. Dem Abdruck etwa eines anweisungsgespickten Briefes von Albert Schweitzer an Emma Haussknecht folgt der Zwischenruf der Verfasser: „Wie stand das eigentlich mit der Eigenverantwortung der Mitarbeiter und mit ihrem Selbstkonzept?" (S.110). Der Rezensent erlaubt sich die Vermutung, dass die Kategorie „Selbstkonzept", die uns im Pluralismus fordert und zu überfordern droht, für Schweitzer in dem heutigen Tonfall nicht zur Debatte stand und dass seine älteren, christlichen Teammitglieder, welche schlicht wie er selbst „dem Herrn Jesus nachfolgen" wollten (übrigens in bewusstem Gegensatz zum imperialistischen Zeitgeist!), wohl ziemlich laut gelacht hätten. Aber die Anfrage der vermeintlich besser Emanzipierten soll vielleicht nur eine belebende Lesehilfe an Jungleserinnen sein zu wunderlich alten Verhaltensweisen.
Beim Layout des dokumentereichen Bändchens sei den Autoren und ihrem Verlag noch etwas professionelle Anleitung empfohlen. Die Heftung unter dem Umschlagblatt ist missglückt. Das Buch hat ein Register, ist akribisch recherchiert und gehaltvoll – etwa auch der Blick in Emmas Bibliothek oder die wenigen Seiten zum Schluss über Emmy Martin, Mathilde Kottmann und andere, schließlich Emma Haussknechts eigene, kaum bekannte Texte –, so dass ihm eine neue Auflage zu wünschen ist.

Karsten Weber

[1] Verena Mühlstein: Helene Schweitzer-Bresslau. Ein Leben für Lambarene. C.H.Beck, München 1998

[2] Albert Schweitzer, Helene Bresslau: Die Jahre vor Lambarene. Briefe 1902-1912. C.H. Beck, München 1992

## Premiere für den Quizführer des Frankfurter Albert-Schweitzer-Zentrums

Durch wiederholten Besuch im Albert-Schweitzer-Zentrum wurden Schülerinnen und Schüler der 10. Klasse der Albert-Schweitzer-Schule, Offenbach, angeregt, einen mosaikartigen Fragenkatalog mit dem Titel „Afrika – Begegnung mit Tradition und Gegenwart" zu erstellen.

Dieser Quizführer ist mehr als eine Zeitreise: anschaulich und grenzenlos, handlungsorientiert und fächerübergreifend.

Und hier sind einige Beispiele aus dem umfangreichen Quizführer:

**Willkommen im Albert-Schweitzer-Zentrum**

Ein ganz besonderes Museum kannst Du nach Herzenslust erkunden.
Überall gibt es Aufregendes zu entdecken.

Die Reise nach Afrika beginnt am 26.3.1913. Albert Schweitzer – Arzt, Professor, Philosoph, Prediger und Orgelspieler – besteigt das Schiff. Der afrikanische Hafen Port Gentil wird am 13. April erreicht.

**In welchen Land liegt die afrikanische Hafenstadt?**

**Skizziere den Schifffahrtsweg:**

**Ziel der Reise von Albert Schweitzer: Kranken in Lambarene zu helfen.**

Dafür bringt Albert Schweitzer drei Opfer: „Die Orgelkunst aufgeben, auf die akademische Lehrtätigkeit verzichten und damit Verlust der materiellen Unabhängigkeit."

„Wasser und Urwald ...! Wer vermochte diese Eindrücke wiederzugeben? Vorsintflutliche Landschaften, die ich als Phantasiebezeichnungen irgendwo gesehen habe, werden lebendig."

Der natürliche Regenwald ist ein wertvolles Ökosystem, welches wichtige ökologische Funktionen hat und das reichste Reservoir für eine Artenvielfalt sowie für mehr als 500 Baumarten. Dieser tropische Regenwald speichert Wasser, verhindert die Erosion, filtert die Luft, liefert Heilpflanzen, Früchte sowie Öle und Hölzer. Dieses Tropenholz ist einzigartig in der Dauerhaftigkeit, Maserung und Faser.

**Der Tropenwald ist ein Ökosystem und der Mensch zerstört dies. Warum wohl?**

Ausgerechnet in Afrika auf einer der vielzähligen Flussfahrten auf dem Ogowe-Fluss mitten im materiellen Elend, umgeben von Tausenden Kranken, fand Albert Schweitzer die Lebensformel, die sich weltweit durchsetzte und immerwährende Gültigkeit besitzt.

**Wie heißt diese Lebensformel?**

Bist Du bereit, diese Lebensformel in Deinem Alltag zu beherzigen?

**Nenne dafür Beispiele:**

Im Juli 1992 blickte die Welt nach Rio de Janeiro. Auf der Konferenz für Umwelt und Entwicklung der Vereinten Nationen haben über 170 Staaten ein Aktionsprogramm für das 21. Jahrhundert beschlossen:

**die Agenda 21.**

Diese Willenserklärung fordert zu einer nachhaltigen zukunftsfähigen Entwicklung in allen Bereichen der Umwelt auf.

„Viele kleine Leute,
an vielen
kleinen Orten,
die viele kleine Schritte tun,
werden das Gesicht der
Welt verändern."

Afrikanisches Sprichwort

**Wofür würdest Du Dich – im Sinne der Agenda 21 – an Deiner Schule einsetzen?**

**Im Land Gabun ist die Wasserversorgung noch nicht ausreichend gesichert.**

Es fehlen häufig sanitäre Einrichtungen und die entsprechende Wasserversorgung.

Nach Schätzungen der Weltgesundheitsorganisation sind 80% aller Krankheiten auf verunreinigtes Wasser zurückzuführen.

**Warum ist sauberes Wasser der Schlüssel zur Gesundheit?**

Auch die Naturwissenschaften begeisterten Albert Schweitzer und stachelten sein Denken an, zum Beispiel über Wasser:
„Dieser Regentropfen Wasser $H_2O$, ja natürlich... Aber wer hat ihn gemacht? Wie? Warum?"

„Du gehst draußen, und es schneit. Achtlos schüttelst Du den Schnee von den Ärmeln. Da musst Du schauen: Eine Flocke glänzt auf Deiner Hand. Du musst sie anschauen, ob Du willst oder nicht, sie glänzt in wundervoller Zeichnung; dann kommt ein Zucken in sie: Die feinen Nadeln, aus denen sie besteht, ziehen sich zusammen, sie ist nicht mehr – geschmolzen – in Deiner Hand."

**Hast Du dafür Erklärungen?**

Dieser Quizführer soll Schülerinnen und Schüler ab Klasse **sieben** motivieren, aktiv das Albert-Schweitzer-Zentrum zu erkunden.
Empfehlung: Die Klasse ist entsprechend so zu teilen, dass jeweils 15 Schülerinnen und Schüler die Fragebogen-Ralley durchlaufen, während die andere Gruppe mit dem Lehrer auf Erkundungstour z.B. um den Dom ist. Anschließend wird die Gruppe ausgetauscht. Zum Schluss werden die beiden Gruppen durch Diskussion der Lösungen zusammengeführt – im Zentrum oder im Folgeunterricht.

Isolde Sallatsch
Albert-Schweitzer-Schule, Offenbach

# Ausstellung

## Albert Schweitzer – Tatsachen

Die Ausstellung „Albert Schweitzer – Tatsachen“ wurde zum 125. Geburtstag Albert Schweitzers im Jahr 2000 erstellt und mit großem Erfolg in vielen deutschen Städten gezeigt. Alleine in Frankfurt haben die Ausstellung über 8.000 Menschen besucht.
Sie können diese Ausstellung nun im „kleinen Format“ (DIN A 2) ausleihen.
Ziel der Ausstellung ist es, die Bedeutung Albert Schweitzers für unsere Zeit als ein „vorbildlich“ Denkender und Handelnder herauszustellen.
Grundlage der Ausstellungskonzeption sind autobiografische Aussagen Albert Schweitzers sowie Auszüge aus seinem geistig/philosophischen Werk. In vielen Bildtafeln wird der ethische Grundgedanke der „Ehrfurcht vor dem Leben“ vermittelt.
Die zeitgemäße Gestaltung der Ausstellung unterstreicht die Bedeutung Schweitzers für unsere Zeit, sie schafft aktuelle Bezüge zum Leben und den Fragen des modernen Menschen, ohne sich im Modischen zu verlieren.
Konzipiert und umgesetzt wurde die Ausstellung von der Frankfurter Akademie für Kommunikation und Design unter Leitung von Tomaso Carnetto.
Die Ausstellung enthält 35 Tafeln, 4-farbig, im Format DIN A2 (51,5 x 49 cm) und wird verliehen an Schulen, Kirchengemeinden, Volkshochschulen etc.

Leihkosten: 75 Euro plus Versandgebühren mit Kurierdienst

Weiter Auskünfte erteilt das
Deutsche Albert-Schweitzer-Zentrum:
Tel. 069/28 49 51 oder
Email: albert-schweitzer-zentrum@t-online.de

# Veranstaltungshinweise

## Sonntag, 15. September 2002

**Gerechtigkeit, Friede, Naturschutz – Albert Schweitzer heute!**

Ein Projekttag in der Gethsemane-Gemeinde Berlin
Stargarderstr. 77, 10437 Berlin (Prenzlauer Berg)

Das Verhältnis zwischen Armen und Reichen auf unserer Erde gerät immer mehr in eine „absurde Schieflage" (Greenpeace):
1,2 Mrd. Menschen sind nach UN-Definition arm. 2,8 Mrd. Menschen leben von weniger als 2 Dollar täglich. Etwa 815 Mill. Menschen sind unterernährt. 1,2 Mrd. Menschen haben keinen Zugang zu Trinkwasser. Die globale „neoliberale" Wirtschaftsordnung verbraucht den Rest der Rohstoffe und hinterlässt immer mehr Schäden. Die Globalisierung des „totalen Marktes" hat wachsende Armut und Ungerechtigkeit zur Folge und gefährdet in zunehmendem Maße den Weltfrieden. Menschenrechte und Völkerrecht werden von den Interessen der Profiteure der reichen Länder zunehmend missachtet.
Angesichts solcher Zustände (vgl. UN-Berichte, Analysen von Greenpeace, BUND, Amnesty u.a.) stellt sich für den Einzelnen die Frage, ob es noch realistische Möglichkeiten und Auswege aus dieser Krise gibt. Welche praktisch-politischen Aktivitäten lohnen sich noch?
Oder müssen wir, wie z.B. Albert Schweitzer glaubte, an einer neuen Gesinnung arbeiten, die vermittels Religion und Spiritualität den „ethischen Geist" zur Herrschaft bringt? Wie finden Geist und Tat zusammen, so dass einer humanen, naturverbundenen und an der Nachhaltigkeit orientierten Geisteshaltung auch die notwendigen Taten folgen?
Gibt es eine Chance für die Globalisierung der Ehrfurcht vor dem Leben?

Programm

| | |
|---|---|
| 11.00 Uhr | Gottesdienst |
| 12.00 Uhr | Nachgespräch |
| 13.00 Uhr | Mittagspause mit Essen und Trinken |
| 14.00 Uhr | Diskussionsforum „Ist die Welt noch zu retten?" |
| 16.00 Uhr | Ethik für Kinder |
| Pause | |
| 17.00 Uhr | Konzert „Johann Sebastian Bach and other players" mit Elisabeth Kaiser, Orgel; Vokalquartett, Ensemble Cabriol u.a. |

Kontakt und Informationen:
Paul Mertens
Tel.: 030 / 444 76 28

## Freitag, 25. Oktober 2002

### Begegnung

Ein Symposium zum Thema:
„Ethische Bildung – von der Notwendigkeit der Neuorientierung gesellschaftlicher Ziele
Veranstaltungsort: Dominikanerkloster
Kurt-Schumacher-Straße 23, 60311 Frankfurt/M.

Eine gemeinsame Veranstaltung des Deutschen Albert-Schweitzer-Zentrums und der Martin Buber Gesellschaft in Zusammenarbeit mit dem Evangelischen Regionalverband Frankfurt am Main.

Im Rückblick auf das 20. Jahrhundert wird deutlich: Albert Schweitzer und Martin Buber sind die beiden wesentlichen Größen jenseits allen dogmatischen Denkens.
Nach dem Grauen des Faschismus, der menschenverachtenden Ideologie des Kommunismus, dem erstarrten Gegenüber der Supermächte hat sich heute, zum Übergang ins 21. Jahrhundert, ein rücksichtslos expandierender Wirtschaftsliberalismus als neue Weltordnung etabliert. Doch dass dieser die Menschheit einer glücklichen Zukunft entgegen führen wird, glauben nur diejenigen, die von dem System der ungleichen Güterverteilung profitieren.
Auch wenn es eine Binsenweisheit sein mag, dass die gesellschaftlichen Systeme, also Politik, Wirtschaft und Bildung dem Menschen zu dienen haben – die Realität zeigt uns – vielfach ist das Gegenteil der Fall.
Für Schweitzer und für Buber dagegen kommt den gesellschaftlichen System vor allem die Aufgabe zu, materielle, geistige und emotionale Räume zu schaffen, in denen der Mensch seine ethische Bestimmung erfüllen kann. Worin aber besteht diese? Wenn es nun nicht die Bestimmung des Einzelnen sein kann, in einer Ideologie aufzugehen – auch nicht in der des Materiellen – worin dann?
Martin Buber schreibt dazu:
„Alles wirkliche Leben ist Begegnung!“
Und weiter: „Mensch sein heißt, das gegenüber seiende Wesen sein.“
Schweitzer formuliert es so:
„Du sollst Leben miterleben und Leben erhalten – das ist das größte Gebot in seiner elementarsten Form.“
Eine solche Haltung lässt sich nicht durch eine neue Dogmatik verwirklichen, im Gegenteil, sie kann nur in der jeweiligen Situation das jeweilig Notwendige vollbringen. Nun müssen wir durch das uns am zweckmäßigsten erscheinenden gesellschaftliche System, der Demokratie darauf hinwirken, dass in einem Geiste erneuerter Humanitätsgesinnung Räume der Begegnung wirklich werden: In den Familien, den Schulen, den Arbeitsplätzen, kurz überall dort, wo Menschen aufeinander treffen. Das ist die Aufgabe der ethischen Bildung.

Das Symposium am 25. Oktober wird am Konkreten zeigen, was Begegnung bedeutet und konkret hinterfragen, wo Räume sind oder geschaffen werden müssen, in denen Begegnung stattfinden kann, und was wir gemeinsam dafür tun können.

## Medizin und Ethik zwischen Karl Marx und Albert Schweitzer

Ein Ehrenkolloquium zum 70. Geburtstag von Prof. Dr. Ernst Luther

Fährt man geradewegs mit der Straßenbahnlinie Nr. 2 aus der Altstadt Halle in die Neustadt, so glaubt man, gut zwöf Jahre nach der „Wiedervereinigung", aus einer traditionsreichen, alt-deutschen Universitätsstadt mitten in den „real existierenden Sozialismus" zu fahren.
Während Berlin-Ost offensichtlich dicke Stücke des Aufbau-Ost-Kuchens abbekommen hat - trotz hoffnungsloser städtischer Pleite und Bankenskandal - scheint hier in Halle-Neustadt die DDR-Realität im äußeren Erscheinungsbild quasi konserviert. Für umfangreiche Restaurierungen oder gar Neubauten gibt es hier scheinbar kein Geld. Einzig ein modernes Einkaufszentrum zeugt vom neuen Geist der nun herrschenden Wirtschaftsordnung.

Der Bürgerladen e.V. liegt im Innenhof eines Karrees aus Plattenbauten. Diesen betrat ich mit immer noch stark „geteilten" und vorbelasteten, weil anerzogenen Gefühlen.
Für Professor Ernst Luther ist dieser jedoch ein Stück Heimat. Insofern war es nachvollziehbar, dass er an diesen Ort seine Familie, Freunde, Kolleginnen und Kollegen, Studentinnnen und Studenten am 16. März 2002 zu einem wissenschaftlichen Kolloquium mit dem Thema Medizin und Ethik - quo vadis? anlässlich seines 70. Geburtstages eingeladen hatte. Die Referenten waren ausgesprochene Experten ihres Faches: unter ihnen die Professoren Gerhard Baader, Günther Baust, Werner Lange, Siegfried Scharrer, Herbert Meyer, Hans Lutter, sowie die Rechtsmedizinerin Uta Ramanowski, der Psychologe Dr. Michael Wunder, der behindertenpolitische Sprecher der PDS Ilja Seifert und die Koordinatorin des Kolloquiums Frau Dr. Viola Schubert-Lehnhardt.

Ernst Luther ist in Schweitzer-Kreisen, West und mehr noch Ost, kein Unbekannter. Sein Leben lang arbeitete er für das Albert-Schweitzer-Komitee in Weimar, schrieb eine Vielzahl an Aufsätzen über Schweitzer und betreute etliche wissenschaftliche Arbeiten zum geistigen Werk desselben.
Mit der politischen Wende nach 1989 schwenkte er nicht einfach auf Westkurs ein, wie manche Schweitzer-Apologeten Westdeutschlands es von den Ostdeutschen wohl erwarteten. Luther bewahrte, nun in einem freieren geistigen Klima, seine geistige Identität.
Das zeigt sich vor allem daran, dass ihm die Konvergenz des marxistischen Gedankenguts und des Denkens Albert Schweitzers bis heute wichtig ist. So betonte er noch unlängst, „dass meine Position innerhalb einer zeitkritischen Ethik eine dem humanistischen Denken und den marxistischen Quellen verpflichtete Ethik ist" (V. Schubert-Lehnhardt, Hrsg.: Medizin-Ethik - quo vadis?, Protokollband zum Ehrenkolloquium, Gerbstedt 2002, Seite 55).
Deutlich wurde dieser Ansatz auch bei anderen Referenten des Kolloquiums in Halle. Wie unbefangen und selbstverständlich wurden in diesem Kreis die Gesellschaftsanalysen Karl Marx' mit den ethischen Fragen unserer Zeit

diskutiert. Unterschieden wird dabei dieser „Marxismus“ durchaus von den ideologischen Verdrehungen und Instrumentalisierungen des DDR-Apparats. Dennoch hat eine human-sozialistische Denkart im Geiste Marx' oder auch Rosa Luxemburgs heute nur ein kleines Terrain zur Verfügung. Besonders vom christlichen Denken meint man diese Gesellschaftsanalysen absetzen zu müssen. So musste Prof. Hans Lutter feststellen, dass „eine völlig ungerechtfertigte und weitverbreitet noch heute anhaltende Gegnerschaft, Feindschaft gar, zwischen Marxisten und Christen“ existiert (ebd., S. 29).

Die nun im Rahmen der Nachlassbände veröffentlichen Ausführungen Schweitzers zur Person Karl Marx nötigen ein Stück weit dazu, notfalls gegen Schweitzer auf die Kulturkritik Karl Marx' einzugehen und Berührungspunkte ausfindig zu machen. Oft dogmatisch stur (der „elsässische Dickschädel“) verharrt er in einmal bezogenen Stellungen. Heinz Röhr beschreibt diesen Wesenszug, bezogen auf Karl Marx, im letzten Rundbrief (Nummer 93).
Bezeichnend ist in diesem Zusammenhang auch der Kampf Fritz Buris mit Schweitzer um die Existenzphilosophie (vgl. A.Schweitzer/Fritz Buri, Existenzphilosophie und Christentum, Briefe 1935-1964, Beck, München 2000). Da wird er ähnlich ausfällig, diesmal Karl Jaspers und Sören Kierkegaard gegenüber und gesteht seinem Freund Buri: „Genug, du siehst, was für ein übler Kerl ich bin“ (ebd., S.110). Aber im Grunde war es für ihn ein „sich selber treu bleiben“ (ebd., S.151), vielleicht auch die Angst, den Alleinanspruch auf bestimmte Erkenntnisse zu verlieren.
Um so wichtiger sind die Schweitzer-Forscher heute, wie Ernst Luther, die den Mut haben, an einer „uneingeschränkten“ Verehrung vorbei, wesentliche Gedankenstränge Albert Schweitzers in die Denkgebäude anderer zu verlängern: Marxismus, Existenzphilosophie, medizinische Ethik oder die Tiefenpsychologie (z.B. mit Eugen Drewermann, der dies tut) bieten eine Vielzahl von Anknüpfungspunkten. Man muss dann womöglich Türen öffnen, die Schweitzer selber krampfhaft zugehalten hat.

Ernst Luther macht aber auch noch in anderer Weise Schweitzers Werk fruchtbar.
Als Spezialist für bioethische Fragen und als Mitglied der Enquete-Kommission im Deutschen Bundestag „Recht und Ethik der modernen Medizin“ lässt er Schweitzersches Gedankengut in den aktuellen Diskurs einfließen. Auf diese Weise repetiert er nicht einfach das Alte, sondern zeigt an den Fragen und Problemen der Jetztzeit die Relevanz Schweitzers als Ethiker.

Im Bürgerladen in Halle-Neustadt war Schweitzer in einer kleinen Ausstellung des Frankfurter Zentrums präsent, während über Stammzellenforschung, Diagnostik und Therapie, das Gesundheitswesen, das Arzt-Patient-Verhältnis, über Sterbehilfe und anderes referiert und äußerst kompetent und fair diskutiert wurde.
Eklatant wurde auch der schwere Stand der Ethik in einer fast ausschließlich an pekuni-

ären Interessen orientierten Gesellschaft, die dazu ständig der politischen Notwendigkeit Rechnung tragen muss, Ethisches juristisch, als öffentliches Recht allgemein gültig festlegen zu müssen, und damit dem individuellen Schicksal kaum gerecht wird. Ferner gibt es kaum allgemein verbindliche ethische Normen oder wirksame Orientierungsgrößen ethischen Handelns.

„Wesentlich ist", so Ernst Luther, „dass wir in einer pluralistischen marktwirtschaftlichen Gesellschaft leben, in der kontrovers über die Handlungsempfehlungen gedacht und nach Nutzen und Preis gehandelt wird; und wesentlich ist auch, dass eine allgemein anerkannte konsensbildende Wertorientierung nicht vorhanden ist und keine einzige – weder eine speziell religöse noch eine liberale Richtung dafür taugt.

Das führt uns zu der Frage, ob es einer interessenübergreifenden humanistischen Ethik gelingt, konsensbildend zu wirken oder ob unter der Flagge der Ethik durch eine Ethikkommission eine ganz bestimmte ökonomische oder politische Interessengruppe bedient wird" (in: V.Schubert-Lehnhardt, Hrsg., a.a.O., S.46).

Luther kommt dann auf Albert Schweitzer, den er in Bezug auf die Atombombengefahr (in den fünfziger Jahren, aber heute wieder präsent!) zitiert mit den Worten:

„In der Menschheitsgeschichte von heute handelt es sich darum, ob die Gesinnung der Humanität oder die Inhumanität zur Herrschaft gelangt."

Dem fügt Ernst Luther hinzu: „In der wissenschaftlichen Gemeinschaft werden die Gefahrenpotentiale der Biomedizin nicht geringer eingeschätzt als die von der Atomphysik ausgehenden" (ebd.).

Insgesamt hörte man kaum Schweitzer-Worte an diesem Ehrentag. Aber mit Ernst Luther stand ein geistiger „Sachwalter" des Arztes aus Lambarene im Zentrum des Gedankenaustauschs, eine wichtige Persönlichkeit für den gesamtdeutschen Diskurs über medizinisch-ethische Fragen und nicht zuletzt für die Arbeit im Albert-Schweitzer-Netzwerk.

Paul Mertens
Berlin, 23. März 2002

# Herzlichen Dank

An alle unsere Spenderinnen und Spender für ihre materielle und ideelle Unterstützung.
Besonders herzlich danken wir auch all denjenigen Menschen, – sie wollen hier nicht namentlich genannt werden – die anlässlich eines Jubiläums, einer Familienfeier, eines Geburtstags, einer Trauer- oder Gedenkfeier zum Spendensammeln für unsere Projekte aufgerufen haben.
Wir danken allen Referentinnen und Referenten, die in unserem Namen tätig sind und allen ehrenamtlichen Helferinnen und Helfern ganz herzlich!
Ein besonderer Dank gebührt an dieser Stelle auch unserem Herrn Dr. Ulf Nesemann, der als langjähriges Vorstandsmitglied über viele Jahre alle Nachlassangelegenheiten des DHV geregelt hat!

Wir danken Herrn Werner Hahl und der Treuhand Oldenburg und Partner OHG Wirtschaftsprüfungsgesellschaft/Steuerberatungsgesellschaft für die Prüfung des Jahresabschlusses zum 31. Dezember 2001.

Die Wirtschaftsprüfer haben festgestellt, dass die Buchführung und das Rechnungswesen zu Beanstandungen keinen Anlass geben und der Abschluss für das Jahr 2001 den Bestimmungen der Vereinssatzung entspricht.

Marlies Böhnert,
Leiterin des Deutschen Albert-Schweitzer-Zentrums, Frankfurt am Main

Der Albert Schweitzer Rundbrief für alle Freunde des Werkes Albert Schweitzers erscheint zwei Mal pro Jahr. Herausgeber ist der:

## Deutsche Hilfsverein für das Albert-Schweitzer-Spital in Lambarene e.V.

Neue Schlesingergasse 22/24, 60311 Frankfurt, Telefon (069) 28 49 51
Der Verein ist als gemeinnützig anerkannt.

Der Deutsche Hilfsverein (DHV) hat folgende Aufgaben:

- Pflege des geistigen Werks Albert Schweitzers und dessen Verbreitung in der Öffentlichkeit, insbesondere in der Jugend.
- ideelle und materielle Unterstützung des Albert-Schweitzer-Spitals in Lambarene.
- Förderung wissenschaftlicher, kultureller und humanitärer Einrichtungen bzw. von Projekten, die dem Werk Albert Schweitzers verpflichtet sind.

Die organisatorische und inhaltliche Umsetzung der Aufgaben wird erbracht durch

## Das Deutsche Albert-Schweitzer-Zentrum, Frankfurt am Main

(Archiv, Museum, Forschungsstätte)
Neue Schlesingergasse 22/24, 60311 Frankfurt

Öffnungszeiten: Mo. - Fr. 9.00 - 16.00 Uhr
Internet: www.albert-schweitzer-zentrum.de / www.albert-schweitzer.net
E-Mail: info@albert-schweitzer.net
Telefon (069) 28 49 51, Telefax (069) 2 97 85 25

**Der Deutsche Hilfsverein (DHV) ist Träger des Deutschen Albert-Schweitzer-Zentrums.**

Unsere Adressen und unser Konto.

**Vorsitzender:**
Tomaso Carnetto
Obertorstr. 22
35638 Leun
tc@carnetto.de

**1. Stellvertreterin:**
Isolde Sallatsch
Schulstr. 24
63594 Hasselroth-Gondsroth

**2. Stellvertreterin:**
Marlies Böhnert

**Kassenführung:**
Otto Schneider
Sonnenweg 10
64678 Lindenfels

**Schriftführung:**
Klaus Widerström
Mozartstr. 10 B
64347 Griesheim
info@wiederstroem.de

**Betreuung Lambarene:**
Dr. Roland Wolf
Apostelbräustraße 27
67549 Worms
roland.wolf@main-rheiner.de

**Betreuung Albert-Schweitzer-Netzwerk:**
Paul Mertens
Lychenerstr. 49
10437 Berlin

## Spenden-Konto:

Deutsche Apotheker-und Ärztebank Frankfurt
Konto-Nr. 4 300 300 (BLZ 500 906 07)

Unterstützt wird die Arbeit des Deutschen Albert-Schweitzer-Zentrums, Frankfurt am Main durch die

# STIFTUNG Deutsches Albert-Schweitzer-Zentrum

In der Verfassung der Stiftung ist folgender Stiftungszweck bestimmt:

„Die Stiftung dient der Pflege des gesamten geistigen Werkes Albert Schweitzers, insbesondere dessen Verbreitung im Bildungswesen wie auch der Förderung sämtlicher wissenschaftlicher, kultureller und humanitärer Einrichtungen im Sinne Albert Schweitzers, insbesondere der Erhaltung und dem Ausbau des Albert-Schweitzer-Zentrums in Frankfurt am Main."

**Vorstands- und Beiratsmitglieder der STIFTUNG Deutsches Albert-Schweitzer-Zentrum**

**Berichtigung**

Leider sind uns im letzten Rundbrief bei der Textlegung der Beiträge von Heinz Röhr Fehler unterlaufen, die wir an dieser Stelle berichtigen möchten, und die wir sehr bedauern.

Im Inhaltsverzeichnis wurde aus Heinz Röhr ein *Hans Röhr*, in seiner Vita muss es richtig heißen, er studierte in Marburg (S. 59), und an Stelle der *Nebenbemerkung* im Beitrag über die Quäker heißt es richtig: Nachbemerkung (S. 58).

# Vorschau

Der nächste Rundbrief erscheint Ende November 2002

Das Schwerpunktthema lautet:

**„Begegnung"**
**Die Kraft der Veränderung – Zerstörung oder Aufbau?**

- Europa und Afrika – Hilfe oder Todesstoß für einen siechenden Kontinent
- Heinz Röhr: Luther, Goethe & Albert Schweitzer über den Islam

u.a.

Redaktionsschluss für den Rundbrief Nr. 95 ist der 30. September 2002


| | |
|---|---|
| Alle Fotos: | Deutsches Albert-Schweitzer-Zentrum |
| Grafik und Realisation: | Edition P12C, Redaktion „Ethik heute!" |
| Redaktion: | Edition P12C, Tomaso Carnetto in Zusammenarbeit mit dem Vorstand des Deutschen Hilfsvereins für das Albert-Schweitzer-Spital in Lambarene e.V. |
| Layout, Satz und Bildbearbeitung | Edition P12C |
| Druck | Parzeller Druck- und Medienleistungen, Fulda |

ISBN 3-933176-15-8 | ISSN 0930-0937

edition p12c

# Werden Sie Mitglied!

Unterstützen Sie die Arbeit der praktischen Ethik. Um im Sinne Albert Schweitzers weiter tätig sein zu können, in Lambarene und auch bei uns, benötigen wir dringend Ihre Hilfe!

Bejahen auch Sie das Leitmotive der Ehrfurcht vor dem Leben für Ihr Denken und Handeln?
Dann würden wir uns sehr freuen, wenn Sie unsere Arbeit unterstützen...

## ... als Mitglied im DHV:

- Zwei Mal pro Jahr erhalten Sie kostenlos den Albert Schweitzer Rundbrief mit Themen zur Ethik in unserer Zeit.
- Sie haben die Gelegenheit, an vielen Veranstaltungen teilzunehmen, die sich mit den Fragen der praktischen Ethik beschäftigen. Wir informieren Sie darüber!
- Wir bieten Ihnen umfangreiches Material für zu Hause, den Unterricht oder das Studium zu den Themen Ethik, Albert Schweitzers Leben und Werk und das Spital in Lambarene.

## ... durch eine Spende

oder ein Spendenabonnement:

- Überweisen Sie uns einfach eine Spende. Schon mit einem kleinen Betrag helfen Sie uns sehr!
- Oder unterstützen Sie uns durch ein Spendenabo mit einem regelmäßigen Betrag pro Jahr. Informationen dazu erhalten Sie vom Deutschen Albert-Schweitzer-Zentrum.

# DHV

## Der Deutsche Hilfsverein für das Albert-Schweitzer-Spital in Lambarene e.V.

... wurde 1963 als Zusammenschluss von Freundeskreisen gegründet.

Ziele laut Satzung sind:

- Die Pflege des geistigen Werkes Albert Schweitzers und dessen Verbreitung in der Öffentlichkeit, insbesondere in der Jugend.
- Die ideelle und materielle Unterstützung des Albert-Schweitzer-Spitals in Lambarene.
- Die Förderung wissenschaftlicher, kultureller und humanitärer Einrichtungen und Projekte, die dem Werk Albert Schweitzers verpflichtet sind.

**Ich werde aktiv:**

**☐ Ja, ich möchte Mitglied im DHV (Deutscher Hilfsverein für das Albert-Schweitzer-Spital in Lambarene e.V.) werden!**

Ich erkläre meine Mitgliedschaft im Deutschen Hilfsverein für das Albert-Schweitzer-Spital in Lambarene e.V. Der Betrag für die Mitgliedschaft beträgt 15 Euro jährlich und wird von mir auf das angegebene Konto überwiesen.

Name ________________________________________

Vorname ________________________________________

Straße, Nr. ________________________________________

PLZ/Ort ________________________________________

Tel./Fax ________________________________________

Geb.datum ________________________________________

☐ Zusätzlich unterstütze ich den Deutschen Hilfsverein für das Albert-Schweitzer-Spital in Lambarene e.V. durch ein Spendenabonnement.
Den Betrag von Euro________lasse ich monatlich/jährlich auf das angegebene Konto überweisen.

☐ Zusätzlich unterstütze ich den Deutschen Hilfsverein für das Albert-Schweitzer-Spital in Lambarene e.V. mit einer einmaligen Spende.
Den Betrag von Euro________überweise ich auf das angegebene Konto.

**Spendenkonto**
**Deutsche Apotheker- und Ärztebank eG**
**Konto-Nr. 4300300 BLZ 50090607**

Deutsches Albert-Schweitzer-Zentrum
Neue Schlesingergasse 22/24

D - 60311 Frankfurt am Main

Bitte hier falten